# 被低估的圣王
## 杨坚大传

云淡心远 著

中国出版集团
现代出版社

**图书在版编目（CIP）数据**

被低估的圣王：杨坚大传 / 云淡心远著. -- 北京：现代出版社, 2015.8

ISBN 978-7-5143-3795-2

Ⅰ. ①被… Ⅱ. ①云… Ⅲ. ①杨坚（541～604）—传记 Ⅳ. ①K827=41

中国版本图书馆 CIP 数据核字（2015）第142900号

**被低估的圣王：杨坚大传**

| | |
|---|---|
| **作　　者** | 云淡心远 |
| **责任编辑** | 张　霆 |
| **出版发行** | 现代出版社 |
| **地　　址** | 北京市安定门外安华里 504 号 |
| **邮政编码** | 100011 |
| **电　　话** | 010－64267325　010－64245264（兼传真） |
| **网　　址** | www.1980xd.com |
| **电子信箱** | xiandai@vip.sina.com |
| **印　　刷** | 三河市南阳印刷有限公司 |
| **开　　本** | 710mm×1000mm　1/16 |
| **印　　张** | 18 |
| **版　　次** | 2015 年8月第1版　2015 年8月第1次印刷 |
| **书　　号** | ISBN 978-7-5143-3795-2 |
| **定　　价** | 38.00元 |

# 目　录

# 引　子

世界历史上最有影响的100人都有谁？

这个问题，向来见仁见智，莫衷一是。

美国学者迈克尔·哈特的排名是最有名的，也是被公认为最权威的，在他的榜单里，只有两位中国皇帝入围。

一位是秦始皇嬴政，另一位是谁呢？

汉武帝刘彻？唐太宗李世民？明太祖朱元璋？抑或是清圣祖康熙？

都不是。

正确答案是隋文帝杨坚。

恐怕大多数人都会对此感到不解和不服：杨坚？怎么可能？

是呀，凭什么是杨坚？

说文的，杨坚似乎不怎么样——他的文化水平并不高，《隋书》就称他"素无学术"、"不悦诗书"，不要说和文采出众的曹操比，就是比起他的儿子杨广，似乎也差得很远。

论武的，杨坚好像也不咋的——他的军事水平并不突出，虽然他也曾带兵上过几次战场，但基本都是打酱油，没什么说得出来的战绩，没有任何人会把他称为名将，就像小子我虽然也踢过几场球，但没有任何人会把我称为球星一样。

至于魅力，杨坚更是严重缺乏，据说他这人严肃刻板，从来不开玩笑，既不风趣，也不风流，更不风骚，像某些领导做的报告一样枯燥乏味。

再有，杨坚这人似乎刻薄猜忌，他手下的大臣好像很少有善始善终的，按照《隋书》的说法就是：草创元勋及有功诸将，诛夷罪退，罕有存者。

另外，杨坚上位的过程也被人诟病，说客气点是得国不正，说难听点是窃国大盗——他是凭借外戚身份，靠欺负孤儿寡母当的皇帝。

中国数千年历史上由外戚篡位成功当上皇帝的，只有王莽和他两人。更何况他欺负的寡母还是他的亲生女儿，感觉简直连王莽还不如。清代著名学者赵翼就曾很不以为然地说，古来得天下之易，未有如隋文帝者。以妇翁之亲，安坐而登帝位……

不止于此，在人们的印象中，杨坚的缺点似乎还有很多很多，比如多疑、易怒、无情、毒辣、外表不帅……

嗯，对了，他好像还是个怕老婆……

总之，这个人看起来既没有高尚的道德，也没有出众的才华，更没有迷人的魅力，可谓是德才兼不备、文武全不精、品貌都不行。

然而正是这样一个人，却结束了近三百年的大分裂，完成了统一中国的伟业，实现了复兴中华的梦想，把历经劫难的中华民族带入了繁荣富强的隋唐盛世。

然而正是这样一个人，却开创了科举制、三省六部制等一系列影响深远的制度。

然而正是这样一个人，却被西方人普遍认为是中国古代最伟大的皇帝。

一个姿色平平的女人追到了高富帅，必定会令别的女人愤愤不平。

杨坚，这样一个看起来资质平平的男人取得了如此辉煌的成就，当然更是令人难以信服。

为什么？

难道他真的只是运气好？

当然不是。

如果只是偶尔一次在股市赚钱，那叫运气。

一辈子一直在股市赚钱，那就不叫运气，那叫实力。

如果杨坚只是偶尔成功一次，那叫运气。

可是他一辈子一直都那么成功，那就不叫运气，那叫能力。

那么，杨坚究竟有什么过人的能力？

他的成功之道到底是什么？

看完本书，相信你一定会明白，一定会有所收获。

# 第一章　低调是高调的前奏

## 庙里长大的怪孩子

武川（今内蒙古武川县）镇位于巍峨的大青山北麓，是北魏时期为防范柔然而建立的边防六镇（其余五镇分别是沃野、怀朔、抚冥、柔玄、怀荒）之一。

这里鲜卑人、汉人、匈奴人等各民族混居，天野苍茫，水草丰茂，牛羊成群，一派塞外风光。

杨坚的父亲杨忠就出生在这个边陲小城。

按史书的记载，杨坚家族出自关中著名的世家大族弘农杨氏，是东汉太尉杨震的后代。

不过，这恐怕只是附会而已。

原因很简单。

杨坚的父亲杨忠，与杨震的曾祖同名，其子杨广和杨俊，则分别与杨震的九世孙和七世孙同名，而当时的士族对这方面有极其严格的规定，不会出现这种冒犯祖先名讳的现象。

另外，当时世家大族互相婚配，绝对不会和庶族通婚——比如出自弘农杨氏的杨侃把女儿嫁给了另一个关中大族京兆韦氏的韦孝宽，而弘农杨氏另一位代表人物杨素的妻子则来自顶级名门荥阳郑氏，但杨忠的妻子也就是杨坚的母亲吕氏却来自名不见经传的寒门。

所以，大多数史学家认为，杨坚家族和真正的弘农杨氏之间的关系，大约只相当于西安和西雅图的关系——除了有一个字相同外，几乎没有任何关系。

事实上，杨坚家族可追溯的先祖是十六国时期的北平太守杨铉，其子杨元寿在北魏初年被任命为武川镇司马，从此杨家一直生活在这里，到杨忠已经是第五代了，算得上是土生土长的武川人。

本来，杨忠可以和他的祖辈一样，在大草原上当兵、戍边、娶妻、生子，平凡平淡平安地度过自己的一生。

然而生活却如明星的爱情一样——总是充满了意外。

一场变故彻底改变了几乎所有武川人的命运，也彻底改变了杨忠的命运。

这就是始于公元 523 年、席卷整个北魏帝国北方边境的六镇大起义。

这场变故导致包括武川镇在内的六镇地区成为一片废墟，杨忠和其父杨祯也被迫随着大批流民一起流落到了河北。

不久，杨祯战死，杨忠成了孤儿，只得继续流浪。

在山东泰山一带，18 岁的杨忠邂逅了寒门女子吕苦桃——从这个苦字的名就能看出吕苦桃也是个苦命人。

两个苦命人同苦相怜，很快就组成了双黄连——结成了夫妻。

杨忠终于感觉生活有了盼头，他多么想在这里安定下来呀！

然而，他的坏运气就像是下坡路段上的超载大货车——根本就刹不住。

婚后没多长时间，南方的梁朝趁北魏帝国内乱，出兵北上到了山东，结果，倒霉的杨忠又被梁军掳掠到了江南。

在异乡孤独而郁闷地过了五年后，杨忠被编入梁朝名将陈庆之的北伐军，随军北上到了洛阳。

陈庆之的北伐失败后，杨忠留在了北方，被任命为统军。

此后他被派到了荆州，成为武川老乡独孤信的部下，两人并肩作战，结下了很深的友情。

公元 534 年，北魏正式分裂为西魏和东魏。

东魏定都邺城（今河北临漳），由丞相高欢控制；西魏则定都长安（今陕西西安），实权掌握在权臣宇文泰的手里。

宇文泰和麾下很多大将如李虎（唐高祖李渊的祖父）、赵贵、侯莫陈崇、梁御等人都是武川人，因此杨忠自然加入了西魏一方，之后他又和独孤信一起奉命南征，和东魏争夺荆州，失利后投奔梁朝，两年多后才重返西魏国内。

由于杨忠有勇有谋，很快就得到了宇文泰的赏识和重用。

杨忠长得高大威猛，其勇武非常有名，据说他在跟随宇文泰一起狩猎时，曾经徒手制服一头猛虎，他左手抱其腰，右手拔其舌，令这只猛虎当场毙命。

而《水浒》里的打虎英雄武松，费了九牛二虎之力才勉强打死一只老虎，跟杨忠比起来，可真称得上是人符其名——武力值稀松得很。

北朝人称猛兽为“掩蟾”，宇文泰为表彰杨忠，还特意把“掩蟾”两个字赐给他，作为他的字。

除了有万夫不当之勇，更难能可贵的是，杨忠还很有韬略，史载其“识量沉深，有将帅之略”。

此后，杨忠跟随宇文泰参加了多次会战，屡立战功，成为西魏最知名的大将之一。

公元538年，东西两魏在洛阳北郊的河桥再次大战，最终西魏落败，但东魏也元气大伤，无力发动新的进攻，从此两国出现了短暂的和平时期。

随后的几年，杨忠率军驻扎在靠近潼关的同州（今陕西大荔），以防备东魏的进攻。

由于之前一直漂泊不定，和妻子聚少离多，除了有一个女儿外，杨忠至今还没有子嗣，现在他终于暂时稳定下来，可以抓紧时间进行自己的造人计划了。

正所谓天道酬勤，经过一番努力，人近中年的他终于迎来了生命中的第一个儿子——杨坚。

在中国古代的各种史书中，几乎每个开国皇帝出生的时候总是有很多神异的现象，以表示他们是天命所归，天生不凡。

比如，按照《史记》的记载，汉高祖刘邦的出生就根本没他爹什么事，刘邦是他母亲与蛟龙野合而生下的孩子，是名副其实的龙种，也是名副其实的野种、杂种。

不过，后来的史家觉得这个故事实在是太重口味，实在是太有伤风化，实在是太不利于封建社会精神文明建设，所以就纷纷改成了其他的说法。

关于杨坚的出生，《隋书》《北史》等史书是这么记载的：

西魏大统七年（公元541年）农历六月十三日的晚上，杨坚出生在同州（今陕西大荔）一座名叫般若寺的寺庙内。

他出生的时候，赤光满室，紫气充庭——室内充满了红得发紫的光芒，照得每个人的脸上都跟茄子一样。

由于当时正值盛夏，天气极为炎热，卧房就像桑拿房一样让人浑身冒汗，吕苦桃赶紧给婴儿扇扇子降温，没想到却把孩子搞得几乎气绝，命悬一线。

就在这紧急时刻，忽然来了个神尼（也不知从哪儿冒出来的），自称法号叫智仙，刚从河东（今山西西南部一带）赶来，是特意来救小杨坚的。

果然，智仙略施法术，就救活了奄奄一息的婴儿，随后她对杨忠夫妇说：这孩子是个怪胎！

杨忠的脸一下子就绿了。

智仙连忙改口：我的意思是，这孩子的来历与众不同，绝对不能让他在俗世生活！

听了她的话，杨忠夫妇便将自家宅院的一部分改为佛寺，让神尼智仙在那里抚养杨坚。

过了一段时间，吕氏去寺里看望小孩，抱在怀里仔细端详，突然看见小杨坚头上长出了两只角，身上则长满了鳞片（记住，你不是在看《西游记》，也不是在看《白蛇传》，这的确是正史的记载），顿时她吓得花容失色：哇，这孩子果然是个怪胎！

惊恐之下，她的手一软，把孩子摔到了地上。

智仙慌忙把小杨坚抱了起来，埋怨地说：已惊我儿，致令晚得天下。——哎呀，这次已经吓到我的孩子了，推迟了他得到天下的时间！

从此，吕苦桃再也不敢随便去看孩子了。

就这样，在 13 岁前，杨坚一直跟着智仙在寺庙里生活。

在智仙的精心照顾下，杨坚慢慢地长大了。

智仙给他取了个小名叫那罗延，那罗延取自梵文 Narayana 的音译，是指金刚力士的意思。她认为他是护法金刚转世，注定会成就一番伟业，还郑重其事地对他说，儿当大贵，从东国来。佛法当灭，由儿兴之——你从东方来，将来会大富大贵。佛法会被灭，但还会由你而重新兴盛。

对智仙的话，杨坚深信不疑。

他知道自己不是一般人，因为他的外表也与常人不同。

具体来说就是：

龙颔——下巴像龙一样往前突出；

目光外射——目光锐利得像刚淬过火的刀锋一样；

有文在手曰“王”——手掌的生命线、爱情线、事业线，正好组成了一个“王”字，我个人估计这和某些景区把两块离得很近的石头命名为情侣峰、一块又细又高的石头命名为仙女岩差不多的意思，基本属于无中生有，牵强附会；

长上短下——上身长，下身短，蹲着和站着一样高；

最奇葩、最让人难以置信的是：

他的额上有五柱入顶——额头上有五个隆起的肉瘤像山峰一样绵延起伏一直贯通到头顶。

这些记载是真实的吗？

如果你完全相信它是真的，我觉得你应该马上去安定医院挂号。

事实上，这些东西大多是虚构出来的，你可以当它是神话，可以当它是童话，也可以当它是屁话，但绝不可以相信它是真话。

《隋书·礼仪一》里的一句话也许说明了一切：

初，帝既受周禅，恐黎元未惬，多说符瑞以耀之——当初，隋文帝刚当上皇帝的时候，怕黎民百姓不服，便编造出很多神话来美化自己。

可见，杨坚相貌的奇特、出生时的奇事，估计都是因为杨坚称帝后，为了让大家相信他有天命而杜撰出来的。

由于杨坚是通过政变上台的，得位不正，所以编造出来的传说也特别多，特别离奇，特别不靠谱。

这就跟越是差学生越是怕别人问成绩是一样的道理。

当然，杨坚出生在寺庙里，由尼姑智仙抚养长大，智仙给他起的小名叫那罗延，这些应该都是事实。

其实这也很好理解，在那个时候，佛教极为盛行，上到皇帝，下到普通百姓，大多是佛教信徒。

杨忠夫妇也不例外，好不容易才中年得子，为了保佑孩子的平安，他们选择在佛寺生产也是符合常理的。

而当时东西魏势不两立，连年大战，杨忠戎马倥偬，行踪不定，吕氏有时也要随军照顾丈夫，所以他们把儿子托付给智仙这样一个自己信得过的尼姑，完全是可能的。

而按照《佛祖历代通典》的记载，智仙其实并不是专门从河东赶来的什么神尼，而是一直在般若寺修行的普通尼姑，和笃信佛教的杨忠夫妇本来就非常熟悉。

吕氏分娩后，杨忠感觉智仙为人可靠，她办事，我放心，便决定把小孩交给她培养。

我觉得，这也许才是事实的真相。

时间的洪流滚滚向前，世间的万物时时在变。

就在杨坚在清冷的寺庙里一天天成长的时候，外面的世界也发生了翻天覆地的变化。

公元 543 年，东西魏在洛阳北面的邙山大战了一场，此役最终西魏落败，损兵折将，元气大伤。

战后，宇文泰不得不打破北朝一直以来只用鲜卑人当兵的老规矩，大量招募汉人入伍，为了把胡汉士兵融合在一起，宇文泰开始改革军制，对后世影响深远的府兵制就此诞生。

府兵制的顶端设立了八大柱国，分别是宇文泰、元欣、李虎、李弼、独孤信、赵贵、于谨、侯莫陈崇。

八柱国中，宇文泰是三军总司令，当然不会只统一军；元欣则是北魏皇族的代表，就跟现在流行的无镜片眼镜框一样——有名无实，纯粹是用来装点门面的。

其余的六大柱国则每人督帅两位大将军，共有十二位大将军。

十二位大将军分别是：元赞、元育、元廊、宇文导、侯莫陈顺、达奚武、李远、豆卢宁、宇文贵、贺兰祥、杨忠、王雄。

由于战乱频仍，当时的西魏政权是军政合一的，因此这八柱国加十二位大将军不光是军队的统帅，还是国家的领导核心。

一个后来创造了西魏、北周、隋、唐四个朝代的、被史学家称为关陇军事贵族集团的新集团也就此横空出世！

杨忠作为十二大将军中的一位，也成了这一集团的重要成员，成为当时西魏最显赫的二十人之一！

之后，宇文泰又对部分汉族出身的高级将领赐予鲜卑姓，杨忠被赐姓普六茹，从此杨坚的官方名字就变成了普六茹坚。

不过外面世界的巨变，并没有对寺庙中的小屁孩儿杨坚产生太大的影响，他每天依然是暮鼓晨钟，吃斋礼佛，按时吃饭，到点睡觉，定期修剪手指甲。

安静的环境，无边的孤独，让年少的他形成了深沉寡言、喜怒不形于色的内向性格。

清苦的生活，刻板的作息，让年少的他形成了坚忍不拔、不向困难低头的刚强意志。

父亲的激励，智仙的鼓励，让年少的他形成了积极进取、渴望建功立业的万丈雄心。

虽然他的外表看起来像湖水，平静得没有一丝波澜；但他的内心却像雄鹰，时时都渴望一飞冲天！

随着年龄的增长，这个念头像雨后的青苔一样不停地疯长，这个念头像雨后的池塘一样不停地泛滥，这个念头不停地勾引着他，让他的内心感到无比痒痒！

他无时无刻不渴望能够早日离开佛寺，去闯荡，去打拼，拼出自己的一番天地！

这一天终于来了。

公元553年，十三岁的杨坚走出了佛寺的大门，进入太学读书，迈向了他日夜期盼却又有些陌生的那个世界。

## 春风得意马蹄疾

西魏的多数大臣都和杨忠一样出自边镇，起自行伍，文化程度不高，受其影响，他们的子弟也从小学习骑射，对于读书大多没有兴趣。

但宇文泰清楚地知道，用武夫去治国，就和用大刀去绣花一样，完全是行不通的。要想让国家长治久安，没有知识是肯定不行的，因此他一方面重用苏绰、卢辩等汉族知识分子，一方面也大力提倡贵族子弟进入太学读书，提高他们的文化素质。

杨坚就是在这样的背景下进入太学的。

杨坚这个人少年老成，寡言少语，目光坚毅，仪表威严，看上去总是一副大义凛然、不可侵犯的样子，按《隋书》的说法就是：虽至亲昵不敢狎也——即使是最亲密的人也不敢和他开玩笑。

不过，就像桃花天生就具有吸引蜜蜂的迷人香气，杨坚天生就具有吸引豪杰的领袖魅力。

他志向远大，雄心勃勃，头脑清晰，举止果断，处事冷静，出手大方，一举手，一投足，气场十足，因此很快就成了同学中的核心人物。

在太学，杨坚的朋友很多，其中最有名的是王谊、元谐、郑译和崔仲方。

王谊，和杨坚一样出自武川，此人和宇文家族渊源匪浅，他的祖父是宇文泰的亲舅舅，父亲王显时任凤州刺史。王谊博览群书又精于骑射，堪称文武双全。

元谐是北魏皇族后裔，性格豪爽，胆识过人。

郑译出身于汉人大族荥阳郑氏，他从小就被过继给堂祖父郑文宽，其继母是宇文泰正妻元氏的妹妹，因此他经常出入宇文泰的家中，和宇文泰的几个儿子关系都非常好。此人博学多才，尤其善于音乐。

崔仲方则来自另一汉人大族博陵崔氏，能文能武，颇具才华。

杨坚和他们四个人非常投缘，交情很好。

几个人都是顶级的官二代，年少气盛，心比天高。

对他们来说，未来是充满希望的，前途是不可限量的，老婆是要找美若天仙的。

他们经常在一起指点江山，激扬文字，粪土当年万户侯；也经常在一起抒发豪情：问苍茫大地，谁主沉浮？

至于杨坚在太学的学习成绩如何，因为史无记载，我们不得而知。

但我个人估计应该是很一般的，虽然不一定是学渣，但肯定不会是学霸，否则按照官修史书拍马屁的传统，肯定会记下如“聪慧过人”、“天纵英才”、“过目不忘”、“出口成章”等一堆高大上的赞语。

不过，虽然杨坚的学习不怎么样，但他不凡的仪表、出众的气度却还是很引人注意的。

据说连西魏的最高统治者宇文泰也曾经赞叹他说，此儿风骨，非世间人——这孩子的模样气质，不像是世间的凡人！

然而，杨坚的太学生涯并没有持续多久，一年后的公元554年，他就被京兆尹（京城长安的最高行政长官）薛善看中，征召为功曹（相当于助理）。

这一任命虽然只是象征性的，却标志着十四岁的他从此正式走上了仕途。

公元555年，杨坚又被加封为散骑常侍、车骑大将军、仪同三司、成纪县公；

翌年，他再上一层楼，升迁为骠骑大将军，加开府衔。

在西魏的官职系统中，骠骑大将军这一职，仅次于柱国和大将军，全国仅有24位，按级别来算是最高一级的九命（西魏当时依据周礼恢复古制，九命相当于后来的一品）。

现在那些什么最年轻市长、“80后”厅官跟十六岁的杨坚比，完全就是侏儒比姚明、小卖部比家乐福，根本就不是一个数量级！

一个乳臭未干的少年却身居如此高位，杨坚到底有何德何能？

这个问题，即使是思维混乱得像散场后的电影院、脑子糊涂得如PM2.5爆表的重度雾霾天、反应迟钝得如20年前老电脑的人也肯定会说，有黑幕！这一定是拼爹的结果！

是的，的确如此。

小小年纪的杨坚如此官运亨通，确实完全是其父杨忠的功劳。

近几年，杨忠立下的战功在整个西魏帝国都是数一数二的。

而这也是与国际形势的剧变分不开的。

当时天下三分，北方是东魏和西魏并立，南方则是梁朝。

公元547年，东魏最高领导人丞相高欢去世，大将侯景反叛，失败后逃奔梁朝，不久侯景又起兵叛梁，并很快攻下都城建康，86岁的梁武帝萧衍被活活饿死。

此后梁朝陷入了无政府状态，各地诸侯纷纷割据一方，互相攻打，乱作一团。

宇文泰审时度势，决定浑水摸鱼，扩大西魏的地盘。

自公元549年到555年，他多次派兵南征，梁朝的梁州（治所今陕西南郑）、益州（治所今四川成都）、荆州（治所今湖北江陵）、雍州（治所今湖北襄阳）等地先后落入西魏手中，西魏的地盘几乎扩充了一倍，实力大增。

在南征的过程中，杨忠大放异彩，立下了大功。

由于杨忠曾在梁朝生活多年，对南方非常熟悉，因此多次被宇文泰委以重任，领兵出征。

公元549年11月，他奉命挂帅南侵，一举攻克了梁朝的随郡（今湖北随州）、安陆（今湖北安陆）、竟陵（今湖北天门）等地，生擒梁朝大将柳仲礼，接着又俘杀梁武帝第六子邵陵王萧纶，威震江汉。

公元554年10月，他又作为副帅，与柱国于谨等人一起攻下了江陵，俘杀梁元帝萧绎（梁武帝第七子），全取荆襄之地。

大河涨水小河满，老子立功儿升官。

正是因为杨忠立下了如此大的功劳，杨坚作为他的嫡长子，也连带着步步高升，年纪轻轻就步入了高官的行列。

就像股票进入上涨通道往往会不停地涨一样，杨坚这段时间也是春风得意，喜事不断。

就在他被加封为骠骑大将军的那一年，十六岁的杨坚迎来了事业爱情双丰收——他结婚了。

新娘是柱国大将军独孤信的女儿。

独孤信是杨忠的老上级、老战友，也是历史上著名的美男子。

也许是遗传的关系，他的七个女儿个个都长得如花似玉，长女嫁给了宇文泰的长子宇文毓；第四女嫁给了柱国李虎之子李昞（唐高祖李渊之父）；杨坚娶的是他的第七女，也是最小的女儿独孤伽罗。

独孤伽罗绝非一般的贵族女子，虽然她嫁给杨坚的时候才十四岁（如果生活在现代的话，估计也就刚上初一），但却已经显示了她非同寻常的一面。

新婚之夜，洞房之内，红烛摇曳，暗香涌动，一对新人紧紧地拥在一起。

杨坚的脸上，满满的都是幸福。

独孤氏的脸上，满满的都是喜悦。

她含情脉脉地看着自己的丈夫，一字一句地说道，你发誓，除了我，你永远不能和别的女人生孩子！

这个要求可不简单。

要知道，在那个年代，既没有妈富隆，也没有杜蕾斯，更没有毓婷，只要男女之间发生过一次亲密接触，就极有可能导致女方怀孕，所以这样的承诺，就相当于永远都不能和别的女人有染。

更何况，那时并不是一夫一妻制，稍微有点钱有点地位的男人，谁没有三妻四妾呢？

然而，杨坚却毫不犹豫地答应了这个在当时看来非常过分的要求：没问题，我发誓……

独孤氏性格坚强，目光远大，和杨坚可谓是志趣相投。在之后几十年的日子里，她对杨坚帮助很大。

在杨坚失意的时候，独孤氏给他的是鼓励。

在杨坚犹豫的时候，独孤氏给他的是激励。

在杨坚松懈的时候，独孤氏给他的是动力。

在杨坚自满的时候，独孤氏给他的是压力。

总之，独孤氏不仅是杨坚最亲密的爱人，也是他最坚实的后盾，还是他最信得过的战友。夫妻两人就像电脑和 WINDOWS 系统一样密不可分。

新婚后的杨坚踌躇满志，豪情满怀，立志要干一番事业。

然而，彩虹易散，水晶易碎，好日子易逝，很快，他的考验就来了。

## 韬光养晦

杨坚婚后不久，西魏政坛风云突变。

公元 556 年 10 月，一代枭雄宇文泰突发疾病，很快就去世了。

由于其世子宇文觉（宇文泰第三子，也是唯一的嫡子）当时才十五岁，临死前他把后事托付给了四十二岁的侄子宇文护。

宇文护是宇文泰的长兄宇文颢之子，此前的名望并不太高，也没有太大的战功，因此虽然有宇文泰的遗命，但仍然难以服众。

不过宇文护颇有手段，他马上找到了当时年纪最大的也是宇文泰最信任的柱国大将军于谨，取得了于谨的支持。

于谨德高望重，有了他的鼎力相助，宇文护终于控制了局面。

然而，他依然惴惴不安。

考虑再三，宇文护觉得，只有趁宇文泰刚死不久，余威仍在的时候篡夺西魏政权，建立新的王朝，才能让自己以新朝皇族的身份名正言顺地凌驾于各位柱国之上，才能彻底奠定宇文家族和自己的地位。

说干就干，很快，在宇文护的安排下，公元 557 年正月初一，宇文觉接受西魏恭帝拓跋廓的禅让，正式称帝，国号周，史称北周。

西魏就此被北周取代，表面看起来似乎波澜不惊。

其实不然。

当时西魏国内，除了宇文家族，地位最高的是六大柱国李虎、李弼、独孤信、赵贵、于谨和侯莫陈崇。

这六个人中，李虎已经于 551 年死了；李弼此时也已得了重病，不久于人世；剩余的四人中，于谨和宇文护结成了同盟，侯莫陈崇属于骑墙派，态度不明；赵贵则是心怀不满，史载其“每怀怏怏，有不平之色”；独孤信对北魏颇为忠诚，加上北周建立后，自己的职位明升暗降，由掌握兵权的大司马被改任了掌管礼仪的大宗伯，显然已被架空，因此也感到非常失落。

而宇文护又极为跋扈，他执政后很快就规定所有与军事有关的决策，都要得到他的许可。

这让赵贵更为不满，于是他找到了独孤信商量，打算发动政变铲除宇文护。

独孤信生性谨慎，竭力阻止，最终政变计划胎死腹中。

但这事却被盐州（今陕西定边）刺史宇文盛告发了。

随后宇文护先发制人，在赵贵入朝时将其诛杀。

对于威望更高的独孤信，宇文护没敢马上下手，只是以同谋罪罢免其职务，但仅仅十多天后，就逼令其自杀。

一代美男就这样饮恨而死。

独孤信身后的名气更多的却是因为他的女儿们。

北周明帝宇文毓登基后，其妻子也就是独孤信的大女儿被立为皇后，史称明敬皇后；他嫁给李昞的四女儿则在其子李渊称帝后被追封为元贞皇后；而在杨坚建立隋朝后，他的小女儿独孤伽罗自然也成了皇后，史称文献皇后。

一门三后，独孤信是当之无愧的史上最牛岳父，史称“三代外戚，何其盛哉”！

不过，小子我却觉得，独孤信这个最牛岳父其实很不实惠——等到他的女儿当上皇后的时候，他早已去了另一个世界。

扯远了，回到正题。

赵贵、独孤信谋反被杀这事，其实疑点颇多，比如，宇文盛远在盐州，和赵贵、独孤信他们也没有什么深交，怎么会知道他们的密谋？再比如，以独孤信和赵贵的老道，怎么会这样只谋划而不行动？

真相到底是什么，我们不得而知。

要找到谜底，恐怕比找到外星人还难。

但无论如何，赵贵和独孤信这两个对自己有严重威胁的人死了，宇文护终于松了一口气。

独孤信死后，考虑到北周刚建，人心未稳，宇文护没有对其家人大开杀戒，只是把他的妻儿都流放到了蜀地。

独孤伽罗因为一年前已经出嫁，才避免了被流放的命运。

看着曾经权倾天下的岳父，转眼间就家破人亡，17 岁的杨坚第一次感受到了政治的残酷。

他彻夜难眠，不停地想：岳父为什么会有这样的下场？

因为他太杰出了，战功太大，威望太高，品德太好，长得还那么帅，怎么能不惹人猜忌？

鹿若没有滋补的鹿茸，貂若没有漂亮的毛皮，又怎么会死于猎人之手？

所以，在政治的舞台上，低调才是硬道理。

低调是政坛的通行证，锋芒是官场的墓志铭。

他一定，一定，一定要低调。

对北周帝国来说，公元 557 年是个多事之秋。

这一年 9 月，血气方刚的小皇帝宇文觉不满宇文护专权，暗中与身边的近臣李植、孙恒等人谋划，想要诛杀宇文护。

没想到宇文护耳目众多，他们还没来得及动手，阴谋就败露了。

宇文护果断处置，马上废掉了宇文觉（不久被宇文护杀害），处死了孙恒等人。

对于李植，他的处理方法却有所不同。

因为李植是大将军李远的儿子，而李氏家族在当时势力很大，李远和哥哥李贤、弟弟李穆很早就追随宇文泰南征北战，立下了大功，是宇文泰的铁杆亲信。

李穆曾经在战场上救过宇文泰的命，而李贤与宇文泰的关系更是亲如兄弟——宇文泰曾把自己的第四子宇文邕、第五子宇文宪寄养于李贤家。

因此宇文护没有杀李植，而是把他交给了李远，对他说，你儿子参与谋反，你看着办吧。

其实这句话的意思就像黑暗中的萤火虫一样明显，那就是：只要你让儿子自杀，我就保全你的全家。

然而李远爱子心切，犯了糊涂，就跟那种刮奖时已经看到了“谢”这个字还奢望中奖非要刮出“谢谢惠顾”才死心的人一样糊涂——他不但没有杀掉李植，第二天还带着儿子来向宇文护求情。

这可惹恼了宇文护。

他立即杀掉了李植和几个弟弟，随后又逼迫李远自杀，连李贤、李穆也受到了牵连——两人都被削职为民，直到几年后才先后恢复职务。

新皇帝立谁呢？

当然是宇文泰的庶长子——24 岁的宇文毓。

因为这一年宇文护得罪的人实在太多，他不可能冒天下之大不韪立一个幼主。

很快，宇文毓正式登基，是为周明帝。

宇文毓是杨坚的连襟，按道理，他当皇帝对于杨坚来说是件好事；但在这种非常时期，道理往往不管用——他当皇帝对杨坚来说却未必有什么益处。

就在杨坚努力权衡利弊、考虑应对策略、正想到第八套方案的第七个步骤的第十三条细则的时候，他突然接到了一纸任命书——他被任命为右小宫伯。

按北周官制，宫伯是掌管皇宫宿卫的，右小宫伯相当于副侍卫长，可以经常接触到皇帝，也很容易飞黄腾达——古往今来，无论是文死谏还是武死战，他们提拔的速度往往不如宫内近臣；但另一方面，按北周官制，宫伯的直接领导却是大冢宰（北周官制，相当于宰相）宇文护，需要经常向宇文护汇报。

显然这一职务夹在皇帝和权臣中间，其实蛮尴尬的。

杨坚刚一上任，就发现了问题。

宇文护多次对杨坚主动示好，暗示他只要愿意投靠自己，一定会前途光明。

该怎么办呢？

杨坚回去咨询父亲。

杨忠只说了一句话：两姑之间难为妇，汝其勿往！——夹在两个婆婆之间最难相处了，你别去！

古代是一夫多妻，所以一个媳妇往往要面对两个甚至多个要求完全不同的婆婆。如果一个要你倒尿壶，一个要你烧面糊；一个要你知性，一个要你野性。你让这个媳妇到底听谁的好呢？恐怕迟早会得精神分裂症吧。

做这样的比喻，杨忠的意思非常明确，如今皇帝和权臣之间矛盾重重，胜负未卜。你要离他们远一点，千万别卷入进去，否则的话，那就是一片叶子卷入旋涡里——灭顶之灾！

听了父亲的话，杨坚没有回应宇文护的拉拢，而是小心地在皇帝和宇文护之间保持着一定的距离，保持着微妙的平衡，保持着中立的态度，不偏不倚，恰到好处。

事实上，杨忠也是这么干的。

当然，宇文护心里对他们这样的做派肯定是很不满意的。

然而杨家父子看上去没有任何野心，而且谨言慎行，对当时发生的各种事件都保持沉默，他也抓不到什么把柄，对他们无可奈何。

这段时间，据说还发生了一件奇怪的事。

按照《隋书》的记载，这件事的过程是这样的：

由于杨坚长相奇特，皇帝宇文毓怀疑他将来有可能当皇帝，对他很不放心。

于是他特意派著名的术士赵昭去给杨坚看相。

看过之后，赵昭回去向皇帝汇报说，看他的相貌，不过是做到柱国而已。

宇文毓放心了。

然而，过后赵昭却又偷偷对杨坚说，公当为天下君，必大诛杀而后定——您将来一定会做皇帝，但一定会大开杀戒才能安定。

不过，我觉得这事似乎非常不合理。

因为杨坚当时还不到20岁，无论从哪一方面看，他都不存在做皇帝的实力，对宇文毓完全没有任何威胁，宇文毓此时最大的对手是宇文护，他怎么可能会去猜忌杨坚呢？

也许，这根本就是“本故事纯属虚构”。

也许，这只是杨坚称帝后为证明自己是天命所归而编造出来的彻头彻尾的谎言，“必大诛杀而后定”这几个字，则是为他后来大肆屠杀宇文皇族做开脱。

当然了，这只不过是我的个人判断，你完全可以相信这个故事是真的——如果你脑袋里装的是豆腐脑的话。

当然，不管这事是真是假，但有一点是真的：

杨坚这几年一直担任着右小宫伯这一职务，几年如一日兢兢业业地在皇宫侍卫，几年如一日地与皇帝和宇文护都保持着距离，也几年如一日一直没有得到任何晋升。

他很郁闷，心里空荡荡的，喊一声都有回音。

但他依然很淡定。

因为他不得不淡定。

他知道忍耐是成功者的必需品，就像芥末是三文鱼的必需品、WIFI是手机党的必需品一样。

他知道现在他不是主角，也不应该去做主角，在这种纷乱复杂、前景不明的情况下去做主角，风险实在是太大了。

他知道他现在的职责不是演戏，而是看戏。

因为皇帝和宇文护之间的矛盾越来越激化了。

其实宇文毓刚一上台，就和宇文护产生了严重的分歧——在立后的问题上。

宇文毓的正妻是独孤信的长女，照理是皇后的必然人选，但宇文护却不同意，因为独孤信是死在他手里的，他怕独孤氏会对他不利，故而极力阻挠。

宇文毓却坚决不让步，和宇文护抗争了整整四个月，最终还是把独孤氏扶上了皇后的宝座。

可惜独孤氏红颜薄命，仅做了三个月的皇后就不幸去世了——是正常死亡还是另有蹊跷（有人怀疑她是被宇文护毒死的），我们不得而知。

宇文毓这种强硬的表现让宇文护感到非常不安。

为了试探皇帝的态度，他想到了一个以退为进的方法。

公元 559 年正月，他主动上表归政，把权力还给皇帝——当然，这不包括军权，调动军队的权力依然掌握在宇文护手中。

宇文毓毫不客气，照单全收。

他工作勤奋，思路清晰，把政事处理得井井有条，很快获得了群臣和百姓的认可。

之后，他又大刀阔斧地进行了人事任免，甚至开始插手军队将领的任命。

这下子，宇文护沉不住气了：我对你假装客气，你当我是软弱可欺；我对你假装礼貌，你当我是痴呆傻帽。现在你居然还敢干涉军中事务，这是夺我兵权的节奏哇！

既然你不把我放在眼里，那我只能把你送进坟里！

他下定决心，一定要把宇文毓拉下马！

然而，宇文毓很得人心，宇文护不可能像之前废掉宇文觉一样名正言顺地废掉他。

但这难不倒权术高手宇文护。

直的不行就来歪的，正的不行就来邪的，明的不行就来暗的！

他派人在宇文毓的食物中下毒，毒死了宇文毓。

临终前，顽强的宇文毓强撑着病体写下遗诏，要求传位给四弟宇文邕。

公元560年，十八岁的宇文邕正式即位，成为北周帝国第三任皇帝，是为周武帝。

宇文邕是宇文泰第四子，自幼聪明过人，据说宇文泰生前就对他非常欣赏，曾这样夸奖过他：成吾志者，此儿也。

这样一个人当了皇帝，宇文护当然是不放心的。

其实，本来他的如意算盘是打算在宇文毓死后立他年幼的儿子为帝的，但没想到宇文毓死前竟然当众立了这么个遗诏！

他打定主意，如果宇文邕不听话的话，就毫不犹豫地干掉他！

但宇文邕上台后的表现却让宇文护大感意外。

一上任，宇文邕就主动加封宇文护为都督中外诸军事，把所有的军国大事统统交给宇文护掌管，自己从不过问。

之后，他又下诏说，大冢宰晋国公，克成我帝业，安养我苍生，亲则懿昆，任当元辅。而可同班群品，齐位众臣。自今诏诰及百司文书，并不得称公名——大冢宰晋国公，助我完成帝业，安养天下百姓，而且既是我的兄长，又是国家的首辅，怎么可以和一般大臣一样的待遇呢？从今以后，所有诏令和百官文书都一律不能直称他的名字。

而宇文邕本人对宇文护也特别尊重，每次陪宇文护去见太后，他总是让宇文护坐下，自己则恭恭敬敬地站在旁边。

但宇文护对宇文邕依然存有戒心。这家伙会不会是装出来的呢？

直到发生了一件事以后。

公元563年正月，宇文邕出巡原州（今宁夏固原），却在当晚就匆匆忙忙赶回了长安。

百官都觉得很奇怪：到底是怎么回事呢？

大司徒、梁国公侯莫陈崇偷偷对亲信说，我听算命的人说过，晋国公今年不吉利，皇帝今天突然回来，估计是晋国公死了。

宇文护死啦？

这个消息实在是太劲爆了，很快就在京城传得沸沸扬扬。

然而侯莫陈崇这次显然判断错了。

宇文护身体健康得很，宇文邕这次回京其实另有他事。

消息很快传到了皇帝的耳朵里。

宇文邕得知后，立即高度重视，马上召集群臣，当众对侯莫陈崇严加斥责。

侯莫陈崇惶恐不已，赶紧跪下谢罪。

但宇文护却依然不肯放过他。

当天夜里，他就派兵包围了侯莫陈崇的宅邸，逼其自尽。

侯莫陈崇是西魏开国元勋，六柱国之一，功高望重，是当时唯一可能和宇文护抗衡的人物，但宇文护要杀他，宇文邕却连一个屁也没放。

这下，宇文护对宇文邕算是放心了，宇文邕真的是个软得不能再软的软蛋，比熟透了的柿子还软，比他家里的婢女还听话！

到此时为止，西魏六大柱国，除了于谨比较识相，已经告老不问世事、李虎李弼因死得较早得以善终外，其余的三人都死在了宇文护的手里。

北周的创业元勋，这时已经所剩无几，可见当时斗争的惨烈。

而杨家虽然过得也很压抑，但却依然幸存了下来。

这段时间，无论是杨忠还是杨坚，都表现得非常低调，非常沉默，只是埋头于本职工作，对朝政表现得漠不关心，也从不乱表态，以免被抓到口实。

因为他们知道，龙也有蛰伏的时候，在这样险恶的环境下，活下来才是硬道理。

因为他们知道，蹲下是为了更快地起跑，忍耐是为了更好的机会。

因为他们知道，无为是有为的序曲，低调是高调的前奏。

因为他们知道，这不是没有血性，而是有理性；这不是不坚强，而是不勉强；这不是不行动，而是不轻举妄动，不逆势而动！

杨忠父子的表现让宇文护觉得，虽然他们不一定十分可靠，但还是有一定利用价值的，对他们要有时冷有时热，有时打压有时重用——就像恋爱经验丰富的女人考验自己的男朋友那样。

公元 563 年 9 月，宇文护决定联合突厥，出兵讨伐北齐（东魏已于 550 年被北齐取代），第一个想到的带兵将领就是杨忠。

此时杨忠已经升为柱国大将军，爵位是随国公，时隔多年，他终于再次得到了统兵出征的机会。

杨忠督帅大将军李穆等人，统领一万精锐，绕道塞北，势如破竹，连克北齐二十余城，接着又与突厥军会合，继续挥师南下，直逼晋阳（北齐别都，今山西太原）。

随后，杨忠率军与北齐军主力在晋阳城下决战。

尽管杨忠和他的部下十分英勇，但由于盟友突厥人的临阵脱逃，北周军寡不敌众，最终失利，无奈只得退兵。

不过，此战虽然没有取得预定的战果，在周齐关系史上却是一大转折。

自从公元 534 年东西魏分裂以来，整整三十年中，一直都是北齐（东魏）占据主动，北周（西魏）军从来没进入过北齐腹地，但此次周军竟然可以长驱直入地兵临晋阳城下，这是历史上从来没有过的事！

这让当时的北齐皇帝高湛吓破了胆。

之前每到冬天，只要黄河一结冰，北周生怕北齐军会过河攻击，就要专门派人凿冰；从现在开始，情况反了过来，轮到北齐军在每年冬天凿冰了。

显然晋阳一战意义十分重大，周武帝宇文邕对杨忠的突出表现大加赞赏，打算加封其为太傅（荣誉职务，三公之一），但宇文护却横加阻挠，坚决不同意——因为杨忠至今没有向自己表态效忠，当然要继续压制他，直到他改变态度为止。

就这样，杨忠不仅没得到任何封赏，反而被赶出了京城长安，外放为泾州（今甘肃泾川）刺史。

对这样的不公正待遇，杨忠毫无怨言，立刻打点行装上任。

公元 564 年 10 月，宇文护决定再次伐齐，这次他亲自挂帅，齐国公宇文宪（宇文泰第五子）、柱国达奚武、王雄、尉迟迥（宇文泰的外甥）等周军大将悉数出动，总兵力达二十万，声势浩大，进攻洛阳。

而杨忠则被有意冷落——他只是奉命率偏师出塞北策应。

然而这次出征的结果让宇文护大失所望：北周军主力在洛阳城北的邙山被段韶、斛律光、高长恭率领的北齐军击败，伤亡惨重，还损失了老将王雄，最终狼狈逃回关中。

杨忠也只得随之退兵，回到驻守的本镇泾州。

这几年，杨忠仕途不顺，杨坚呢？

有过之而无不及。

如果说杨忠是不被重视的话，杨坚则是彻底被忽视，被无视。

自从557年他被任命为右小宫伯以来，整整八年的时间，他就一直都没挪过窝——除了在周武帝即位时改为左小宫伯，换了一个位置以外。

这八年，他每天的工作就是带着侍卫们在皇宫站岗，春去秋来，寒来暑往，日复一日，年复一年，除了重复，还是重复……

这八年，他身边经过了很多人。

这八年，他身边发生了很多事。

这八年，很多当年和他一起出道的伙伴们早已经节节高升，可他却像沉睡在水底的文物一样毫无动静，不仅得不到任何升迁的机会，还要时时刻刻提防宇文护的迫害！

父亲屡建功勋，却屡屡都被打压；自己恪尽职守，却从来没人注意。可想而知，杨坚的心情有多么苦闷，有多么失落！

有的人在失落的时候，想到的是放弃，是自暴自弃；也有的人在失落的时候，想到的是改变，彻底改变！

显然，杨坚是后一种人。

杨坚在心里发誓：总有一天，我要掌握最大的权力，生杀予夺，都由我定夺；世间万物，都由我主宰！

然而，理想虽然璀璨，现实却依旧摧残。理想虽然诗意，现实却依旧失意。

他依然只能每天上班，带着侍卫们在皇宫站岗，春去秋来，寒来暑往，日复一日，年复一年，除了重复，还是重复……

在这段失意的日子里，唯一能给他慰藉的是他还有一个温暖的家，妻子独孤氏对他非常体贴，他的长女杨丽华也在公元561年出生，让他品尝到了做父亲的快乐。

## 射鸡奇遇记

公元565年，在被冷落了整整八年后，杨坚这条咸鱼总算翻了一下身——

他被晋升为大将军，出任随州（今湖北随州）刺史。

随州是个小州，隶属于襄州（今湖北襄阳）总管府，时任襄州总管的是卫国公宇文直，杨坚上任，当然要先去拜见这个顶头上司。

宇文直是宇文泰的第六子，周武帝宇文邕的同母弟，但他却刻意投靠宇文护，成了宇文护手下的红人。

宇文直眼高于顶，目空一切，对杨坚这样的小角色根本就不屑一顾，甚至连见面的机会都没给，只不过是出于礼貌，派了个下属庞晃去回访杨坚。

庞晃出身将门，很早就得到宇文泰的器重，担任大都督，统领亲兵。但他性格刚直，不善搞关系，因而在宇文护执政后他就一直没有升迁，此时在宇文直的帐下担任骠骑将军。

与杨坚一番交谈下来，庞晃对他惊为天人，觉得此人相貌不俗，见解非凡，将来必能干一番大事，遂倾心交结，两人一见如故，成为密友。

之后杨坚来到随州上任。

随州是杨忠当年南征打下来的地盘，也是杨忠随国公这个爵位的封地，因此杨坚对这里很有感情，他踌躇满志，摩拳擦掌，打算在这里好好地大干一场，他要让这里一年一个样，三年大变样……

没想到到随州没几个月，屁股还没坐热，他就接到了上面的调令，征召他马上回京城，另有任用。

才过了这么短的时间就又把他召回去，这不是在调戏他吗？

刚给了一点点希望又马上把它收回去，这不是在折磨他吗？

这就仿佛在你饿得慌的时候，给你一块烤肉，可你还没来得及吃，只闻了点香味，那烤肉又被拿走了——这岂不是让人更感到饿得慌？

这就仿佛在你憋得慌的时候，给你一个性感美女，可你还没来得及动手，刚开始冲动，美女突然又不见了——这岂不是更让人难受？

杨坚的心里郁闷到了极点。

然而，君命难违，无奈他只得收拾行装，悻悻离去。

回程的路上再次经过襄州，杨坚意外地发现，庞晃竟然在城外迎接他。

在人得意的时候，有朋友迎来送往不稀奇，但在人失意的时候，依然有这样不离不弃的朋友，这怎么能不令人感动？

如久旱逢甘霖，如湿冷见阳光，杨坚顿时感觉心头一热。

庞晃邀请他到自己的府邸，好酒好菜，热情款待。

酒逢知己千杯少，不知不觉，两人喝了整整一个通宵。

酒酣耳热之际，庞晃悄悄对杨坚说，公相貌非常，名在图箓。等将来当上皇帝的时候，可千万别忘了我呀。

这种话在当时可谓大逆不道，但庞晃这人向来都是胆大包天，心直口快，他就敢这么说。

和庞晃不同，杨坚生性谨慎，很少流露真情。然而一个人内心的想法，在适当的时候、适当的地点，面对适当的人，总是想要表达出来的——这就跟潜水很久的人有机会时总想浮出水面透口气是一样的道理。

杨坚早已把庞晃视为知心朋友，对他来说，此时，此地，此人，就是那个适当的时候，适当的地点，适当的人。

所以他并没有表现出特别惊讶的样子，只是微微一笑：你可别乱说话呀。

说这话的时候已是黎明时分，有只大公鸡在院子里报晓。

听到鸡鸣，杨坚灵机一动，便拿出一支箭，对庞晃说，射那只公鸡。如果以后你的话应验了，这支箭就是证据。

庞晃拈弓搭箭，一箭射去，公鸡应声而倒。

杨坚抚掌大笑：这真是天意呀。

随后庞晃把这支打了鸡血的箭收好，两人像打了鸡血一样更加亢奋，又继续畅饮，直到尽兴为止。

临走之前，杨坚把两个婢女作为礼物送给了庞晃，这才依依惜别。

回到长安后，杨坚发现他的遭遇比他预想的还要糟糕——朝廷迟迟没有给他新的任命，他竟然被晾在一边了！

毫无疑问，这一切都是宇文护设计好的。

对杨家父子那种若即若离、不阴不阳的态度，宇文护早就十分不满，所以他玩了现在这个把戏——先把杨坚提拔为刺史，再把他召回来，却一直都不给他安排工作。

先给你尝点甜头，再让你吃点苦头，让你意识到不跟我合作，就没有事情可做！

他相信，杨坚迟早会忍受不了，迟早会来找自己！

以杨坚的智商，他当然知道宇文护的用意——只要他肯主动登门攀附，高官厚禄肯定随之而来。

然而，他清醒地知道，宇文护虽然大权在握，可树敌太多，不得人心；加上近年来连续几次外战都以失败告终，威信大降，所以他对宇文护的前景并不看好。

他相信，宇文护将来肯定会垮台，而且这一天不会太久！

君子不立危墙之下，智者不坐火山口上，你不让我出山，我还懒得蹚这个浑水呢！

因此他一直没有去主动找过宇文护。

但年纪轻轻就赋闲在家，总得找个理由吧。

这当然难不倒杨坚。

没过多久，杨家传出消息，杨坚的母亲吕苦桃生病了，杨坚在家侍奉母亲呢。

这一侍奉，就是整整三年。

三年中，杨坚几乎从不出门，昼夜不离母亲左右。

没想到百密一疏，杨坚这个做法差点要了他的命！

当时推崇的是以孝治天下，杨坚这些年的表现让他得到了纯孝的赞誉——杨坚宁可放弃自己的大好前程，连续三年在家照顾母亲，久病床前无孝子，这才是真正的孝子呀！

一时间杨坚在朝野声名鹊起。

这让宇文护极其恼火——自己精心设计的圈套非但没奏效，反而让杨坚名声大噪。这算什么事呀！既然你不能为我所用，那我留着你有什么用呢？

宇文护顿时起了杀心。

关键时刻，杨家多年积攒的关系网起了作用，大将军侯万寿等人站了出来，为杨坚求情：杨坚毕竟只是个小辈，对您没什么威胁，杀了他没有必要；而且他也没犯什么错误，杀了他难以服众……

侯万寿和他哥哥侯龙恩是宇文护的铁杆亲信，他的话还是很有用的。

杨坚这才侥幸地逃过了一劫。

就在这一年（公元 568 年），62 岁的杨忠在泾州得了重病，回到京城后不久就去世了。

作为嫡长子，杨坚理所当然地继承了随国公的爵位。

当时的北周不封王，最高的爵位就是国公，就是执政的大冢宰宇文护也不过是晋国公。可是国公毕竟只是个虚衔，实际的权力，具体的职位，杨坚还是什么都没有。

他两手空空，忧心忡忡。

眼看着青春已经飞逝而去，时间还在马不停蹄地狂奔，而自己马上就要三十岁了，却依然一事无成。自己的前途在哪里？什么时候才有出头之日？难道就这样窝窝囊囊、糊糊涂涂地度过一生吗？

这十多年来，自己就没有过顺利的时候，感觉自己的任何努力都是无能为力，任何心机都是白费心机。

这种感觉，就像我们在网上下载文件，如果网速不给力，哪怕慢一点，只要看到在变化，哪怕过一个小时只增加1%，我们都可以忍受；但如果一直都是原样，无论过多久，一直都是下载完成了90%，恐怕我们迟早会失去耐心。

杨坚的情况就是这样。

一向充满自信的他也开始感到有些迷茫。

都说少壮不努力，老大徒伤悲，可是我该怎么样努力呢？除了等待，无休止的等待，我又能做些什么？

都说预则立，不预则废，可是难道我就这么一直“预”下去，一直“预”到人生的终点？

都说冬天已经到了，春天还会远吗，可我的冬天怎么这么漫长，无穷无尽，无边无际，就算用最高倍的望远镜也根本看不到它的尽头……

迷茫中的杨坚找到了自己的姐夫窦荣定。

窦荣定比杨坚大11岁，也是关陇豪族出身，时任忠州刺史、永富县公。其叔父窦炽，是北周开国元勋之一，官居柱国、邓国公；堂兄窦毅，是北周驸马，其妻是宇文泰之女襄阳公主，时任大将军、神武郡公，唐太宗李世民的生母窦氏就是窦毅的女儿。

窦荣定性格和杨坚相仿，为人冷静沉稳，言语不多，因此两人非常投缘，关系极好。

窦荣定提了个建议：要不，咱们去找来大师看看吧。

来大师名叫来和，是当时最著名的术士之一，善于看相，据说非常灵验，很多公卿大臣包括大冢宰宇文护在内都非常相信他（不知道他跟宇文护是怎么说的）。

杨坚同意了，便与窦荣定一起去见来和。

按照《隋书·来和传》的记载，这次见面的过程是这样的：

见到来和，杨坚先开口：我闻有行声，即识其人——我这人有个特别的本领，听到外面的脚步声，就知道来的是什么人。

来和没有回答，只是用眼角稍微扫了扫窦荣定。

窦荣定心领神会，立刻起身离去。

屋里只剩下杨坚和来和两人。

接下来，来和轻声说道：公眼如曙星，无所不照，当王有天下，愿忍诛杀——杨公您的眼睛像启明星一样，无所不照，迟早会拥有天下，希望您到时能忍住，不要大开杀戒。

来和的这番话，就像光芒四射的阳光，驱散了杨坚心中的乌云，让他信心大增。

这事是真的吗？

我不知道。

信不信由你。

不过，我认为，就算这是真的，也说明不了什么问题。

因为同样是这篇《隋书·来和传》，还记载了另外一件事。

来和有位同乡叫韩则，有一次找他看相。

来和说，后四五当得大官。

“后四五”是什么意思？是过后四五年还是到四十五岁以后？

来和没讲——大师嘛，从来都是惜字如金的。

虽然有点一头雾水，但听说可以当大官，韩则还是很开心地回去了。

没想到，韩则不仅没当上大官，反而在不久后的开皇十五年五月死了。

他家人很不服气，便来找来和算账：你怎么算得一点也不准哪。

没想到来和还振振有词：十五年为三五，加以五月为四五。大官是指大棺材。怎么说不准哪？

在这个故事的最后，史书上还加了这么一句话：和言多此类——来和讲的话大多是这样的。

可见，来和这个古代的术士和现在的算命先生都有一个共同的特点——说话含糊其词，语带双关，你怎么理解是你的事，反正解释权在他嘴里。

举个例子：他这个人谁都看不上——可以理解成这个人太骄傲，目中无人；也可以理解成这个人太差劲，别人都看不起他；还可以理解成……

这就是古往今来这类术士的语言艺术。

总之，小子我个人感觉，这个来和，与其说他是看相专家或算命专家，不如说他是心理学家或语言学家。

当然了，也许杨坚对来和的话是深信不疑的，自从这次算命回来后，他的心情就好多了。

不过，他能做的，依然只有耐心地等待。

# 第二章　起点不重要，转折点才重要

## 峰回路转

此时和杨坚一样在等待的，其实还有另一个人——周武帝宇文邕。

自从公元 560 年登基以来，到现在已经整整十二年了。

虽然表面上一直都是一副逆来顺受、与世无争的样子，但事实上，宇文邕一直在等待着除去宇文护的机会。

他的两个哥哥宇文毓、宇文觉都死在宇文护的手里，而他名为皇帝，实际上却只是个木偶，对此，他怎么能甘心呢？

然而，他知道，大权都在宇文护手里，如果和宇文护直接对抗，下场肯定和一个鸡蛋去阻挡隆隆行驶的推土机是一样的——粉身碎骨。

因此，这些年，他只做了一件事——装孙子，麻痹宇文护。

宇文邕把一切军政大权都交给宇文护，什么都顺着他，自己则整天待在宫里，和一帮文人研究琴棋书画，诗词歌赋，花鸟虫鱼，古玩玉器，风花雪月，别的什么都不管。

他十二年如一日持续不断的伪装，终于让宇文护彻底认定：这家伙完全就是个纨绔子弟而已！

因为宇文护觉得，也许有人可以在很长的时间骗过一个人，也许有人可以在短时间里骗过很多人，但绝对没有人可以在十二年这么长的时间里骗过这么多人——他和他手下的无数心腹。

他逐渐放松了警惕。

这正是宇文邕想要的结果。

但宇文邕依然不敢轻举妄动，毕竟他只是个空头皇帝，手中的实力与宇文护相比，就好像是滴水比长江、微尘比泰山、中国足球队比中国羽毛球队——根本就不是一个档次。

他依然只能耐心地等待——等待那个最适合的机会。

机会就像人脸上的皱纹——随着时间的推移，总是会出现的。

现在，宇文邕觉得机会来了。

这些年，对外，宇文护穷兵黩武，多次出兵攻打北齐、南陈（南梁已于公元557年被南陈取代），但却屡遭失败，威信大损；对内，宇文护骄横跋扈，四处树敌，对他心怀不满的人越来越多。

宇文邕的六弟卫国公宇文直就是个例子。

宇文直本来是宇文护的铁杆亲信，但由于他率军在和南陈的作战中遭到惨败，而被宇文护解职，因此他怀恨在心，转而投向宇文邕的怀抱，力劝宇文邕除掉宇文护。

宇文邕也觉得时机已经成熟，开始与仅有的几个亲信商量此事。

参与密谋的除了宇文直外，还有宇文神举、宇文孝伯、王轨三人。

宇文神举是宇文邕的族兄，此人才兼文武，志气豪迈，时任右宫伯。

王轨出身于汉人大族太原王氏，由于其先祖曾被赐姓乌丸氏，所以史书上有时也称他为乌丸轨，此人性情刚正，富有远见，时任内史下大夫。

宇文孝伯是宇文泰的族侄宇文深之子，和宇文邕同一天出生，后来又是同学，故两人关系特别亲密，他甚至可以随意出入宇文邕的卧室，此时担任右侍上士。

经过一段时间的谋划，方案终于定下来了。

公元572年3月，宇文护从同州（今陕西大荔，宇文护的府邸安在那里）回到长安，照例要进宫谒见皇帝。

宇文邕对他说，太后年纪大了，却酷爱喝酒，我跟她说了很多次，她都不听，兄长你帮我劝劝她吧。

随后，他从怀里掏出一篇早已写好的《酒诰》：请以此谏太后。

这种举手之劳的小事，宇文护当然没有不答应的道理。

于是两人一起来到太后的寝宫。

见了太后，宇文护拿出《酒诰》，一字一句认真地读了起来。

正当他读得投入的时候，一直恭恭敬敬站在他身后的宇文邕突然举起手中的玉珽（皇帝日常手持的玉制手板），猛击宇文护的后脑。

宇文护猝不及防，当即倒在地上。

宇文邕连忙让身边的太监拿御刀杀死宇文护。

但这个太监的心理素质比蛋壳还要脆弱，他哆哆嗦嗦地连续砍了好几刀，却一次也没有砍中宇文护——小子我怀疑他是闭着眼睛砍的！

宇文邕急了：你个死太监真是没种！——废话，有种就不是太监了。

眼看宇文护就要挣扎着从地上爬起来。

千钧一发之际，宇文直从门后冲了出来，手起刀落，狠狠地结果了宇文护的性命。

随后，宇文邕又马上下令拘捕宇文护所有的儿子和主要的党羽——曾经救过杨坚的侯万寿也包括在内。

这些人毫无防备，全都束手就擒，当天就被诛杀殆尽。

就这样，在做了整整十二年的傀儡皇帝后，宇文邕终于亲政了。

这一年，他刚好三十岁，雄姿英发，雄心勃勃，立誓要干一番大业。

要干大业，首在用人。

第一步当然是人事调整。

宇文护死了，大冢宰的职位该由谁来继承？

他想到了齐国公宇文宪。

宇文宪是宇文邕的五弟，也是他几个兄弟中最出色的一个。他从小聪颖过人，十六岁就担任益州总管，把益州治理得井井有条，周齐邙山大战，他是周军主帅之一，虽然此战最后周军失利，但宇文宪的表现却极其出色，因此他战后被宇文护提拔为大司马兼小冢宰。

大司马是军事一把手，小冢宰是政务二把手，集军政大权于一身，由此可见宇文护对他的器重。

之后，宇文宪还多次率军与北齐名将段韶、斛律光、高长恭等人作战，战功赫赫，威名远扬。

也正因为如此，宇文直对宇文宪一向十分嫉恨，宇文护死后，他坚持要宇文邕杀掉宇文宪。

宇文邕没有同意。

对这两个弟弟，他十分了解，虽然宇文宪一度和宇文护走得很近，但他为人正直，能力又很强，应该可以有限度地信任；而宇文直虽然对自己有功，但却三观不正，节操全无，轻于去就，反复无常，有奶便是娘，绝对不可重用。

经过审慎的考虑，最后他做出的决策是：

齐国公宇文宪被提拔为大冢宰，当然这个大冢宰的实权已经大不如前——不再像以前那样统领百官，而只是作为六卿之一，与其他五卿大司徒、大宗伯、大司马、大司寇、大司空一起并列。

宇文直则被任命为大司徒。

这让野心勃勃的宇文直怎么可能接受？

之前他一直认为大冢宰这个位置非自己莫属——论关系，他是皇帝唯一的同母弟；论功劳，他亲手杀死了宇文护，居功至伟！

宇文直怎能不大失所望！

但此时木已成舟，他也只得退而求其次，便又提出不想当大司徒，要求担任掌握兵权的大司马。

宇文邕对他的用心了如指掌，当然还是没有同意。

宇文直的心彻底凉了！

本以为宇文邕会知恩图报，到头来却什么也没有得到。准备主演，却成了龙套；准备拜堂，却成了伴郎！

从此，宇文直便有了反意——两年后，这个志向远大的蠢货果然起兵叛乱，兵败被杀。

对两个弟弟做如此安排，其实宇文邕是有他的目的的。

北周皇帝孝闵帝宇文觉、明帝宇文毓到他宇文邕都是兄终弟及，现在宇文邕大权独揽，当然要避免这种情况，所以他才会这么做——宇文宪和宇文直虽然身居高位，但实际上都被架空了。

接下来自然要册封继承人。

公元 572 年 4 月，也就是宇文邕亲政仅仅一个月后，他就正式立自己十四岁的长子宇文赟为太子。

北周政坛的这次大变动改变了很多人的命运，当然也会改变杨坚的命运。

事实上，宇文护被杀这件事，杨坚第一时间就知道了——因为参与此次密谋的宇文神举的弟弟宇文庆，和他是无话不谈的密友。

这个消息，对他来说，就是茫茫沙漠中的一泓清泉，就是漫漫长夜里的一道曙光，就是绵绵阴雨后的一条彩虹！

他的心情一下子变得豁然开朗——他盼望已久的春天终于到来了！

因为他知道，宇文邕之前虽然已经在位多年，但由于一直没有掌握实际权力，所以并没有多少自己的班底——只有宇文孝伯、宇文神举、王轨等少数几个亲信可用，而这几个人之前的地位并不高，不可能一下子提拔到很高的位置，因此宇文邕势必会起用一批新人。

他相信自己肯定是最重要的人选之一。

一个原因是：自己作为开国功臣的后代，不仅根正苗红，而且声望颇高。

另一个更重要的原因是：自己多年来又一直受到宇文护的打压——负负得

正，敌人的敌人就是朋友，在宇文邕的眼里，一定会把他杨坚看作自己人。

他相信，这会是他人生的转折点！

起点不重要，转折点才重要！

他的转折点很快就来了。

公元573年9月，杨坚十三岁的长女杨丽华被宇文邕选中，嫁给了太子宇文赟，成为太子妃。

当时不存在自由恋爱的说法，杨坚能和皇帝联姻，除了杨丽华本人确实才貌俱佳以外，显然也充分说明了皇帝对他的认可和欣赏。

事实上，杨坚沉稳的性格、低调的作风、不阿附宇文护的行为，早就给宇文邕留下了很好的印象。

从此，杨坚成了皇帝的亲家，这极大地提升了他在社会上的声望和地位。

三十三岁的杨坚，终于迎来了久违的好日子。

以前他如芒在背，现在他如鱼得水；

以前他左右为难，现在他左右逢源；

以前他感觉像在用沾满油的手去抓泥鳅一样有力使不上，现在他感觉像在用网兜去捞泥鳅一样得心应手、游刃有余……

踏平坎坷成坦途，大路朝天任我行！

不过，不久之后发生的一件事让踌躇满志的杨坚感到颇有些不快——他一直以来所信奉的佛教遭到了灭顶之灾！

这是怎么回事呢？

还得从宇文邕说起。

宇文邕是个雄才大略的人，他的目标是统一天下。

当时天下三分，南面是南陈，占据长江中下游以南地区，此时在位的是陈宣帝陈顼；

东面是北周的世敌北齐，占有今河南、河北、山西、山东以及江苏北部、安徽北部的广大地区，在位的是齐后主高纬。

要想实现四海归一的宏伟目标，首先当然是要壮大自己的实力。

因此他刚一亲政，就励精图治，厉行改革。

在内政上，他大力提倡节俭，为此他还特意颁布诏书，要求百姓在婚嫁祭祀等活动中不得铺张浪费。同时他自己以身作则，身上只穿粗布衣服，晚上只盖粗布被子，后宫的嫔妃也只有十余人。

在军事上，宇文邕对府兵制进行了完善。

原先府兵中的几大柱国都自成体系，现在宇文邕把府兵中的军士改称为侍官，统归皇帝直接统辖。为了扩大兵源，他鼓励百姓从军，广募汉人入伍，免除其赋役，从此汉人开始成为北周军队中的主体。

此外，为了增强国力，扩大财源和兵源，他还把矛头对准了佛教。

南北朝时期佛教极为兴盛，北魏末年，据说有寺院三万多所，僧尼二百多万。到了北齐、北周并立的时期，佛教的势头就更大了。

当时的北周境内，寺庙林立，佛像成群，僧侣们广占良田，隐瞒丁口，蓄养奴婢，而且不交赋税，既与国家争利，也与国家争人，极大地影响了财政收入，也极大地妨碍了经济发展。

而宇文邕本人尊崇儒学，对佛教不感兴趣，便打算废除佛教，决心要“求兵于僧众之间，取地于塔庙之下”。

他做事稳健，从来不打无准备之仗，在灭佛措施发动之前，先做足了理论文章。

公元 573 年 12 月，他亲自召集知名的儒生、道士、僧侣，在朝堂上辩论三教优劣，最后他利用皇帝的权威，强迫确定了三教的次序：儒学为首，道教次之，佛教最末。

公元 574 年 5 月，他又再次召集儒、释、道三家进行辩论。

同年 9 月，经过了充分的准备后，他正式下诏禁止佛、道两教，经、像全部捣毁，所有和尚、道士都强制还俗为民，寺庙当作住宅卖了，寺院财产，悉数入官，寺院奴婢，全部释放。

当然，宇文邕灭佛也遇到了很大的阻力，名僧慧远就曾赤裸裸地威胁他：地狱不分贵贱，陛下你难道不怕下地狱吗？

然而宇文邕对此却不屑一顾——他根本就不信佛，用地狱来威胁他，就好比用不准嫖娼来威胁一个太监一样，注定是毫无作用的。

这就是在中国佛教史上著名的“三武一宗灭佛”之一的“北周武帝灭佛”。

通过这次大规模的灭佛运动，宇文邕为政府增加了大量的财富，获得了大量的人口，大大增强了北周的实力。

## 天命谜团

对于灭佛，一向笃信佛教的杨坚内心肯定是有抵触情绪的，但他当然不会表现出他的不满——他一向喜怒不形于色，只有心情，没有表情。

他能做的，只不过是偷偷把曾养育他的尼姑智仙藏匿在家里，让她在自己家中修行而已。

不过，除此以外，杨坚这段时间总体来说是春风得意。

凭借皇帝亲家的身份，他的影响力就如前些年的房价一样一路飙升，加上他这人天生就有那种老大的气派，因此他身边总是朋友众多，很多大臣都和他来往密切。

这引起了齐王宇文宪的警觉。

宇文宪对宇文邕说，普六茹坚，相貌非常，臣每见之，不觉自失；恐非人下，请早除之！——杨坚这个人相貌非同寻常，我每次见到他，都觉得不自在；这个人恐怕不会久居人下，请尽早除掉他。

宇文邕的反应是怎样的呢？

有两种说法。

一种来自《资治通鉴》的记载：

听了宇文宪的话，宇文邕很疑惑，便秘密把术士来和召到宫中，让他为杨坚算命。

来和与杨坚早有来往，知道杨坚将来有当皇帝的命运，却故意对宇文邕说：随公止是守节人，可镇一方；若为将领，陈无不破——随国公只是个有节操的人，可以为国镇守一方，如果用他做将领，一定会无往不胜。

于是，宇文邕放心了。

这可信吗？

我个人感觉似乎不是太可靠。

因为这其实来源于《隋书·来和传》里来和在隋开皇年间上表时的自述，而当时杨坚已经当了皇帝，最需要的就是这种自己有天命的说法，所以如果是来和投其所好，故意编了这么个故事，我觉得也不是没有可能的。

还有一种说法来自《隋书·文帝纪》：

听了宇文宪的话，宇文邕只是微微一笑，轻描淡写地说，此止可为将耳——杨坚这个人只不过能做个将军罢了。

小子我个人认为这种说法可信多了。

因为在那个时候，宇文邕最忌讳的不是杨坚，而正是这个战功赫赫而又具有皇族身份的齐王宇文宪！

据说在宇文护被诛杀后不久，宇文邕曾经对宇文宪的下属裴文举说过这么一番话：你虽然侍奉齐国公，但不是他的臣子，你应该多多规劝他，让我们君臣和睦，兄弟同心，不至于互相猜疑。

裴文举回去告诉了宇文宪，宇文宪忍不住指着自己的心口悲愤地说：我的心你难道不知道吗？我难道是那种不忠不义的人吗？

从这件事可以看出，宇文宪虽然忠勇厚道，但威望太高，宇文邕对他显然很不放心。

在当时宇文邕的心目中，要论对帝位的威胁，杨坚和宇文宪比，就仿佛丰田威驰比S级奔驰——完全就不是一个数量级!

而宇文邕之所以要重用杨坚等人，也许很大程度上就是为了防范宇文宪!

因此，这个时候宇文宪说杨坚将来会篡位，就相当于潘金莲指责别的女人守不住贞操一样，实在是太没有说服力了。

宇文邕对此自然是不会相信。

当然了，不管你认为哪种说法是真的，反正最终的结果都是一样的——杨坚没受到任何影响，依然很受宇文邕的信任。

不过，对胸怀大志的宇文邕来说，这件事只能算个小插曲而已，他还有更重要的事情要做——讨伐北齐，统一北方。

原本北齐的实力一直很强，但现在的北齐皇帝高纬却是个败家圣手——败家的速度比一个人中枪倒下的速度还快。

他不仅亲信小人，把朝政搞得乌烟瘴气，而且还自毁长城，杀掉了功勋卓著的名将斛律光和高长恭。

此时的北齐混乱不堪、每况愈下，宇文邕怎能放过这样的好机会?

公元575年7月，经过精心准备后，宇文邕亲率大军讨伐北齐，总兵力达十八万，主力从潼关出发，沿崤函古道东进，兵锋直指洛阳。

三十五岁的杨坚也第一次得到了统兵的机会——他被任命为偏师主帅，率水军三万，从渭水转入黄河，顺流东下，负责配合主力作战。

一开始，北周军连战连捷，很快就进逼洛阳，但在洛阳城北的中潭城和金墉城却遇到了北齐军的顽强抵抗，连续攻打了二十多天依然没有攻下。

此时从晋阳赶来的大批北齐援军即将到来，而宇文邕又急火攻心病倒了，考虑再三，稳健的宇文邕决定全军撤退。

但杨坚率领的水军在退兵时却遇到了很大的麻烦——黄河的流向是由西向东，水军要想西撤就要逆流而上，行军速度缓慢，很容易被北齐军追上，招致灭顶之灾!

杨坚当机立断，命令放火焚毁舟舰，从陆路返回。

这次伐齐，杨坚虽然没有立下显赫的战功，但他在关键时刻临危不乱，动作果断，最终全军安全返回，也算是不辱使命。

宇文邕对他的表现颇为赞赏，从此杨坚更受重用。

但之后不久发生的一件事，却差点让他失去了皇帝的信任!

此事与太子宇文赟有关。

宇文赟是宇文邕的长子，从小就顽劣异常。

宇文邕望子成龙心切，对儿子管教非常严，甚至动辄就拳脚相加。

在宇文赟被立为太子后，他任命自己最信任的老朋友宇文孝伯和尉迟运（尉迟迥之侄）两人为左右宫正（太子的老师），专门负责辅导太子，还命令东宫属官把太子的一切言行都记录下来，随时向他汇报。

出于害怕，宇文赟也只得在表面上收敛一点，当然也仅仅是表面上而已——私底下，贪玩的他还是喜欢和几个近臣一起玩各种乱七八糟的游戏。

这些近臣中，和宇文赟关系最好的是时任太子宫尹（太子的师友之官，位在宫正之下）的郑译——杨坚当年的同窗好友。

郑译从小就经常出入皇宫，后来又一直在宫中担任左侍上士、御正下大夫等职，练就了一身察言观色的高超本领，加上他又多才多艺，因此特别受宇文赟的青睐。

由于和宇文赟太过亲近——史书上称为“亵狎”（什么意思，你懂的），宇文邕一怒之下，还曾把郑译免职。

不过对宇文赟来说，郑译称得上是居家旅行必备，所以不久之后，因他的再三请求，郑译又复职了。

这样一来，宇文赟和郑译的关系反而更好了。

宇文邕不喜欢郑译，他信任的是好友宇文孝伯。

他经常向宇文孝伯打听太子的情况，宇文孝伯每次都说，太子害怕陛下的天威，没犯什么错误。

但宇文邕的另一位老朋友，时任内史中大夫的王轨却对太子很不看好，有一次，他在喝酒时，故意假借酒意，摸着宇文邕的胡子说，好可爱的老头，可惜后嗣太弱了（当时才 34 岁的宇文邕就被称为老头，30 多岁的你还好意思称自己为男生吗）。

宇文邕当然知道他的意思，便再次找到了宇文孝伯，你老说太子没有什么过失，但是王轨却不这么看，你是在骗我吧。

宇文孝伯回答，太子的确有些不对之处，但即使我说了，陛下您也不可能忍痛割爱，所以我就不说了，只有尽力辅佐太子而已。

这下，宇文邕沉默了，心好像挂了个秤砣一样沉重。

是的，比起宇文赟，他的次子汉王宇文赞更差劲，其余的儿子都还小，就是宇文赟再不才，他又能立谁为太子呢？

商品有三包，你不喜欢，可以退换；儿子却不但没有三包，还永远不可能退换，质量再差，你再不喜欢他，他也还是你的儿子。

老天就是这么霸道，人生就是这么无奈!

即使贵为皇帝，也没有特权。

巧妇难为无米之炊，宇文邕别无选择，他能做的，只能是尽量培养宇文赟。

沉默良久，他才说，太子的事，朕全部委托给您了。您一定要把他教育好。

宇文孝伯重重地点了点头，表情却很复杂。

然而，固执的王轨却还是坚持认为太子不可靠，他又再次向皇帝进谏，这次他竟然把杨坚也牵连了进去。

唉，男人何苦为难男人!

王轨是这么对宇文邕说的：皇太子非社稷主，普六茹坚貌有反相——皇太子不是个能守住江山社稷的人，杨坚这个人的相貌看上去将来会造反。

明明是说太子，王轨为什么偏偏要提到杨坚?

因为杨坚的身份太敏感，他是太子的岳父，将来的国丈，如果太子继位后能力不行，外戚干政，杨坚就可能夺走北周的天下。

归根结底，王轨还是希望宇文邕废掉宇文赟。

从后来的历史演变来看，小子我不得不说，王轨的眼力真是毒哇。

而宇文邕的反应是怎么样的呢?

还是有两种说法。

一种是这样的：

听了王轨的话后，宇文邕对杨坚产生了怀疑，便再次召术士来和进宫，询问杨坚的相貌。

来和还是坚持原来的说法：是节臣，更无异相——随国公是有节操的大臣，而且他根本就没有什么不凡的相貌。

于是，宇文邕放心了。

其实，这种说法还是来源于《隋书·来和传》中来和在隋文帝开皇末年上表中的自述，在这段自述中，为了增加可信度，来和还特意提供了两个目击证人：王谊、梁彦光知此语。

王谊是杨坚的老同学，当时深得宇文邕的宠幸，时任内史大夫，还被封为杨国公；梁彦光时任御正下大夫，也是皇帝的近臣。

然而，在开皇末年的时候，王谊、梁彦光两人都早已经不在人世。

因此，来和提到王谊和梁彦光，反而颇有点此地无银三百两的嫌疑。

另外，小子我发现这种说法其实还有个智商问题：

宇文邕竟然没有换一个人为杨坚看相，而是两次都找同一个人，这可能吗?

因为上次来和已经给杨坚算过一次命了（假设来和说的话都是真的），难道这次来和会说：对不起，上次我骗了陛下，其实杨坚真有反相……

当然不可能——要知道骗皇帝那可是欺君之罪呀。

既然来和不可能改口，那他还有必要这么做吗？

宇文邕有这么傻吗？

之前他一向是聪明睿智，现在却变成了低能弱智；之前他一向是最强大脑，现在却变成了进水大脑。

这可能吗？

所以，我个人认为，这事的真实性是很成问题的。

另一种说法来自《隋书·高祖纪》，是这么说的：

也许是王轨这话说得太直接、太唐突、太冲了，宇文邕听了很不开心，只是恨恨地说了一句话：必天命有在，将若之何！——如果天命真的是这样的话，我又能有什么办法呢？

宇文邕为什么会这么说？

以下是我的假设。

对于杨坚，宇文邕当然知道这人的确有很强的能力，但他更相信自己有足够驾驭杨坚的能力。更何况，杨坚的年龄比他还要大两岁，因而他根本不担心此人在自己身后利用外戚的身份兴风作浪。

所以宇文邕更在意的其实是前面一句——他知道王轨的意思是要他废太子。

然而废了宇文赟，别的儿子更不成器，他又能立谁呢？

他不是不想废太子，他是不能废太子呀。

即使宇文赟是烂泥糊不上墙，他也不得不把这块烂泥糊上墙；即使宇文赟是朽木不可雕，他也不得不把这个朽木雕刻好；即使宇文赟是一条蛇，他也不得不把这条蛇培养成一条龙！

因为他根本就没有别的选择。

明知前面是火坑，却只能往下跳；明知事不可为，却只能为之；明知前面是绝望，却依然还要期望……

可想而知，他有多么郁闷，有多么无奈！

所以他才会发出这样沉重的叹息：必天命有在，将若之何！

我个人更倾向于这种说法。

当然了这只是我个人的看法，信不信由你。

不过，不管怎样，这事最终的结局是确定的——宇文邕没有采信王轨的话，杨坚再次逃过了一劫。

而王轨对宇文邕说的这句话也很快就传到了杨坚的耳朵里——我个人估计，很可能是他的老朋友王谊说给他听的。

杨坚吓出了一身冷汗，从此他做事更加低调，很少抛头露面。

但宇文邕对此也许并不在意，他最关注的依然是自己的事业——统一北方的大业。

公元 576 年 10 月，经过一年的休整，宇文邕再度率军亲征北齐。

## 周武帝平齐

此次出征，北周大军分为前、左、右三军，杨坚被委以重任，担任右路第三军的总管，和越王宇文盛（宇文泰第十子）、杞国公宇文亮（宇文泰侄子宇文导之子）一起统领右路军。

这次宇文邕吸取了上年伐齐失败的教训，改变了进攻路线，把矛头对准了平阳（今山西临汾）。

来到平阳城下后，宇文邕先分派诸将据守各处关隘，以阻击北齐援军，同时命内史大夫王谊指挥北周军主力，全力攻城。

北齐守将连忙派人到晋阳（北齐的别都）向齐主高纬求援。

然而时间一天天地过去，援军却迟迟不见踪影。

孤立无援的北齐守军逐渐支撑不住，平阳最终被北周军攻陷。

让人难以理解的是，平阳离北齐军主力所在的晋阳仅有五百里，骑兵不到三天就能抵达，这么长的时间，北齐援军去哪儿了呢？

原来，这段时间北齐后主高纬正和他最喜欢的宠妃冯小怜在晋阳城郊外的天池打猎，玩得不亦乐乎。右丞相高阿那肱为了不打搅皇帝的兴致，把平阳送来的告急文书全部扣下了。

直到平阳已经落入敌手，他才不得不禀告皇帝高纬。

平阳是晋阳的门户，战略地位极为重要。因此听到这个消息，高纬也急了，连忙下令马上返回晋阳集结部队，准备反攻。

然而，意想不到的情况出现了。

冯小怜玩得意犹未尽，不愿意走，紧紧拉住了高纬：陛下，别这么急，再陪我杀一围吧……

在高纬的眼里，和冯小怜相比，其他一切东西都是浮云。

于是他把一切抛之脑后，继续陪冯小怜打猎，玩到很晚才回去。

这就是唐朝诗人李商隐那句著名的“晋阳已陷休回顾，更请君王猎一围”的由来，不过他老人家似乎远不如我老人家严谨——其实这里错了一个字，应该改成“平阳已陷休回顾，更请君王猎一围”才符合史实。

当然，回到晋阳后，高纬也不敢再怠慢，连忙召集大军前去救援平阳。

考虑到北齐军气焰正盛，宇文邕决定避其锋芒。

他任命大将梁士彦为晋州刺史，率军一万留守平阳，自己则率主力返回北周。

北齐军很快把平阳城团团围住，百道攻城。

梁士彦率军死守。

然而毕竟众寡悬殊，一时间平阳城岌岌可危。

梁士彦慷慨激昂地对部下说，死在今日，吾为尔先——看来今天要战死在这里了，让我来做你们的表率吧！

在他的激励下，北周军士气大振，一次次打退了北齐军的进攻。

久攻不下的北齐军又采用新方法——挖掘地道，这一招果然奏效，由于地基塌陷，城墙一下子撕开了一个大口子。

眼看北齐军就要破城而入胜利在望的时候，一件天雷滚滚——雷得让人想在耳朵上插避雷针的怪事发生了！

高纬竟然下令北齐军暂停进攻！

有没搞错？

没错。因为他要让他心爱的冯小怜来一起见证这难得一见的精彩场面。

冯小怜精心打扮了好久才靓丽地姗姗来迟，然而这时北周军早已经修好了城墙！

冯小怜很失望。

北齐的将士们更失望。

为当情圣宁愿轻生，为了生理不要胜利，跟着这样的皇帝，能有什么前途？

这样的狗屎皇帝，真的还不如一坨狗屎，狗屎至少不会帮倒忙！

从此北齐军士气尽失，心无斗志。

就这样，梁士彦创造了奇迹——整整一个月过去了，平阳城依然牢牢地掌握在他的手里！

此时，宇文邕见北齐军已经疲惫，便率主力卷土重来。

周齐两军在平阳城下决战。

战前，宇文邕来到阵前，逐个呼唤将士们的名字，亲加慰勉，将士们深受感动，无不振奋。

与他形成鲜明对比的是北齐皇帝高纬。

他和冯小怜在后方观战。

两军刚一交手，冯小怜看见东边的北齐军稍有退却，便花容失色，大叫：矮油，我军败了！我军败了！

听她这么一说，高纬也慌了，两人连忙带着数名亲信落荒而逃。

画外音，旋律起：你是疯儿我是傻，缠缠绵绵到天涯……

皇帝临阵脱逃，北齐军顿时全线崩溃——皇帝都跑了，我们为什么还要为他卖命？

一时间北齐军全都四散奔逃，军资甲仗扔得到处都是。

这一战，北周军大获全胜。

随后宇文邕亲率大军乘胜北进，直趋晋阳。

而逃到晋阳的北齐后主高纬还惊魂未定，本能地想到了逃跑——正如西门庆的本能是见到美女就想泡一样，他现在的本能是看到敌人就想跑！

他命堂兄安德王高延宗留守晋阳，自己则继续出逃，本来他想投奔突厥，后来被部下劝阻，只得逃回了国都邺城（今河北临漳）。

由于高纬早已经失去了人心，晋阳的北齐守军推举高延宗为帝。

仅仅一天后，宇文邕就率军来到晋阳城下，随后立即指挥大军攻城。

重压之下，必有叛徒。由于北齐守军有人叛变，北周军很快就从东门攻入了城内，身先士卒的宇文邕一马当先冲在了前面。

没想到高延宗十分顽强，他立即率军和另一名北齐将领分别从南北两路夹击入城的周军，北周军猝不及防，加之地形不熟，施展不开，顿时乱作一团，死伤惨重。

宇文邕在北齐降将贺拔伏恩等人的帮助下才侥幸逃脱。

此时已是凌晨时分，刚刚逃生的宇文邕没有顾得上休息，便马上召集众将，商议对策。

时值严冬腊月，天寒地冻，经过数月连续作战的北周军早已十分疲劳，现在又遭遇了这样一次惨败，将领们大多产生了畏难情绪，纷纷建议撤军。

关键时刻，大将宇文忻站了出来。

宇文忻也出身于关陇贵族，父亲是西魏十二大将军之一的宇文贵。

他胸怀大志，年少时就曾放出豪言：自古名将，唯以韩、白、卫、霍为美谈，吾察其行事，未足多尚。若使与仆并时，不令竖子独擅高名也——自古名将，唯有韩信、白起、卫青、霍去病四人名气最大。不过在我看来，他们的行为并不见得有多值得崇尚。如果使他们与我生在同一个时代，我一定不会让他们独得高名！

此时宇文忻的职务是开府、骠骑将军，同时他也是杨坚的好友。

宇文忻慷慨激昂地对宇文邕说，昨日只是因将士轻敌，稍有不利，何足为怀！大丈夫当死中求生，败中取胜！如今破竹之势已成，怎么可以弃之而去！

齐王宇文宪和内史大夫王谊也赞成他的意见。

听了他们的话，宇文邕也就不再迟疑，马上下令集结部队。

黎明时分，一夜没睡的宇文邕精神抖擞，再次亲临一线，指挥部队全力攻城。

晋阳城内的北齐守军刚取得了一场久违的胜利，根本没想到北周军这么快就卷土重来，因此毫无防备，哪里是北周军的对手？

很快，晋阳就落入了北周军的手中。

稍作休整后，宇文邕命陈王宇文纯（宇文泰第九子）留守晋阳，自己又马不停蹄地率军东进，向邺城进发。

高纬早已乱了章法，也不知他脑子是怎么想的（他的想法估计只有和他一样智商是负的人才能理解），他竟然在这时把皇位传给了自己八岁的儿子高恒，过了一把太上皇的瘾。

不久听说北周军已经逼近邺城，他又带着幼帝慌忙出逃。

皇帝逃了，人心散了，邺城守军哪里还有什么战斗力？

不到一天时间，不费一点力气，北周军就轻松拿下了邺城。

再看高纬，他先是逃到了济州（今山东茌平），在那里他宣布把帝位让给在河北的任城王高湝（高纬的叔叔）——从今往后，高湝就是大齐国的法人代表，所有债权债务都归他管，跟我不搭界！这样一来，周军就是要算账，也应该会到河北找高湝去，放过我高纬这个普通百姓了吧！

想出了这个自以为是、自欺欺人、掩耳盗铃的妙计，高纬感觉放心了不少，随后他以蜗牛散步的速度，不紧不慢地继续南逃，想要投奔南陈，不料很快就被北周追兵追上，成了俘虏。

高纬，这个不停逃跑的高跑跑这下终于可以不用跑了。

正如拆房总是比建房要轻松得多一样，败家也总是比发家容易得多。

在高纬这个超一流败家子手上，曾经强大的北齐以水库决堤一泻千里之势迅速崩溃，仅仅三个月的时间就宣告了灭亡。

在这次灭齐之战里，杨坚的表现是怎么样的呢？

## 风云际会露峥嵘

杨坚在这场战争中的表现，史书上几乎没有记载。

可以想象，无论是和他的老朋友王谊、宇文忻相比，还是和死守平阳、一战成名的梁士彦相比，他的表现都仿佛是烈日下的萤火虫一样——实在是太不显眼了。

但杨坚的二弟杨整在此役中倒是非常壮烈，他身先士卒，奋勇杀敌，最终战死在疆场，为国捐躯。

当然，凭借元勋子弟和皇亲国戚的身份，战后论功行赏，杨坚还是如愿以偿地升官了——被晋封为柱国。

不过，现在的柱国含金量已经没有以前那么足了——因为一年前宇文邕又设立了一个新的更高的爵位：上柱国。

首批被授予上柱国的只有两个人——齐王宇文宪和蜀国公尉迟迥。他俩一个是皇帝的弟弟，一个是皇帝的表兄，又都是战功卓著的名将，无论能力资历还是来历，都堪称众望所归，无可挑剔。

此次平齐之后，又有赵王宇文招（宇文泰第七子）、陈王宇文纯（宇文泰第九子）、越王宇文盛（宇文泰第十子）、杞国公宇文亮（宇文泰侄宇文导之子）、梁国公侯莫陈芮（西魏八柱国之一侯莫陈崇之子）、郑国公达奚震（西魏十二大将军之一达奚武之子）、庸国公王谦（西魏十二大将军之一王雄之子）、北平公寇绍（西魏开国元勋寇洛之弟）八人晋升为上柱国。

虽然和他们相比，杨坚的职位要略逊一筹，但这并不表明宇文邕对杨坚不够重视。

这一点从下面这个安排就可以看出来。

北齐皇帝高纬被俘后，在河北的任城王高湝（高纬的叔叔）、广宁王高孝珩（高纬的堂兄）两人却依然不肯投降，他们临时招募了四万多名士兵，打算顽抗到底。

宇文邕把这个清剿北齐残余势力的任务交给了齐王宇文宪和杨坚，让他们两人率军征讨高湝。

当时大局已定，搭档又是北周第一名将宇文宪。对杨坚来说，这显然是一个既可以获取军功又没有多大风险的好差事——相当于足球场上大比分领先的时候又获得点球，宇文邕让杨坚这个没进过球的球员去罚点球，有点成人之美的意思。

果然，早已军心涣散的北齐军一触即溃，一泻千里，一败涂地，宇文宪、杨坚两人没费多大力气就擒获了高湝、高孝珩，平定了河北。

之后，杨坚留在了河北，担任定州（治所今河北定州）总管，成为握有实权的一方诸侯。

按照《隋书》的记载，杨坚在定州的时候还发生了一件怪事。

不知道为什么，定州城的西门在此之前一直都是关着的，从来没有开启过。

据说有人曾向北齐文宣帝高洋建议，要求打开西门，以便于百姓行路。

但高洋却坚决不允许，还说了一句让人摸不着头脑的怪话：当有圣人来启之——不能开，以后会有圣人来开这个门的。

皇帝说的话自然是一言九鼎，从此再也没人敢提开门的事了。

然而杨坚是刚从北周来的外地人，当然不清楚有这样一回事，他到定州上任后，看见西门关着，想也没想便马上把它给打开了。

对他来说，这是很自然的，就仿佛我们现在上完厕所拉拉链一样的自然。

但定州的百姓们却都惊呆了，他们马上就联想到了当年高洋说的话：原来这个新任的总管杨坚就是传说中的圣人哪！

这事到底是不是真的？

我不知道。

你说它是假的吧，正史上明明记载得清清楚楚。

你说它是真的吧，当年媒体还曾报道过粮食亩产十万斤呢。

所以，是真是假，我真的不能确定。

我只知道，杨坚在定州待的时间不长，只有短短的十个月。

公元 577 年 12 月，杨坚被调离定州，改任为南兖州（今安徽亳州）总管。

之所以会有这样的任命其实跟当时的形势有关。

北齐灭亡后，看见北周一下子独吞了这么大的地盘，本想坐收渔翁之利的南陈皇帝陈顼坐不住了。

看着炽烈的太阳眼会黑，看着别人的成功眼会红。

陈顼眼红了，也想分一杯羹。

公元 577 年 10 月，他命大将吴明彻为帅，大举出兵北伐，意欲夺取徐州、兖州等北齐旧地。

北周徐州总管梁士彦率部迎击，却出师不利，只得退保徐州，固守待援。

吴明彻则率军把徐州城团团围住，并引泗水（当时是淮河的支流）灌城，环列舟舰，日夜攻打。

北周帝国南线的形势骤然紧张，毗邻徐州的南兖州的地位也一下子变得举足轻重，亟须得力将领前往镇守。

经过反复考虑，宇文邕决定由杨坚来当此重任。

不过，虽然这是平级调动，但杨坚的内心却是一万个不乐意。

因为定州总管统辖有定州、冀州（治所今河北冀州）、瀛州（治所今河北河间）

三州之地，这里是北齐奠基人高欢起家的地方，也是北齐多年来一直重点经营的地方，经济发达，人口稠密，地势险要，兵精粮足，退可割据一方，进可谋取天下。

而南兖州就大不一样了，那里地瘠民贫，又处于四战之地，根本就不可能培植出自己独立的势力。

这让心怀野心的杨坚有些难以接受。

当时他的老朋友庞晃正担任常山（今河北正定）太守，是他的下属，杨坚便与他商议。

此时此刻杨坚内心的想法，如果这世界上只有一个人知道，那肯定是庞晃。

冒险家庞晃提出了一个大胆的建议：燕、代精兵之处，今若动众，天下不足图也——河北是出精兵的地方，如果我们在这里起兵，取得天下简直易如反掌！

庞晃的话虽然听上去像天方夜谭，但细想一下，似乎也并非全无可能。

因为当时北齐初定，各地叛乱频仍；而如今南陈又大举北伐，天下震动；北方的突厥也在蠢蠢欲动。如果此时杨坚造反，也未必完全没有成功的希望。

但杨坚向来做事稳健，他要的不是成功的希望，而是成功的把握——如果没有足够的把握，他是绝对不会这么冒这个险的。

他知道，自己在定州经营的时间不长，人心未附，羽翼未丰，这个时候起兵，失败的可能性远远大于成功的可能性。

于是，他握住了庞晃的手，说了四个字：时未可也——时机还没到哇。

虽然有些不舍，有些不甘，有些不愿，他还是决定去南兖州上任，待时而动。

铁会锈，新会旧，胖子会变瘦，皮肤会变皱，这个世界总是在变个不休。

没过多久，时局就发生了翻天覆地的变化。

徐州被陈军包围后，宇文邕派自己的心腹爱将王轨领兵救援徐州。

王轨人如其名，做事很鬼，他没有按常规直扑徐州，而是偷偷率军攻占了清口（今江苏淮安码头镇，当时位于泗水和淮河的交汇处），截断了陈军的退路。

吴明彻听说后路被断，大为震恐，加上久攻不下，粮草不继，只得仓皇撤军。

没想到撤军途中中了北周军的埋伏，南陈大军除萧摩诃、任忠、周罗睺等少数几个将领突围而出外，几乎全军覆没，主帅吴明彻被俘。

经此一役，南陈元气大伤，基本失去了和北周争夺天下的能力。

此时的宇文邕，踌躇满志，豪情满怀，壮志满胸，他下定决心，要“平突厥，定江南，一二年间，必使天下一统”（引自《周书·武帝纪》）。

公元 578 年 5 月 23 日，宇文邕亲率大军，兵分五路，讨伐突厥。

遗憾的是，上天并没有让我们看到北周和突厥的这场对决。

因为宇文邕刚出发不久，就得了重病，只得下令回军。

在返回长安的当天，他就与世长辞，年仅三十六岁。

天妒英才，造化弄人，在他即将登上巅峰的时候，在他即将实现梦想的时候，犀利的人生戛然而止，耀眼的巨星轰然坠下……

生命就是这样的脆弱——再强悍的人生也敌不过命运，就像再强壮的树叶也敌不过秋风一样。

人生的成就，靠拼命，也要靠长命。

壮志未酬身先死，长使英雄泪满襟。

我为宇文邕感到遗憾。

## 坑爹极品宇文赟

宇文邕死后，被追谥为武帝，庙号高祖，二十岁的太子宇文赟随即即位，是为周宣帝。

宇文赟一上台就显示了他荒淫暴虐的本色。

对于父亲的死，他不但毫无悲色，反而破口大骂：死得太晚了！

没等宇文邕下葬，他就急不可耐地把父亲为数不多的嫔妃全部据为己有。

随后，他又举起了屠刀，首先把目标对准了自己的五叔——齐王宇文宪。

宇文宪战功赫赫，威望极高，在诸王之中年龄又是最长，宇文赟对他非常忌恨，必欲除之而后快。

经过与自己的心腹郑译、于智（西魏八柱国之一于谨的第五子）等人谋划，他很快就有了主意。

宇文赟派人召宇文宪等诸王入宫，进宫后，又宣宇文宪单独觐见。

宇文宪刚一进去，就被早已埋伏在此的武士抓住，五花大绑，押到宇文赟面前。

于智当场告发宇文宪谋反。

宇文宪目光如炬，与于智争辩起来：我为国尽忠，一心一意……

于智没听他说完，就冷冷地打断了他的话：一心一意？你还八心八箭呢！现在这样的形势，你说得再多，就算把嘴唇说成兔唇，又有什么用呢？

宇文宪自知不免，只好把手里的笏板怒掷于地上，长叹道：死生有命，我岂是贪生怕死之辈！遗憾的是我无法为老母亲尽孝了。

随后他被当场缢死，时年三十五岁。

这一天，距离宇文邕去世只有短短21天。

对于曾经说过自己坏话的王轨等人，宇文赟当然也不会放过。

有一次，他故意问郑译：我脚上的杖痕，是谁干的？

郑译心领神会，马上回答：是王轨、宇文孝伯这些人捣的鬼。

随后宇文赟马上派人到徐州，捕杀了前不久刚刚击败南陈北伐军、立下大功的新任徐州总管王轨。

其实王轨对他的悲剧命运早就有了预感，有人曾劝他利用地利之便投奔南陈以保全自己，但刚直的他却断然拒绝：忠义之节，不可亏违！怎么能因为得罪了当今的皇帝就忘掉这些呢？我宁愿在这里等死！千年之后，人们会明白我的忠心的。

之后，宇文孝伯、宇文神举等人也相继被杀，宇文赟的另一名老师尉迟运则忧惧而死。

正所谓，新人当道，旧人挨刀。至此，当年宇文邕最信赖的心腹忠臣几乎被诛杀殆尽。

但这一切对杨坚来说，却是极大的利好。

一方面宇文宪、王轨、宇文孝伯等人都是能力极强而且对他颇有防范的人，这些人死了，对他来说当然不是坏事——据说后来杨坚称帝后还曾说过，宇文孝伯实有周之良臣，若使此人在朝，我辈无措手处也。

另一方面，这些重臣不在了，也必须要有人填补他们的空缺。

谁会是合适的人选呢?

郑译他们吗?

不行。

这些人虽然有皇帝的信任，但向来地位不高，名望不行，战功不显，显然镇不住场面。

还有谁合适呢?

杨坚!

他是皇后的父亲，当今的国丈，有战功，有地位，有威望，而且既没有像宇文宪一样功高震主，也没有像王轨那样说过皇帝的坏话，更重要的是他还有女儿杨丽华给皇帝吹枕边风，有老朋友郑译给皇帝说悄悄话。

这样的人不合适，还有谁合适?

就这样，杨坚顺理成章地被调回了京城，升任上柱国、大司马。

现在，让我们把视线投向新皇帝宇文赟。

此时的宇文赟可谓志得意满。

对他严厉管教的父亲宇文邕死了，对他严重威胁的五叔宇文宪死了，对他严重看不惯的王轨等人死了，他现在再也不用看别人的脸色，再也不用听别人的话音，再也不用按别人的规则，可以随心所欲、为所欲为了！

他的执政风格概括起来就是两个字：折腾。

天高任鸟飞，家大任折腾！

生命不息，折腾不止！

把有限的生命投入到无限的折腾中去！

想干什么就干什么，想怎么干就怎么干！

当年他祖父宇文泰曾经发布过著名的六条诏书——这也是西魏北周的立国方针，他一上任就发布了九条诏书，质量先不管，反正数量上是大大超过了。

他认为父亲宇文邕当政时执行的法律《刑书要制》过于严格，便马上将其废除，还多次实行大赦，广大犯罪分子很快就用实际行动对此点赞，一时间犯罪率强势攀升，治安迅速恶化。于是他马上又转了一百八十度的大弯——重新颁布了一部新的《刑经圣制》，比以前的法律还要严苛得多，只要百姓小有过失，就动辄杀戮，搞得人心惶惶。

他和他的父亲，就好像我对股票的预测和股票真正的走势一样——完全是相反的。

宇文邕提倡俭朴，生活上考虑不用钱；宇文赟崇尚奢华，享受上不用考虑钱。

宇文邕不好女色，所有嫔妃仅十余人；宇文赟极其好色，光皇后就好几个（后文会讲到）。

宇文邕工作勤奋，经常三更半夜不睡觉；宇文赟工作懒散，经常十天半月不上朝。

宇文邕做事稳健，总是谋定而后动；宇文赟做事随意，总是一拍脑袋就干。

宇文邕不摆架子，和士卒同甘共苦；宇文赟高高在上，与百姓从不接触。

宇文邕善于纳谏；宇文赟独断专行。

宇文邕谦虚谨慎，宇文赟目空一切……

公元579年正月，宇文赟在原有的官制上，设置了地位最高、仅次于皇帝的四辅官——以越王宇文盛为大前疑，蜀国公尉迟迥为大右弼，申国公李穆为大左辅，杨坚则被任命为大后承。

这些名字到底是什么意思？

为什么不叫大前门而叫大前疑，不叫大后轮要叫大后承？

我不知道，估计连宇文赟也不知道——也许他觉得名字是什么意思根本不重要，重要的是要酷，要有个性，要前无古人后无来者（这点他的确做到了），就好像前些年，很多小孩都喜欢写那些没人看得懂的火星文一样。

四辅官中，宇文盛是宗室，宇文赟对他颇有防范，并不信任；尉迟迥和李穆都已经垂垂老矣；相比之下，杨坚此时三十九岁，正是年富力强之时，而且宇文赟每次出巡，总是让杨坚留守京城。

杨坚在朝中的地位一下子变得举足轻重！

公元579年2月,酷爱折腾的宇文赟又把皇位传给了年仅七岁的太子宇文阐，是为北周静帝，他自己则自称天元皇帝，所居住的地方称为天台。

从此，他更加狂妄，所有的车服旗鼓都比以前的皇帝多出一倍——太上皇了，当然要两倍于一般的皇帝！

他不再称自己为朕，而是自称为天——儿子当了天子，他当然是天了！

大臣们要朝见他，比见神仙还麻烦——必须先吃斋三天，净身一天才行。

他还诏令天下，规定除他以外，任何人都不准用“天”、“高”、“上”、“大”四个字，所有名字里有这几个敏感字的都必须改掉，比如说，“天上人间”夜总会得改叫“底下人间”；“高大威猛”这个词不能用了，改成“长胖威猛”……

他还规定，除了宫中的女人以外，其他所有女子都不得化妆，不能画眉，不能涂粉，更不能擦胭脂。

他游戏无常，出入不节，有时凌晨出门，半夜回来；有时半夜出去，凌晨回来，搞得下属们苦不堪言。

除了原先的天元皇后杨丽华外，宇文赟又一下子立了三个皇后，朱氏（名朱满月，出身低微，是静帝宇文阐的生母）为天皇后，宠妃元氏（名元乐尚，开府元晟之女）为天左皇后，陈氏（名陈月仪，大将军陈山提之女）为天右皇后。

宇文赟对大臣们非常轻慢，只要他们稍微有一点点过错，有时甚至根本就是强奸犯怪女人穿得少——毫无道理，就动辄要被施以“天杖”。

天杖是什么东西?

正如所谓天雷滚滚其实就是雷人的最高级版本一样，所谓天杖其实就是杖刑的最高级版本。一天杖就相当于一百二十杖，后来又增加到二百四十杖。

这样的重刑有多少人能承受得了?

宇文赟的残暴让朝臣们几乎人人自危，只要他对谁一笑，谁的心就要狂跳；只要他对谁一看，谁的腿就要狂颤……

总之，按《周书》上的说法就是：内外恐怖，人不自安。皆求苟免，莫有固志。

对辈分高而且有战功的五个叔叔，宇文赟非常猜忌。

公元579年5月，他彻底解除了他们的权力，把他们分封到各地去安度晚年。

赵王宇文招被封到了襄国（今河北邢台），陈王宇文纯被封到了济南（今山东济南），越王宇文盛被封到了武当（今湖北丹江口），代王宇文达被封到了上党（今山西长治），滕王宇文逌被封到了新野（今河南新野）。

就这样，五王都被赶出了京城。

宇文赟自剪羽翼，他的岳父杨坚——其实现在应该称首席岳父了，则成为此举最大的受益者。他取代了越王宇文盛，成为位列四辅官之首的大前疑，另一名外戚司马消难（此人是北齐元勋司马子如之子，也是高欢的女婿，后因受到齐主高洋的猜忌，叛逃到了北周，他的女儿嫁给了静帝宇文阐）则成为大后承。

不过，宇文赟虽然残暴，但并不是昏君，他也有自己的追求，那就是建功立业。

公元579年9月，他任命老将郧国公韦孝宽为行军元帅，率杞国公宇文亮（宇文泰侄宇文导之子）、郕国公梁士彦等人南下，攻打南陈所属的淮南之地。

韦孝宽多谋善算，策出无方，堪称当时的第一智将。

33年前，他以八千人死守河东重镇玉壁（今山西稷山），挡住了东魏丞相高欢率领的二十万大军，一战成名。之后他一直镇守在那里，还曾用反间计除掉北齐名将斛律光，上平齐三策为灭齐提供战略指导，可谓屡出奇计，屡建奇功。

韦孝宽出手，从来不失手，在他的指挥下，北周军连战连捷，势如破竹，很快就攻占了寿阳（今安徽寿县）、广陵（今江苏扬州）等江淮要地。

眼见北周军来势汹汹，一年前刚刚遭到重创的陈军竟然不敢应战，只是慌忙把淮南各州郡的部队和百姓都撤到了江南，从此长江以北的土地尽归于北周。

然而，就在周军得胜班师的时候，南征军中的副帅宇文亮却反了。

问题缘于宇文赟没管住他的下半身。

宇文亮之子宇文温的老婆尉迟炽繁是尉迟迥的孙女，当时才15岁，长得国色天香，漂亮非凡，有一次作为宗室贵妇进宫赴宴，被宇文赟看见，顿时惊为天人，心动不已。

好钢要用在刀刃上，好酒要用在国宴上，好女人当然要用在皇帝身上！

宇文赟没有一丝犹豫，当场就强奸了她。

得知这个消息，宇文亮大为愤慨——我为你奋勇杀敌，你污辱我的儿媳，为这样混蛋的皇帝卖命实在是太没道理！

一怒之下，他决定夺取主帅韦孝宽的兵权，起兵造反。

然而由于消息泄露，韦孝宽提前做了防备，很快宇文亮就兵败被杀。

随后宇文赟马上杀了宇文温，将尉迟炽繁纳入后宫，不久又加封为皇后。

就这样，他有了五个皇后。

就如刘备有五虎上将一样，宇文赟现在有五凤天后——杨丽华称天元大皇后，朱氏称天大皇后，陈氏称天中大皇后，元氏称天右大皇后，尉迟氏称天左大皇后。

## 且行且小心

皇帝所干的一切，身为朝廷首辅——大前疑的杨坚当然都看在了眼里。

宇文赟胡作非为，肆意妄为，朝令夕改，人心尽失，如此岂是长久之道？

一个狂妄到把自己称为天的人，离他去西天的日子还会远吗？

杨坚开始为自己的未来谋划。

他私下对自己的密友——时任大将军的宇文庆说，天元皇帝没积什么德，看他的相貌，寿命也不会长。加之法令繁苛，沉迷声色，我估计他的皇位长久不了。而且他把宗室重臣都外放到了地方上，羽翼都被剪除了，怎么可能飞得远呢？

随后他又分析说，尉迟迥（时任相州总管）身为皇亲国戚，有声望，也有野心，一旦国家有变，他一定会作乱。但他智量有限，子弟轻佻，恐怕很难成功。司马消难（时任郧州总管）反复无常，也很可能叛变。不过此人轻薄无谋，不足为患。王谦（时任益州总管）占据巴蜀，地势险要，易守难攻，但他素无筹略，只怕会被别人所利用。

这样的话，如果不是洞悉朝廷人事，如果不是有足够的远见，如果不是有夺权的野心，怎么可能说得出来？

杨坚的野心，在他与另一位密友——时任司水大夫的郭荣的谈话中表现得更为明显。

郭荣的父亲郭徽曾经和杨忠同事过，两家是世交，郭荣年龄又和杨坚相仿，两人是从小玩到大的发小，一直关系很好。

有一次，杨坚和郭荣在月下谈心。

杨坚说，吾仰观天象，俯察人事，周历已尽，我其代之——无论是从天象还是人事上来看，周朝都气数已尽，我将会取代它。

杨坚何以有如此大的口气？

这与他这一年多来建立的巨大威望有关。

杨坚性格沉稳，目光远大，而且思路清晰，做事果断，颇有大将之风，他的执政风格得到了上至百官下至百姓的一致认可。

这段时间，虽然宇文赟成天胡闹，但朝政在杨坚的主持下，却依然有条不紊，几乎没出什么乱子。

当初，宇文赟制定严苛无比的《刑经圣制》，杨坚曾多次委婉地劝谏，虽然最终没被接受，但杨坚此举也给大家留下了很好的印象。

杨坚的人脉也不可小视。

他出身关陇集团核心，与当时很多大族都有错综复杂的姻亲关系。

他和八柱国之一的李虎之子唐国公李昞是连襟；他的次女嫁给了八柱国之一李弼的孙子李长雅；他的姐姐嫁给了北周元勋窦炽的侄子窦荣定；妹妹嫁给了北方大族陇西李氏的李礼成；他的二弟娶的是吴国公尉迟纲的女儿；三弟杨瓒娶的是周武帝宇文邕的妹妹顺阳公主……

杨家的故旧，如今很多都官居要职，如时任并州总管的申国公李穆曾是其父杨忠的下属，郧国公韦孝宽则曾是其岳父独孤信的好友……

而杨坚的朋友更是遍布朝野。

杨坚这人有一个很大的特点——律己俭朴，待人豪放，在自己身上不舍得花钱，在别人身上出手却非常大方。朋友吃饭，他付账的次数最多；朋友办事，他送的礼金最多；朋友缺钱，他资助给你的金额会大到吓你一跳……

这样的人，连小子我都恨不得给他发“求交往”的信息。

这样的人，朋友怎么会不多呢？

不过，随着时间的推移，眼见自己的威望越来越高，眼见宇文赟越来越猜忌，杨坚也越来越担心自己的安全，开始有了去地方任职以避祸的想法。

他的朋友李谔极力劝阻：如今亲王重臣都不在京城，正是随国公您大展拳脚的时候，怎么能轻易离开呢？

杨坚这才改变了想法。

是呀，虽然说伴君如伴虎，但不入虎穴，焉得虎子？

要机会，就不要怕受罪；有志向，就不要怕踉跄！

那么，还是留在京城，且行且小心吧。

然而没过多久，令杨坚最担心的事情还是发生了。

这事得从杨坚的女儿杨丽华说起。

杨丽华温柔敦厚，而且性情大度，从不嫉妒，在后宫中人缘很好，威望很高，其他几个皇后和嫔妃们对她都很敬重。她自知管不了自己的夫君，一直都听之任之，但现在看宇文赟闹得越来越不像话，有时也难免会委婉地劝谏几句。

本来这也不是什么大事，但宇文赟却对此大发雷霆。

在宇文赟的那几位皇后中，杨丽华出身最为高贵，也是唯一一个明媒正娶的，和宇文赟相处的时间也最久的，因此她对宇文赟不需要像其他几位那样献媚讨好。

她不仅不屈服于宇文赟的淫威，反而还据理力争。

没想到，她的这一举动竟然把宇文赟彻底惹毛了——他当场扬言要将杨丽华赐死。

关键时刻，杨坚在宫中布下的耳目发挥了作用，马上这个消息就传到了杨坚的府邸。

这种后宫中的事，杨坚不方便出面，便让夫人独孤伽罗火速入宫。

独孤伽罗一看见女婿就苦苦求情，连连磕头，求情求到声泪俱下，磕头磕到头破血流。

宇文赟这才勉强消了火气，放过了杨丽华。

为这一点点小事，宇文赟为什么会对杨丽华如此大动干戈？

显然，宇文赟此举是醉翁之意不在酒，指着月亮骂秃头——他如此为难杨丽华，目的其实是杨坚！

这段时间杨坚在朝廷中迅速做大，已有功高震主之势，让宇文赟越来越不舒服，便故意借题发挥，借杨丽华来警告自己的岳父。

对于有可能威胁自己地位的人，宇文赟从来不会手软——他连自己的亲叔叔都敢杀，何况只是个岳父！

死神的脚步，已经逼近了杨坚！

果然，没过多久，宇文赟又无缘无故地对杨丽华发飙了，末了他还狠狠地说，我一定要族灭你家！

随后，他马上下令召杨坚进宫，对左右说，如果看到他神色有异，就立即杀掉他！

杨坚一入宫，就发现里面甲士众多，戒备森严，杀气腾腾。

宇文赟怒气冲冲，脸色铁青，目光狠狠地扫视着杨坚——如果他的眼神是子弹的话，恐怕杨坚早已经成了筛子！

看到这一切，杨坚知道自己的处境已经危如累卵，只要稍有不慎就会人头落地。

但多年的历练早就培养了他处变不惊、临危不乱的本领，他的信条是：要做大人物，先要有大人物的风度。

因此他依然从容不迫，一如平常，呼吸没有急促，还是 16brpm；心跳没有加快，还是 70bpm；血压没有升高，还是 70 ~ 100mmhg。

无论宇文赟怎么发火，他都镇定自若，平静如水。

无论宇文赟怎么刁难，他都应对得体，毫无破绽。

苏轼曾说过，天下有大勇者，卒然临之而不惊，无故加之而不怒。

毫无疑问，杨坚就是这样的有大勇者。

面对无懈可击的杨坚，宇文赟一时无法找到杀他的理由，只得暂时放过了他。

杨坚就这样逃过了一劫。

出宫之后的杨坚也吓出了一身冷汗，他知道宇文赟如今对自己已经是无比不信任，已经是无比忌恨，已经是必欲除之而后快，倘若自己再继续留在京城的话，肯定是凶多吉少，得赶快离开这个是非之地。

怎么办？

要想遂此心意，唯有自己的老同学郑译。

于是他找机会在出宫的路上截住了郑译，将其拉到僻静处，偷偷对他说：我想到外面去镇守一方，希望你帮我留意这样的机会！

郑译当即满口答应：随国公你德高望重，天下归心。你托付的事情我怎敢忘记，放心好了。

对这件事，郑译是有把握的。

因为他知道，宇文赟最近正在筹划征伐南陈的事。

宇文赟不是个没有追求的人，事实上，他一直想超过自己的父亲——父亲平定了北齐，统一了北方，他希望更进一步，消灭南陈，统一天下。

南征的总指挥，宇文赟打算让郑译来干，他希望郑译能像当年父亲的亲信王轨、宇文神举等人一样能在战场上建功立业，彻底摆脱幸臣的形象。

郑译乘机对宇文赟说，平定江东这么大规模的行动，必须要有皇亲国戚或朝廷重臣出面才镇得住场面。我觉得随国公比较合适，不如让他去寿阳（今安徽寿县），以督办南征军务。

宇文赟对郑译一向言听计从，加之他早就对杨坚看不顺眼了，所以没有多想，当场就答应了。

公元580年5月5日，杨坚被正式任命为扬州（治所今安徽寿县）总管。

接到任命的杨坚心情非常复杂，之前急着想离开京城，现在真要走了却有些舍不得了——很多东西在将要失去的时候往往会格外留恋。

以前他在京城，是仅次于皇帝的大前疑，如果去了地方上，却成了一个普通的总管，这就相当于从总理变成省长，无论如何都会让人感觉有些失落。

自己到底该不该走呢？

他不由得陷入了思考。

他觉得，带鱼翻炒多了容易散碎，人折腾多了容易短命。宇文赟荒淫无度，起居无常，生活毫无规律，这样的人寿命估计不会长。如果他突然暴病身亡，自己在外地鞭长莫及，岂不是白白便宜了他人，那种“心仪的姑娘结婚了，新郎不是我”的感觉让人该有多么难受？

思来想去，杨坚没有马上动身，而是宣称自己得了足疾，需要养好病才能出发。

他的足疾是真的还是假的？

不知道。

反正他没走，留了下来。

常言道，古之成大事者，不唯有超世之才，亦必有超出常人之运气。正是杨坚这一有意无意的举动，彻底改变了他的命运！

就在5天后的5月10日深夜，宇文赟突然心血来潮，决定出巡，到了天兴宫（长安郊外的一座行宫）。

这种事对宇文赟来说可以说是司空见惯——在他自己的眼里，他是个神，在正常人的眼里，他就是个神经！

比如，前一年年底，他突然想起要去洛阳，便马上下令启程，他亲自驾马，日行三百里，还命令四位皇后（当时尉迟炽繁还没有入宫）和自己并驾齐驱，一旦有人稍微慢了一点，他就大加谴责，搞得人马劳顿，不时有人倒下。

因此这次半夜出巡，谁也没把它当回事。

生活中有个规律：当一件事谁都不把它当回事的时候，往往会出大事。

这次也是这样。

就在出巡的第二天，宇文赟突然得了重病，便连忙下令返回长安。

站着出去，躺着回来，刚回到宫里，宇文赟就觉得自己不行了，便马上下令把小御正刘昉、御正中大夫颜之仪两人召进寝宫，想让他们拟定遗诏。

刘昉是郑译的好友，经历也和郑译几乎完全相同——同样是官宦子弟出身，同样是宇文赟当太子时的旧友，同样善于察言观色，同样极受宇文赟的宠幸。

颜之仪呢，本来是南方人，和弟弟颜之推（《颜氏家训》的作者）两人很小就有才名，公元554年年底西魏攻陷江陵，颜之推逃到了北齐，颜之仪则被掳到了北周，因其才华出众被周明帝宇文毓任命为麟趾殿学士，后来周武帝宇文邕又让他担任侍读，辅导太子宇文赟读书，他和宇文赟朝夕相处多年，培养出了很深的感情。因此他虽然性情直率，屡屡进谏，但宇文赟依然非常信任他。

然而，等刘昉和颜之仪两人进宫的时候，宇文赟已经进入了弥留之际，说不出话了。

# 第三章　乘势而起，一飞冲天

## 馅饼还是陷阱

皇帝开不了口，遗诏该怎么写？

这个问题，刘昉没有和颜之仪商量。

因为他和颜之仪虽然同为皇帝的亲信，但性情迥异，关系不佳，两人就像油和水融不到一起去一样，根本说不到一块去。

真正和他水乳交融不分彼此的铁哥们儿是郑译。

于是，刘昉偷偷溜了出去，找到了郑译以及另外三个朋友御饰大夫柳裘、内史大夫韦谟、御正下士皇甫绩。

柳裘本是南方人，后来江陵陷落后到了北周，曾担任过太子侍读；

韦谟出自关中大族京兆韦氏；

皇甫绩是韦孝宽的外孙，自幼父母双亡，由外祖父抚养长大，曾担任过郑译的副手——小宫尹。

他们都是宇文赟的亲信近臣，也都是宇文赟当太子时的旧人，共事多年，关系极为密切。

几个人在密室讨论遗诏的问题。

继承人是没有问题的——宇文赟早就把帝位传给了太子宇文阐。

然而，宇文阐此时才八岁，自理大小便还可以勉强，治理国家则根本没有可能，因此必须要有人辅政。

该由谁来辅政呢？

现在决定权就在他们手中，写谁就是谁。

当然，他们自己是不行的，毕竟他们只是皇帝的宠臣，没有战功，没有资历，让他们来辅政，就仿佛公司老板死了就让他的宠物狗来接管公司一样荒谬。

到底谁才合适呢?

郑译马上想到了自己的老朋友杨坚。

论公，杨坚曾担任过仅次于皇帝的首辅——大前疑，地位高，威望高，名声高;

论私，他是当今小皇帝的外公——虽然只是名义上的。

当然，最最重要的是，郑译认为杨坚是自己人!

“自己人”三个字，在中国古代，常常是决定一个人仕途升迁的最重要因素。

郑译这么一说，刘昉等人都表示赞成。

是呀，宇文赟过世，他们这帮先帝近臣就失去了靠山，如果按常理让皇族宗室摄政，这些人未必会对自己感恩戴德，更何况宇文宗室中年龄最长、威望最高的五王都不在京城；而让杨坚当辅政大臣，杨坚必然会感激他们的拥戴之功，他们也必然能永保富贵。

五个人很快就达成了一致意见。

随后，他们找到了杨坚。

杨坚对此毫无准备，不肯接受。

幸福来得太过突然，就总是会让人难以相信——到底是馅饼，还是陷阱；到底是躺着也中奖，还是躺着也中枪……他一时无法判断。

柳裘忙说，时不可再，机不可失。天与不取，反受其咎。随国公你别犹豫了，否则就来不及了!

杨坚还是没有表态。

刘昉急了——明明是给你送超级大礼包的怎么搞得像在推销超级滞销产品一样，情急之下，他忍不住脱口而出：你要是想干，就赶快，不然我就自己干了!

这下杨坚放心了——刘昉等人的急迫态度告诉他，这一切肯定不会有假。

如此千载难逢万年难遇的好机会怎么可以错过?

机会只有一次，就是眼下这次!

当然机会和风险总是买一送一捆绑销售的，这样干的风险也很大——做了辅政大臣就是把自己推上了风口浪尖，一着不慎，就会粉身碎骨。

然而，正如在不容易摔伤的沙滩上跑步肯定跑不快一样，没有风险，就不可能有骄人的成就!

人生能有几回搏，就算失败，我也认了!

想到这里，他没有再犹豫，立即答应了下来。

随后他以受诏侍疾的名义入宫。

在宫中的永巷东门，正好遇到了老熟人来和，杨坚连忙问他：我无灾障不？——我没有灾难吧？

来和回答，公骨法气色相应，天命已有付属——随国公你的骨法气色决定了你的命运，上天已经安排好了。

其实细想一下，就会发现这句话说了跟没说一样——无论是杨坚发迹当皇帝，还是倒霉被砍头，都可以说得通。

这就是来和的语言艺术，这也是古今中外所有装神弄鬼者的语言艺术。

不过，在当时的气氛下，在当时的杨坚听来，来和的这句话还是很舒服的——天命已有付属，看来我是应了天命了。

如此一来，杨坚的心一下子定了不少。

而就在他进宫的当天，宇文赟就去世了，年仅二十二岁。

刘昉、郑译等人秘不发丧，随即起草诏书，任命杨坚为总知中外兵马事（大致相当于三军总司令）——枪杆子里出政权，要想成功掌权，首先当然要掌军。

刘昉等人签字后，又让颜之仪在上面署名。

颜之仪知道这肯定不符合宇文赟的本意——凭借他和宇文赟的关系，他当然知道宇文赟生前最不想见到的就是杨坚，怎么可能让他当此重任？

因此他坚决不肯签字，把笔一扔，厉声说道，先帝驾崩，嗣子年幼，担当顾命重任的应该是宗室亲王，如今宗室中赵王年纪最大，不管是论品德还是论和皇帝的关系，他都是辅政的唯一人选。你们这些人受先帝重恩，竟然吃里扒外把权柄送给一个外人！我宁可死，也不能做这种对不起先帝的事！

刘昉知道颜之仪是一个认死理的人，要改变这个倔老头的态度，难度不亚于改变太阳表面的温度。

于是他不再跟颜之仪多费口舌，只是冷笑一声，找人代签了事。

颜之仪随即被软禁起来。

就这样，杨坚掌握了禁卫军的指挥权，牢牢地控制了宫中的局势。

事情进展得如此顺利，杨坚的女儿杨丽华也功不可没。

虽然宇文赟立了五个皇后，但她毕竟是太子妃出身的原配，在后宫中威望最高，身份最贵，年份最久，如今自然是后宫当仁不让的主宰。

对于自己的父亲，她当然是要全力支持的。

后来杨坚追忆这段往事时就曾说过：公主有大功于我！

此时的杨坚仿佛已经开启了极速模式，精力比亚马孙流域雨季的降水还要充沛，思路比 1080P 的视频还要清晰，判断比数字显示的螺旋测微器还要精确……

他的脑子像一台咔拉咔拉响个不停、硬盘灯闪个不停的高速运转的电脑，不停地计算，不停地思考——虽然如今自己已经控制了宫中，但这只是完成了第一步而已。下一步他要物色几个真正的人才做自己的帮手。

事实上，他早就看中了两个命世奇才。

一个是李德林。

李德林本是北齐人，此人自幼就聪颖无比，被视为神童，是北齐著名的才子，北齐名臣高隆之、杨愔、魏收等人都对他推崇备至。后来他曾先后担任通直散骑常侍、中书侍郎等职，还曾和另一位名士颜之推两人同掌文林馆（大致相当于后世的翰林院）。

周武帝宇文邕对他也极为看重，在平定北齐后的第一时间就派人给他送去了一封亲笔信。信上说，平齐之利，唯在于尔。朕本畏尔逐齐王东走，今闻犹在，大以慰怀，宜即入相见。——平齐最大的好处，就是得到了你。我本来怕你跟齐主一起走了，现在听说你还在邺城，非常开心，请你马上过来和我相见。

随后李德林被接入宫中，宇文邕留他住了整整三天，与他探讨军国大事，两人交谈甚欢。

之后他被任命为内史上士、御正下大夫等职，参与机密。

然而好景不长，仅仅过了一年多，宇文邕就去世了，而宇文赟上台之后重用自己当太子时的故人，李德林受到了冷落，一直郁郁不得志。

就在李德林长吁短叹、感慨怀才不遇的时候，杨坚派自己的堂侄邗国公杨惠（后改名杨雄）找到了他，给他带去了自己的口信：朝廷赐令我总管国事，责任重大。想与你共事，请勿推辞！

仿佛长夜见光明，仿佛饥渴见食品，杨坚这句话让失意已久的李德林感动万分，胸中顿时升起了一股士为知己者死的豪情，他激动地说道，必以死奉公！

另一个是高颎。

高颎自称出自河北大族渤海高氏（注意“自称”两个字），其父高宾原本是东魏的谏议大夫，因避谗言而逃到了西魏，成为杨坚岳父独孤信的亲信僚佐，被赐姓独孤氏。后来独孤信被杀，妻儿都被流放，很多人对独孤家避之唯恐不及，只有高宾一家依然不忘故主，经常和独孤伽罗来往。

疾风知劲草，患难见真情，杨坚夫妇也因此和高家父子结下了很深的友情。

高颎 17 岁出仕，担任齐王宇文宪府上掌管文书的记室。后来又历任内史上士、内史下大夫等职，周武帝平齐后，他升任开府，之后他又跟随越王宇文盛征讨稽胡，立有战功。

当时高颎的职位并不高，名气也不大，但杨坚慧眼识人，认为此人能谋善断，文武双全，是不可多得的奇才，想延揽他为自己所用，便让堂侄杨惠找到了高颎。

杨惠把来意一说，一直在怀才等遇的高颎立即欣然应允：愿受驱驰。即使大事不成，我高颎灭族也在所不惜。

在得到李德林和高颎的支持后，杨坚信心大增。

接下来，杨坚又想起了宇文赟的五个叔叔：赵王宇文招、陈王宇文纯、越王宇文盛、代王宇文达、滕王宇文逌。这五人不仅在皇族中辈分最高，声望最大，而且都曾领过兵，打过仗，立过军功，具有很大的号召力，一旦他们在外拥兵作乱，那麻烦可就大了。

经过仔细考虑，杨坚决定把他们全都召到京城来，便仍然让刘昉等人假借宇文赟的名义下诏，以赵王的女儿千金公主即将远嫁突厥（这是前一年就定下来的）为名，请五王回京观礼。

这理由合情合理，五王毫不怀疑就回来了。

此时杨坚面临的另一个关键问题是他的官职——到底他应该以什么样的名义来辅政呢？

刘昉等人提出的方案是：杨坚做大冢宰，刘昉任小冢宰，郑译为大司马。

自从宇文护死后，大冢宰这一职位的权力就大不如前，而刘昉、郑译两人一个想当自己的副手，一个想掌握兵权，这不是架空自己的节奏吗？

对这样的安排，杨坚当然是不满意的。

怎么办？

他找到了李德林。

李德林斩钉截铁地说，您的职务必须是大丞相、假黄钺、都督中外诸军事，缺一不可！至于刘昉、郑译，可以让他们当相府长史和相府司马！

杨坚连连称善。

随即他把这一决定告知刘昉、郑译两人。

刘昉、郑译两人顿时傻眼了。

他们并不是雷锋，他们之所以要冒险让杨坚辅政，本来就是想和杨坚平起平坐、分享权力的，现在倒好，居然成了杨坚的下属！

或者也可以这么说：本来他们想和杨坚一起进入新公司董事会，三个人都做股东，一起集体领导，只不过杨坚当总经理，他们俩一个做副总经理，一个做财务总监；而现在却变成了杨坚一个人持股百分之百，他们完全没份儿，杨坚是集董事长总经理于一身，而他们只能做总经理办公室的秘书，替杨坚打工，听杨坚的使唤！

杨坚，不，杨奸，你太奸了！

本以为你会知恩图报，没想到你是过河拆桥！

本以为赠你玫瑰，手有余香，没想到赠你玫瑰，只会手有瘀伤！

然而，他们再不甘心，再不情愿，又能怎么办呢？

杨坚位望隆重，名声显赫，且如今已掌握兵权；相比之下，他们实力有限，既无缚鸡之力，也无尺寸之兵，更无半点功绩，拿什么跟杨坚相抗衡呢？

以前他们一直是依附皇帝，现在皇帝已经死了，他们就像失去支撑的藤本植物一样不堪一击。如今如果不依附杨坚，他们能否生存，恐怕都是一个问题！

杨坚可以成龙成凤，但他们永远只能攀龙附凤！

所以，愿望很牛逼，现实很苦逼。对于杨坚的决定，他们除了接受，忍受，承受，逆来顺受，剩下的也就只能是怪自己自作自受！

## 骑虎之势

经过反复的考虑和无数遍的沙盘推演后，杨坚终于觉得计划已经完备，几乎完美；准备已经充分，接近过分。

他感到一切都已经尽在掌握，这才安排正式为宇文赟发丧。

这一天是公元 580 年 5 月 23 日，距宇文赟去世，已经过去了整整 12 天！

宇文赟被追谥为宣帝。

随即，小皇帝宇文阐入居宣帝所住的天台，后宫也再次改封，杨丽华改称皇太后，宇文阐的生母朱满月改称帝太后，宣帝的另外三个皇后陈月仪、元乐尚、尉迟炽繁就没有那么好的运气了——全部被出家为尼。

三天后的 5 月 26 日，按照所谓的遗诏，杨坚被任命为假黄钺、左大丞相，节制百官，汉王宇文赞（宇文邕次子）则被任命为右大丞相。

之所以会设置两个丞相，杨坚也是费了一番心思的。

他认为，如果自己一下子就做唯一的大丞相，未免显得太过高调，意图暴露得太过明显，容易给人口实，因此他才把宇文赞抬出来，跟自己并列，以掩人耳目。

这就仿佛每次考试时的第一名总是非常引人注意，但如果同时有几个人并列第一的话，每个人得到的关注度就会少很多是一样的道理。

不过，饶是如此，当文武百官在朝会上听到这一消息，还是大为震惊。

皇帝死了，辅政的竟然不是宇文宗室，而是杨坚！杨坚担任的职位竟然还是丞相！

丞相这一职位已经几十年没有出现过了，而且自从曹操以后，丞相几乎就是独裁的代名词。担任过丞相的曹操、高欢、宇文泰、陈霸先，他们或者他们的后代都曾干过同一件事——篡位！

杨坚到底想干什么？

还没等他们回过神来，更令他们震惊的一幕发生了。

刚上任的丞相杨坚宣布，正阳宫改为丞相府。

随后他带着左右下殿，昂首阔步前往正阳宫。

百官全都惊呆了。

要知道，正阳宫是小皇帝宇文阐之前的住处。一个臣子去皇帝住过的宫殿办公，这不是僭越是什么？

事情发生得如此突然，官员们一时间都不知所措，他们有的聚在一起窃窃私语，有的想跟着杨坚走，有的想拔腿开溜。

想溜？

没那么容易。

杨坚的亲信将领卢贲（他是杨坚当大司武时的老部下）带领全副武装的禁卫军早已把住了门口和所有的通道，他们全都披挂整齐，手握刀枪，横眉怒目，杀气腾腾。

卢贲双目圆睁，厉声喝道：要富贵的请跟随！

如此一来，官员们显然已经别无选择——无论如何，跟着杨坚总比顶着刀尖要好受些，低一下头总比被砍掉头要舒服些。

于是，他们只好跟在杨坚等人的后面，一起前往正阳宫。

等杨坚领着百官浩浩荡荡来到正阳宫，又出现了新问题。

正阳宫守门的门卫不肯开门。

卢贲先向他们说明情况。

门卫依然不听。

这下卢贲火了，立即大声怒斥，手下的禁卫军也都围了上来，做出一副要动武的样子。

见对方动真格了，门卫慌了，只好乖乖打开大门。

杨坚随即进入正阳宫，在那里召见百官，召开了新内阁的第一次全体会议。

同时，杨坚的大丞相府也正式挂牌成立，郑译被任命为相府长史，刘昉为相府司马，李德林任丞相府属，高颎任相府司录，卢贲则掌管相府宿卫。

不过，按照所谓遗诏的任命，丞相府的主人并不只是杨坚一人，还有一个汉王宇文赞。

宇文赞当时还不到二十岁，年轻不懂事，杨坚把他抬出了撑场面担任右丞相，结果他还真把自己当回事了，每天都准时到正阳宫上班，和杨坚同帐而坐。

虽然这小子没什么头脑，但杨坚还是觉得他碍手碍脚。

怎么才能赶掉这个不识相的家伙呢？

杨坚把这一任务交给了刘昉。

小子我觉得，这件事倒是充分体现了杨坚的知人善任——对付老鼠，要用猫；对付宇文赞这种贪玩好色的纨绔子弟，用刘昉这种阅女无数的淫才实在是再适合不过了。

刘昉果然不负所托——他经常给宇文赞送各种各样的美女，还教他玩各种各样的花样，很快就和宇文赞混得那叫一个铁。

有一次趁宇文赞玩得正 high 的时候，刘昉对他说：小皇帝如今才八岁，屁都不懂，怎么能治理国家？大王您是先帝最年长的弟弟，可谓众望所归，皇帝的位子非您莫属。只是现在先帝刚死，人心还不稳定。您在这办事，万一出了差错，岂不是损害了您的名誉？我觉得您不如先回自己的府第，过一段时间我们一定会迎立您当天子的，这才是万全之计呀。

没脑子的宇文赞竟然信以为真，屁颠屁颠地带着刘昉送的一帮美女回家了。

看到这里，我想，大家一定可以理解宇文邕当年为什么不肯废掉宇文赟太子位置的原因了吧。

宇文赞回家后，名义上的两个丞相彻底变成了杨坚一人专权。

为了稳定人心，杨坚修改了宣帝时的严苛法令，为政务从宽大，又大力提倡节俭，并且身体力行，这些措施都得到了朝野上下的一致好评。

之后，他又下令恢复佛、道二教，为自己赢得了宗教界的支持。

但杨坚对接下来的局势还是有些担心。

心事重重的他找到了太史大夫庾季才：我才德平庸，如今却担当了顾命重任。从天时来看，你觉得怎么样？

庾季才向来以善观天象闻名于世，这回却说了句实在话：天道精微，一时难以看清。

接着他又说道，我只能从人事上来分析，即使我跟您说天时对您不利，随国公您还能退回去做许由吗？——许由是上古时代的贤人，传说尧帝要让天下给他，他坚辞不就，还连夜逃进箕山，隐居不出。

听了庾季才的话，杨坚沉默了。

很久很久之后，他才说出了四个字：诚如君言——你说得对。

杨坚的心事，他的夫人独孤伽罗也看出来了。

她勉励自己的丈夫说，大事已然，骑虎之势，必不得下，勉之！——事情到了这一步，已经是骑虎难下了，你就努力去做吧！

成功了，我陪你一起主宰天下；失败了，我伴你共赴九泉之下！

望着妻子那刚毅如铁的眼神，杨坚彻底下定了决心。

是的，神奇的命运就仿佛一架直升机，把自己送到了半山腰的悬崖上——前面有险峻无比的小路通向风光无限的山顶，后面只有深不可测的万丈山谷。

如今的他已经不可能再后退一步，任何退路都是死路，他只能破釜沉舟，一往无前！

要么登上巅峰，名垂千古！

要么摔下深渊，粉身碎骨！

从此，杨坚再也没有任何犹豫，目光更加自信，步伐更加坚定。

转眼到了六月初，宇文招等五王相继回到了长安。

这时，他们才知道，京城已彻底变天了——宇文赟已经去世，杨坚成了辅政的丞相！

这样的局面，他们怎能甘心！

然而此时的杨坚早已控制了整个京城，生米早已煮成熟饭，不，已经煮成爆米花了。

他们再不甘心，也只能无奈地接受杨坚的安排；

他们再不甘心，也只能执手相看泪眼，竟无语凝咽；

他们再不甘心，也只能无奈地叹息：一抔之土未干，六尺之孤何托。试看今日之域中，竟是谁家之天下！

现在，真正让杨坚担心的是各地的诸侯。尤其是时任相州（治所今河北临漳）总管的蜀国公尉迟迥。

## 韦孝宽神奇脱险

尉迟迥是北周创始人宇文泰的外甥，此时已经六十五岁，他资历很深，很早就跟随舅舅宇文泰四处征战，战功卓著，公元549年他就已担任了尚书左仆射，翌年又升任大将军。

公元553年他曾作为主帅率军夺取了原属南朝的蜀地，大大增强了西魏的实力。

公元557年，北周才刚建立，他就升任柱国——这比杨坚的父亲杨忠还要早一年；559年他和达奚武、杨忠等人一起被加封为国公，他的爵位是蜀国公。

宇文邕时期，他和齐王宇文宪是最早晋封上柱国的两个人——那时候，杨坚还只是个大将军。

周宣帝宇文赟即位后，尉迟迥出任相州总管，最初设立四辅官的时候，他担任的是大右弼，依然位在杨坚之前。

现在，杨坚这个小字辈一步登天当了丞相，尉迟迥当然不可能没有想法。

这一点，杨坚也很清楚，所以他对尉迟迥非常不放心。

是呀，尉迟迥资格老，战功高，又是皇亲国戚，其实力更是不容小觑——他坐镇北齐故都邺城（今河北临漳），管辖范围包括相州、冀州、沧州、瀛州等河北九个州，加上其侄尉迟勤所统的青州、齐州等五个州，几乎相当于原先的半个北齐！

该怎么对付尉迟迥这个心腹大患？

杨坚一直在苦苦思索。

经过反复考虑，最后他打算像对付五王一样把尉迟迥骗回京城——只要尉迟迥到了自己控制下的长安，那就相当于鲨鱼被赶到了陆地，猛虎被关进了笼子，一切就好办了！

然而还有一个问题：

如果尉迟迥回来了，相州这个原北齐的京畿重地应该派谁去镇守？谁才有足够的威望能镇得住尉迟迥那些桀骜不驯的老部下？

这个人选，杨坚早已准备好了。

那就是老将韦孝宽——在此之前他已经取得了韦孝宽的明确支持。

当时大局未定，人心不稳，很多人都在观望，韦孝宽为什么会站在杨坚一边？

史书上没讲，我个人猜测也许有这么几个原因：

韦孝宽虽然屡建奇功，但作为关中大族出身的汉人，似乎一直有些边缘化，并没有得到足够的信任——从宇文泰时期到宇文邕平齐，整整三十多年他一直以州刺史的身份镇守玉壁就是明证。而他直到公元564年才晋封柱国，570年才封郧国公，这也比和他资历相当的很多代北出身的人要晚很多。因此，他对宇文家族的感情也许并不是很深。

此外，他的外孙皇甫绩、族人韦谟都参与了拥戴杨坚的行动，对他肯定也有一定影响。

或者也可能是他年轻时和独孤信关系很好，所以愿意帮助杨坚这个独孤信的女婿。

当然也有可能是汉人的民族意识让他选择了杨坚。

不过，不管出于什么原因，其结果都是一样的——韦孝宽选择的是坚决支持杨坚。

这对杨坚来说非常关键。

再看杨坚。

为了把尉迟迥弄到京城，杨坚可谓煞费苦心。

他找的理由是让尉迟迥回京参加周宣帝的葬礼——这是个好借口，身为皇亲，参加皇帝的葬礼是很正常的；派去传诏的则是尉迟迥之子魏安公尉迟惇——这是为了表明他的诚意和信任，如果不信任，早就把你儿子扣为人质了。

尉迟惇出发后，他又任命韦孝宽为新任相州总管，前去接替尉迟迥。

然而，杨坚的如意算盘还是落空了。

尉迟迥毕竟是老江湖，对于杨坚的用意，他一下子就看出来了——这不明摆着是要夺自己的兵权吗？

对于杨坚，他本来就很不服气，觉得这家伙除了下巴的长度，没有一样比得上自己。

论资历，自己是杨坚的父辈；

论关系，虽然杨坚是外戚，可自己不仅同样是外戚，还是太祖的外甥；

论战功，杨坚和自己比就仿佛壁虎比鳄鱼，根本不是一个数量级；

就连容貌，自己也比杨坚也要强得多（他年轻时是著名的美男）——自己是长得帅，杨坚是长得怪。

总之，你是丫鬟我是主，你是孙子我是祖，你是兔子我是虎……

他怎么能甘心屈居杨坚之下！

而现在杨坚这么干，等于把他彻底逼上了绝路。因此他打定主意，决心起兵造反。

不过，表面上他依然不动声色，还派部将贺兰贵拿着他的亲笔信前去迎接韦孝宽。

尉迟迥的想法是把韦孝宽骗到邺城，第一选择是拉拢他，万一拉拢不成，便杀了他，反正绝不能让他被杨坚所用！

韦孝宽的处境一下子变得无比凶险！

在朝歌（今河南淇县），贺兰贵遇到了韦孝宽。

韦孝宽的耳朵里仿佛装了个八探头超高灵敏度雷达，几句话一听，他就准确地从中监测到了异常信号。

于是他对贺兰贵说，我年纪大了，身体不好，这几天老毛病又犯了，所以只能慢点走，贺兰将军你先回去复命吧，免得尉迟公着急……

要论头脑，贺兰贵和韦孝宽之间的差距比乾隆诗作和李白作品之间的差距还要大，所以被韦孝宽的迷魂汤一灌，贺兰贵就跟赵本山小品《卖拐》里的范伟一样上了圈套，真的先回邺城向尉迟迥汇报去了。

之后韦孝宽更加谨慎，一面故意放慢速度，一面派人以求医问药的名义前往邺城打探消息。

而贺兰贵回去后，老道的尉迟迥一听便明白了：韦孝宽这个老狐狸一定是在观望，才故意拖延行程的，必须打消他的怀疑。

他马上又派出了另一个人：韦孝宽的侄子韦艺——侄子的话，你总该信了吧。

韦艺时任魏郡太守，是尉迟迥的铁杆心腹。

很快，韦艺就在汤阴（今河南汤阴）见到了韦孝宽。

韦孝宽向他打探情况，韦艺当然不会告诉他实情。

然而韦孝宽却不断地追问，问题一个比一个犀利，一个比一个尖锐。

韦艺哪里招架得住，很快就支支吾吾，露出了不少破绽。

韦孝宽把脸一沉：韦艺，你为何不说实话！

韦艺的脸一下就红了：叔父，这，这从何说起！

韦孝宽把桌子一拍，厉声喝道，韦家不能因为你而被灭族！

随后他吩咐左右把韦艺拉下去斩了。

见叔叔动了真格，韦艺再也不敢抵赖，只好把相州的真实情况一五一十全部告诉了韦孝宽。

这下子韦孝宽全都明白了，当即吓出了一身冷汗——汤阴离邺城只有七八十里地，要是尉迟迥派兵来追，那可就麻烦了！

他一分钟也不敢再耽搁，立即带上韦艺，赶紧返回。

每到一个驿站，他就把驿站所有的马匹都一起带走，并且吩咐说，蜀国公的人马上就会到。请备好酒菜，好好招待，记住，菜要高端，酒要高档，劝酒要高力度。务必使他们喝得高兴，不醉不归。否则军法从事！

韦孝宽在当时的北周是神一样的传奇人物，他说的话，这些驿站的人怎么敢不听？

果然不出韦孝宽所料，他们前脚刚刚离开驿站，尉迟迥部下的大将梁子康就率领数百名精骑赶到了。

梁子康是尉迟迥派出的第三个人，尉迟迥给他的命令是：不管用什么方法，无论如何也要把韦孝宽给抓回来！

到了驿站，梁子康本想要换马——毕竟战马不是汽车，跟人一样跑久了会累，因此跑长途必须要在驿站换马，然而他惊奇地发现，驿站里居然连一匹马也没有!

还没等他反应过来，就被驿站的人一把拉住了：您一定要吃饱喝足了再走!

梁子康本来想要拒绝，但一看那饭菜实在是太奢华了，燕窝鲍鱼、鱼翅海参，各种珍馐，应有尽有，加上赶了半天路，肚子早已饿了，这种情况下他看见这样的大餐，就仿佛好色成性的腐败分子看见主动色诱他的绝色美女一样——即使知道有问题也已经控制不了自己的生理反应了!

于是梁子康改变主意，答应留下来吃完饭再走。

他本来不想喝酒，可对方却不停地劝：您要不喝酒，就没当我是朋友!

盛情难却，梁子康只好耐着性子喝了几盅，然而对方还不肯罢休：您要不喝醉，主人该有多惭愧!

无奈，梁子康只得再喝了几盅……

等到酒足饭饱，一看时间，我的天哪，两个时辰过去了，梁子康不敢再耽误，赶紧骑着疲惫不堪的马继续上路。

到了下一个驿站，同样的事情又发生了……

就这样，梁子康走走停停，停停走走，而且人是醉的，马是累的，怎么可能赶得上韦孝宽?

韦孝宽也因此得以顺利地脱离了险境。

不过，他并没有直接回长安，而是停在了洛阳组织防守，因为他知道洛阳的重要性，一旦洛阳这样的大城市落入尉迟迥的手中，影响可就大了!

同时，他马上派人回长安向杨坚报告，并主动请命讨伐尉迟迥。

几乎就在同一时间，计部中大夫杨尚希也向杨坚反映了同一情报。

杨尚希本是被宇文赟派去巡视关东地区的，宇文赟去世的消息传到相州的时候，他正好也在那里，便作为朝廷的钦差大臣和尉迟迥一起为宇文赟发丧。

敏感的他当时就发现了问题，回去后对左右说，蜀国公表面上在哭，但他的眼里根本看不到悲哀，只有不安。我觉得他肯定有异心。如果我不走，就会遭难了。

当天夜里他就从小路逃回了长安。

## 三方叛乱

听了韦孝宽和杨尚希的汇报，杨坚对尉迟迥的动向已了如指掌，不过此时他还不想大动干戈，便派自己的心腹破六韩裒（读 póu）前往邺城，安抚尉迟迥，大致意思是：韦孝宽身体有恙，来不了相州。所以您就不必来长安了，继续当相州总管吧。

然而杨坚给破六韩裒的真正任务，却是要他暗中联系相州总管府长史晋昶等人，让他们找机会偷偷干掉尉迟迥——晋昶是杨坚的老朋友。

但尉迟迥毕竟老谋深算，对杨坚的意图洞若观火——哼，你会有这样的好意？谁信！我若当真就是天真！

他装作若无其事，暗中却让人严密监视破六韩裒，很快就发现了他们的密谋，随即他果断行动，杀掉了破六韩裒、晋昶等人。

杀了朝廷派来的使者，造反的意图当然是再也无法掩盖了。

于是，尉迟迥登上邺城城楼，召集文武士民，慷慨激昂地发表了动员演讲：杨坚以凡庸之才，借后父之势，挟幼主而令天下，威福自己，赏罚无章，不臣之心，路人皆知。我位居将相，与国舅甥，同休共戚，义由一体。焉能坐视不管！大丈夫，男子汉，有了快感就要喊，有了不平就要反！……

他的演讲极富鼓动性，一时间现场掌声雷动，杀声震天，呼叫声惊天动地，呐喊声震耳欲聋。

之后尉迟迥当场宣布奉赵王宇文招的小儿子（宇文招入朝后，其幼子留在了封地襄国，即今河北邢台）为主，自称大总管，设置百官，正式起兵造反。

消息传到长安，杨坚并没有感到慌张，这一切他其实早有预料——该来的终于来了。

他深吸了一口气，来到丞相府后的院子里。

院子里有两棵树，一棵是枣树，另一棵也是枣树。

他脑子里有两个念头，一个是全力以赴，另一个也是全力以赴！

他知道，事到如今，自己已经没有任何退路，只有全力以赴，闯出一条血路！

他没有犹豫，马上以皇帝的名义下诏任命韦孝宽为行军元帅，以郧国公梁士彦、乐安公元谐、化政公宇文忻、濮阳公宇文述、武乡公崔弘度、清河公杨素、陇西公李询七人为行军总管，出兵讨伐尉迟迥。

这是杨坚所能动用的最强阵容，这是杨坚所能投下的最大赌注！

这七位行军总管中，梁士彦、宇文忻两人在平齐时就已大放光彩，如今梁士彦官居上柱国，宇文忻则是柱国。

元谐是杨坚在太学时的同窗好友，后来凭借军功升任大将军，杨坚辅政后，把他引致左右，非常倚重。

崔弘度，出身于顶级士族博陵崔氏，容貌魁伟，膂力过人，在平定北齐、攻打淮南等几次大战中均屡建战功，此时的职位是上大将军。

李询是申国公李穆的侄子，时任大将军。

宇文述也是将门之子，其家族和北周皇族一样出自代北武川，不过虽然既是同姓又是同乡，但他这一支和北周皇族却并没有任何血缘关系，据说其远祖本姓破野头，因役属于鲜卑宇文部的首领宇文逸豆归（北周奠基人宇文泰的五世祖）而改姓宇文氏。宇文述之父宇文盛曾任盐州刺史，后因向宇文护告发独孤信、赵贵谋反而飞黄腾达，官至大宗伯。

宇文述本人不仅弓马娴熟，骁勇过人，而且处事圆滑，八面玲珑，宇文护主政的时候他是宇文护的亲信，宇文邕亲政后他也照样受信任，先后担任左宫伯、英果中大夫等要职，如今杨坚做了丞相，他摇身一变又成了杨坚的死党，此次也被委以重任。

七总管中，对后来的隋朝影响最大的是杨素。

杨素出身于北朝著名的官宦世家弘农杨氏，他少年时大大咧咧，不拘小节，因此当时人都不看好他，只有其堂祖父西魏太子太傅杨宽非常器重他：杨素不是一般的人！

长大后的杨素一表人才，尤其是有一把跟关羽一样漂亮的长须，更显得气度不凡，除了长得帅，他还多才多艺，能文能武，书法、文章、骑射、泡妞样样精通。

凭借世家子弟的身份，他很早就出仕了，先后担任记室、礼曹、大都督等职，但他真正崭露头角却是在其父杨敷去世后。

杨敷当时担任北周汾州刺史（治所今山西吉县），在公元571年的汾北一战中，他被二十倍于己的北齐军包围，率部死守孤城数十天，因内无粮草外无救兵不得已出城突围，但最终还是寡不敌众兵败被俘，之后他坚贞不屈，拒绝了北齐的多次招降，不久就忧愤而死。

杨敷只是一个小州刺史，职位并不高，而且毕竟是打了败仗，又没有战死疆场，因此杨敷死后没有得到任何朝廷的追封。

杨素对此却愤愤不平——父亲为国家奋战到了最后一刻，怎么能这样被忽视！

他决心为父亲争得该有的荣誉，便多次向皇帝宇文邕上表申诉。

宇文邕驳回了他的申请——一个败军之将，还要什么追赠！

杨素是那种不达目的不罢休的人，便一而再再而三不停地上表。

宇文邕终于被惹烦了——妈的，你当这是卖保险哪，拒绝了十次还来！

一怒之下，宇文邕扬言要杀了他。

没想到杨素依然毫不屈服，还大声说道，臣事无道天子，死是应该的！

宁可死也要为父亲争得荣誉，杨素那种“道之所在，虽千万人吾往矣”的非凡勇气震慑了宇文邕，他觉得这个年轻人非常不简单，不由得对他刮目相看。

于是他当场答应了杨素的要求，追赠其父杨敷为使持节、大将军，谯、广、复三州刺史，谥忠壮，并且加封杨素为车骑大将军、仪同三司。

从此，宇文邕对杨素日渐器重，还经常让他撰写诏书，每次杨素总是一挥而就，辞意兼美文采卓然。

宇文邕对其非凡的才华极其欣赏，便鼓励他说，善相自勉，勿忧不富贵——努力吧，不要担心将来得不到富贵。

杨素的回答却出人意料：臣但恐富贵来逼臣，臣无心图富贵——我无心追求富贵，只怕富贵会来逼我！

这就是杨素，一个自信到自负的人，一个狂放到狂妄的人！

公元 575 年宇文邕率军第一次伐齐的时候，年轻气盛的杨素自告奋勇担任先锋——做一个起草诏书的文人不是他的目标，他要的是征战沙场建不世之功！他要的是上马击狂胡，下马草军书！

第二年他又参与了平齐之战，战后被加封为上开府，之后先后在王轨、韦孝宽的麾下与南陈作战，屡建战功。

杨坚任丞相后，善于站队的杨素很快就投入了杨坚的怀抱，颇受信任，这次也被任命为行军总管。

七位行军总管中，宇文忻曾随韦孝宽镇守玉壁，梁士彦、崔弘度、杨素则在周宣帝时期曾跟韦孝宽攻取淮南，四人都是韦孝宽的老部下；元谐则是杨坚的同窗好友；宇文述是新近投靠杨坚的；而李询之所以被重用则很可能是为了争取他叔叔李穆的支持。

公元 580 年 6 月 10 日，韦孝宽和七总管率部出发了。

然而此时对于杨坚来说，形势却越来越危急。不利的消息就如重感冒时的鼻涕一样不停地冒出来！

青州（治所今山东青州）总管尉迟勤是尉迟迥的侄子，尉迟迥起兵后第一时间就联络了他，一开始尉迟勤有些犹豫，还把尉迟迥的信送到了长安，但很快他就改变了态度，决定追随自己的伯父。

除了尉迟勤，荥州（治所今河南荥阳）刺史宇文胄（宇文护之侄）、申州（治所今河南信阳）刺史李惠、东楚州（治所今江苏淮阴）刺史费也利进、潼州（治所今安徽泗县）刺史曹孝远等各据本州，徐州总管府司录席毗罗占据兖州（今山东兖州）、前东平郡守毕义绪占据兰陵（今山东枣庄东南），纷纷响应尉迟迥。

随后，尉迟迥又派部将先后攻克了建州（今山西晋城）、潞州（今山西长治）、曹州（今山东定陶）等地。

一时间关东地区大半都归属了尉迟迥！

雪上加霜的是，郧州（治所今湖北安陆）总管司马消难、益州（治所今四川成都）总管王谦也反了！

司马消难本是北齐的公子哥，其父司马子如是北齐创始人高欢的同乡好友，也是北齐开国元勋，官至尚书令。他本人则娶了高欢的女儿为妻，历任驸马都尉、光禄卿、北豫州刺史，后来因受到文宣帝高洋的猜忌，不得已于公元 558 年叛逃到了北周。

入周后，司马消难依然混得不错，先后出任大司寇、梁州总管等要职，后来其女被周宣帝宇文赟纳为小皇帝宇文阐的皇后，他因此更受重用，担任了四辅官之一的大后丞，不久出任郧州总管。

其实司马消难和杨坚的私人关系还算不错，他是杨坚父亲杨忠的好友，当年司马消难叛逃的时候，正是杨忠率军深入敌境五百里把他接到北周的，两人因此结下了很深的友情，还结为兄弟，后来每次杨坚见他，都以叔礼事之。

司马消难这次造反响应尉迟迥的动机挺令人费解。

史书上大多说因为他向来就轻于去就、反复无常。不过我觉得事实似乎并非如此，他之所以从北齐叛逃完全是被迫的，而这次的起兵更是让人难以理解。

按说凭他和杨坚的关系，如果他不反，跟着杨坚前途应该不会差；而跟随尉迟迥造反，失败了自然是一无所有，即使成功了，凭他的实力和威望也基本不可能取代尉迟迥成为新政权的领袖。

冒着掉脑袋的风险去干一件对自己没有任何好处的事，这是一个反复小人应该干的事吗？

只有两种可能。

要么他脑子被地沟油炸过，要么他真的是忠于北周！

骑白马的不一定是王子，也可能是唐僧；顶着“反复”头衔的司马消难不一定是反复小人，也有可能是北周的忠臣！

不过司马消难并不傻，他也早就为自己想好了退路——他所在的郧州和南陈接壤，万一失利他随时可以逃到南陈！

如果说司马消难对北周的忠心只不过是疑似的话，那么王谦毫无疑问是可以确诊的。

王谦也是个官二代，其父是西魏十二大将军之一的王雄，公元 564 年周齐在邙山大战，王雄力战而死，成了在战场上牺牲的北周最高级别将领。

作为著名烈士的子弟，王谦也因此特别受优待，父亲死后，年纪轻轻的他就被加封为柱国，袭爵庸国公，和杨忠、达奚武等老将并列。周武帝平齐后，他又再升一级——晋封为上柱国，不久出任益州总管。

王谦本人并没有多大才能，更没有什么战功，完全是因为承袭父荫而飞黄腾达，因此他深感皇恩浩荡，对北周政权感激涕零。

杨坚当丞相后，王谦为了自保，也曾派使者入京表示服从，但他始终觉得自己有点忘恩负义，良心上很是过意不去，感到愧对北周朝廷的大恩，因此在尉迟迥、司马消难先后举起反旗之后，他也按捺不住了，立即决定起兵，响应尉迟迥和司马消难。

一时间，三方叛乱，四面受敌，刚上任的杨坚遇到了空前的困难。

对有些人来说，小小的困难就可以把他们压垮；对有些人来说，越大的困难越会激发他们的斗志。

毫无疑问，杨坚是后者。

即使面临着如此的危机，他依然一着不乱，指挥若定。

他先是派自己的老同学柱国王谊率军前去讨伐司马消难，接着又命柱国梁睿（西魏太尉梁御之子）攻打王谦。

## 纵横捭阖

我觉得，此时的北周形势有点像现在两党制的总统大选，杨坚坐镇都城长安，挟天子以令诸侯，仿佛执政党；尉迟迥雄踞北齐旧都邺城，举反旗以召天下，类似反对党。

如今，尉迟迥拿到了郧州、益州、青州三个大州的选票，而在另外几个大州中，徐州（治所今江苏徐州）总管源雄、利州（治所今四川广元）总管豆卢勣（西魏十二大将军之一的豆卢宁之子）、亳州（治所今安徽亳州）总管元景山则坚定地站在了杨坚一边。

现在，幽州（治所今天津蓟县）总管于翼和并州（治所今山西太原）总管李穆的态度至关重要。

于翼是西魏八柱国之一于谨的次子，于谨在八柱国中最受北周太祖宇文泰的信任，后来又力助宇文护建立北周，堪称北周第一功臣。因此于氏一门在当时极为显赫，光柱国就有三人（于寔、于翼、于智）。

为了争取于翼和于氏家族的支持，杨坚可谓是花尽血本，一出手就是大手笔。一方面对于翼本人加官进爵——晋封其为上柱国、任国公，并赏赐大量财物——绢一千五百段、珠宝不计其数；另一方面还把于翼的哥哥于寔提拔为四辅官之一的大左辅。

杨坚的投资没有白费，于翼最终拒绝了尉迟迥的拉拢，还把尉迟迥的使者抓起来送到了长安。

没有做出选择的只剩下并州的李穆。

71岁的李穆是北周开国元老，其资历比尉迟迥还深，地位则和尉迟迥、杨坚相当（三人同是最早的四辅官之一），他控制下的并州又是当年北齐的大本营，地势险要，兵精粮足。无论是实力还是影响力，李穆都比司马消难、王谦等人要大得多。

可以这么说，如果李穆相当于金箍棒，那么司马消难等人只不过是细牙签；如果李穆相当于故宫里的艺术珍品，那么司马消难等人只不过是菜场地摊的假玉器……

李穆的儿子李士荣暗中劝父亲起兵，响应尉迟迥。

李穆没有答应——他觉得还应该再观望观望，这种生死攸关的大事怎么可以轻易决定呢？

更何况，这种时候他不能急于站队——就像女人谈恋爱一样，如果主动投怀送抱、宽衣解带往往会被男人看轻，只有保持矜持才显得更有魅力，也才会握有主动。

因此他一直没有表态。

此时的李穆对杨坚和尉迟迥来说，可谓是举足轻重——他加入哪一边，哪一边无疑就更有胜算。

尉迟迥特意派使者前去拉拢李穆。

同一时间，杨坚也派出了心腹柳裘和李穆之子李浑到了并州的治所晋阳（今山西太原）。

其实用儿子打亲情牌是杨坚的惯用手段，上次对尉迟迥已经用过一次，结果投资失败打了水漂，但这次柳裘和李浑的组合却收到了理想的效果。

口才极佳的柳裘为李穆分析各种利弊。

大意是，跟了杨坚，好处比银河系的星球还多，跟了尉迟迥，好处比孟非头上的头发还少；跟了杨坚，前程万里，金光大道，跟了尉迟迥，前途渺茫，死路一条……

李穆非常满意，频频点头。

而李浑的回来更是让李穆非常感动——杨坚没有把儿子扣为人质，不正表明了他的诚意和对自己的信任吗？

又想到自己的哥哥李远为宇文家族立下汗马功劳却被宇文护毫不留情地诛杀，想到杨坚的父亲杨忠曾经是自己的老朋友……经过仔细考虑，反复权衡，李穆决定选择杨坚。

李士荣还想再劝父亲，李穆的回答是：周德既衰，愚智共悉。天时若此，吾岂能违天！——衣服过时了就不能穿，王朝过气了就不能忠。如今大周气数已尽，这是大家都能看到的。天时如此，我怎么能违背天意呢！

李穆的这番话表明了他非凡的远见——北周已经不可能复兴，而杨坚要的不止是辅政大臣，改朝换代势在必行！

随后，李穆让李浑回京城复命，还让他给杨坚带去一个熨斗，并转达自己的口信：希望你拿着熨斗熨平天下！

为了进一步表明自己的态度，他又把时任朔州刺史的尉迟迥之子尉迟谊抓了起来，遣使送到长安，同时还给杨坚送去了一条十三环金带——这是天子才能佩戴的东西，其意义不言自明。

作为一族之长，李穆的态度不仅仅是代表他自己，也代表了李家所有人。

他的侄子怀州（今河南沁阳）刺史李崇本打算响应尉迟迥，听说李穆已经决定支持杨坚了，不由得叹息道，阖家富贵者几十人，遇到国家有难，竟不能扶倾继绝，有何面目立于天地间！

话虽如此，为了家族的利益，李崇最后还是服从了李穆的决定，听命于杨坚。

作为有着巨大影响和强大实力的旗帜性人物，李穆的态度对杨坚来说意义非常重大。

杨坚就像盼望一滴圣水从观音手中滑落一样，一直在盼望着这个消息。

听到李浑的汇报后，他兴奋不已，立刻让李浑去前线韦孝宽的军营，把这一消息告知将士们，以鼓舞其斗志，增加其信心。

幽州的于翼和并州的李穆先后选择杨坚，对当时的战局意义十分重大，一方面是极大地影响了双方的士气，另一方面还彻底挡住了尉迟迥和突厥联络的道路，破灭了他想和突厥联手的企图。

这段时间，杨坚还取得了后梁的支持。

后梁是北周的藩属国。

公元554年西魏攻克江陵俘杀梁元帝萧绎后，宇文泰下令立梁武帝的孙子萧詧为帝，建都江陵（今湖北荆州），是为后梁，也称西梁。

后梁只有江陵一州之地，地狭人少，且根本无法自主——西魏（北周）在后梁一直都派兵驻防，名为保护，实则监视着他们的一举一动。

因此，历史上一般不把后梁当作一个独立国家，只是作为北周的附庸而已。

宇文赟死后，后梁国主萧岿（萧詧之子）曾派使臣柳庄前来长安吊唁，杨坚对他非常热情，让柳庄感动不已。

尉迟迥起兵后，萧岿有些犹豫——自己究竟该站在哪一边？

早已归心于杨坚的柳庄极力劝说他归顺杨坚。

萧岿被说动了，便决心站在杨坚这边。

萧岿的这次选择让他取得了丰厚的回报——两年后他的女儿成为杨坚次子晋王杨广的王妃，也就是后来隋炀帝的萧皇后。

不过，后梁实力弱小，萧岿的支持，就跟网络上帖子的点击率一样，象征意义远远大于实际意义。

此时的杨坚依然危机重重。

外有强敌——北方的突厥、南方的陈国虎视眈眈，随时准备浑水摸鱼；

内有叛乱——尉迟迥、司马消难、王谦三方相互呼应，声势浩大；

身边还有心腹之患——在京城的赵王宇文招等五王对他恨之入骨，一直想要取其首级而代之。

杨坚知道，自己现在就像十级风浪中的小船，只要稍有不慎就会有灭顶之灾。

他一步都不能走错。

攘内必先安外，要集中精力对付内部的叛乱，当然先要稳住外部势力。

他觉得陈国的实力相对较弱，又在前两年连遭大败，元气大伤，威胁不大。因此交好突厥，稳住北方边境，就成了他的首要目标。

刚执政不久，杨坚就派自己的老朋友汝南公宇文庆和司卫上士长孙晟等人护送赵王之女千金公主去突厥完婚。

同时他又让建威侯贺若谊带重金贿赂突厥的佗钵可汗，让他交还北齐宗室的漏网之鱼高绍义。

高绍义是北齐文宣帝高洋之子，北齐灭亡后逃到突厥称帝，在突厥的支持下经常骚扰北周边境。

在美女和金钱的双重攻势下，佗钵可汗最终答应了贺若谊的要求。

高绍义很快被抓到长安，杨坚将其流放到蜀地。

北方边境暂时安定了，杨坚松了一口气。

## 山寨版鸿门宴

接下去，杨坚把矛头对准了在他身边的五王。

以五王为代表的北周宗室对杨坚的专权极为不满，杨坚对此也心知肚明。

因此在五王到京城后没几天，杨坚就给了他们一个下马威——杀掉了毕王宇文贤一家。

毕王宇文贤是周明帝宇文毓之子，时任雍州牧，而雍州的治所就是长安，雍州牧相当于京城最高行政长官，这一职位的重要性自然不言而喻。

就像某些微信不得不转一样，这样的人不得不杀。

很快就有人告发宇文贤密谋造反。

告发的人是杨坚的堂侄邗国公杨雄。

杨雄时任雍州别驾，是宇文贤的下属，这个时候他出手自然是一告一个准。

对于这样的奏折，杨坚就像我们现在安装软件时阅读服务条款一样，根本不用看任何内容就可以直接勾选“同意”，随即马上下令处死宇文贤和他的三个儿子。

之后杨雄被任命为雍州牧。

诛杀宇文贤，对杨坚来说可谓一箭双雕。

一方面是搬掉了绊脚石，另一方面也是杀鸡儆猴——五王，你们给我老实点！否则，就是下一个宇文贤！

不过杨坚深谙打一巴掌再揉一揉之道，就在毕王被杀，宇文招等五王惶惶不安之际，他又给五王送上了一个大礼包——以皇帝的名义下诏，五王可以入朝不趋，剑履上殿，以示尊崇。

当然，这只是荣誉而已，真正的实权是不会给五王的。

但五王在皇族中，毕竟辈分最高、年龄最长、威望最大而且都曾立有战功，他们的存在还是让杨坚非常不放心，他觉得五王就像五个潜伏在自己身体内的恶性肿瘤，随时都可能爆发并置自己于死地。

他时刻都想着要铲除这五个毒瘤。

此时发生的一件事，让他更感到了除掉五王的紧迫性。

这事与西魏八柱国之一的李虎家族有关。

虽然此时李虎和袭封唐国公的世子李昞（唐高祖李渊之父）都已不在人世，但作为关陇豪门，李家还是有着不小的影响力，为了拉拢李家，杨坚特意把李虎的孙子李安（李虎第七子李蔚之子）引为左右，非常信任，还加封李安的弟弟李悊为仪同。

但李虎的第四子李璋却与赵王宇文招关系不错，对杨坚的专权非常不满。

一心想要除掉杨坚的李璋想到了李安兄弟——有他们做内应，何患大事不成！

于是他找到了侄子李悊。

李悊感觉很为难，便和李安商量：这事我如果听了伯父的话，就对不起丞相；如果不听伯父的话，就对不起伯父。怎么办？

李安也吓出了一身冷汗——这事太大了，搞不好李家就会被灭族！

经过再三考虑，最后他还是决定偷偷向杨坚告发。

听了李安的话，杨坚也大吃一惊——看来宇文招一伙迟早会对自己动手，自己必须先发制人！

于是，按照史书的记载，接下来发生了这样一个故事：

公元 570 年 7 月，赵王宇文招在家中埋伏下了武士，设下了鸿门宴，邀请杨坚赴宴。

杨坚怕对方下毒，就自己带着酒菜前往。

到了赵王府，宇文招把杨坚引入卧室，而杨坚的随从都被挡在了外面，只有他的堂弟杨弘和大将军元胄两人被允许站在门口。

杨弘能文能武，智勇双全，杨坚执政后，他一直跟在杨坚身边。

元胄出身于北魏皇族，相貌英俊、武功高强，曾是齐王宇文宪麾下的爱将，官至大将军，现在他是杨坚的心腹。

卧室内。

宇文招和杨坚两人相对而坐，觥筹交错。

宇文招的儿子宇文员、宇文贯和小舅子鲁封则站在宇文招的身后。

酒过三巡，侍者奉上瓜果。

宇文招拔出了佩刀。

杨坚一愣：大王你这是要干什么？

宇文招连忙解释：丞相，吃瓜，吃瓜……

他亲自用佩刀切瓜，再用刀刺着，一直送到杨坚口中。

在大门口护卫的元胄看得心惊胆战——大事不好，这哪里是吃瓜，明明是吃刀！如果宇文招的刀稍微再往前一厘米，丞相的命就没有了！

他再也顾不上礼节，马上冲进卧室内，大声对杨坚说，相府有事，您该回去了！

然而杨坚却毫不在意，依然傻傻地坐在那里，一动也不动。

宇文招则厉声呵斥：不脱裤子没人当你是阉人，不闯进来没人当你是死人！我与丞相现在有要事相商，你小子在这里干什么？还不给我快滚出去！

元胄根本就不听，反而大步走到杨坚身后，手按佩刀，摆出一副随时准备拔刀的样子。

就像小子我天生就有让人着迷的帅气一样，元胄天生就有令人生畏的霸气。

他须发尽竖，怒睁双目，朝宇文招狠狠地瞪了一眼，目光锐利得可以轻松击穿10厘米厚的装甲！

宇文招不由自主地打了个冷战，心像台风时的柳枝一样晃荡不已，说话也不利索了：你你你，你是何人？

元胄一字一顿铿锵有力地回答：大将军元胄！

对元胄这个名字，宇文招还是有印象的：你就是过去在齐王手下的元胄？真壮士也！

随后，他命人给元胄斟了一杯酒，客客气气地说，我不过是和丞相叙叙旧而已，哪有什么恶意，你何必这么紧张呢。

元胄没有回答，依然按着刀站在杨坚身后。

有元胄的护卫，宇文招觉得自己借送瓜的机会来刺杀杨坚是不可能的了，便假装喝多了要出去呕吐，打算起身去后面叫伏兵。

可是，他刚站起来，才走了两步，就被元胄拦住了，并强行被扶回了原位。

宇文招再站起来，又被元胄拦住，又被扶回原位。

如是者三。

宇文招眼珠一转，又想了个办法——既然你不让我走，那我让你走不就得了！

他对元胄说，我口渴了，麻烦将军帮我去厨房拿点水来。

元胄哪里肯走，只当没听见。

一时间，场面异常尴尬。

正好此时滕王宇文逌来了，杨坚起身到门口迎接，元胄连忙凑到他耳边，压低了声音说道，丞相，情况不对，快走！

杨坚却还是执迷不悟：他们没有军权，怕什么？

元胄急了：军队本来就是他们宇文家的，一旦他们先下手，咱们就完了。我元胄不怕死，只怕死得不值！

然而杨坚像被人灌了迷奸药一样的迷糊，居然还是不听，又迷迷糊糊地重新入座。

这时，元胄突然听到身后隐约传来披挂盔甲的声音，便马上对杨坚说道，相府还有急事，您怎么能再喝呢？

一边说一边强行拉着杨坚往外跑。

宇文招愣了一下，随后慌忙起身追赶。

然而元胄站在门口，用庞大的身躯把大门堵得严严实实（这家伙如果生活在现代，一定是世界第一守门员），宇文招根本无法出去，只好待在那里干瞪眼。

杨坚远影碧空尽，唯见长风天际流。

眼睁睁地看着杨坚从自己眼皮底下消失，宇文招又悔又恨，只能无奈地用手指不停地弹着墙壁，直到手上鲜血淋漓……

几天后，杨坚以谋反的罪名将赵王宇文招和越王宇文盛以及他们的儿子全部诛杀。

这件事在《隋书·高祖纪》《隋书·元胄传》《周书·赵僭王招传》以及《资治通鉴》中均有详细记载，然而疑点却颇多，要相信它实在是有辱智商。

首先，杨坚会这么毫无防备、这么没心没肺、这么糊涂愚昧吗？——宇文招要杀他，谁都看得出来，他怎么就看不出来？

这哪里是杨坚，根本就是唐僧！

其次，宇文招会这么愚蠢这么饭桶这么没用吗？——明明埋伏了人，还要靠自己出去叫，就不能发个指令比如摔杯为号什么的？元胄一个人堵在门口，他就老老实实地看着杨坚走？家里埋伏了这么多人是干什么的？……

这哪里是久经沙场的宇文招，根本就是单细胞的草履虫！

再者，为什么这件事中出现的明明是赵王和滕王，杀的却是五王中威望最高的赵王和越王？

还有，为什么《隋书·元胄传》和《周书·赵僭王招传》都说是宇文招邀请杨坚赴宴的，而《隋书·高祖纪》中却说是杨坚不请自到主动上门（高祖赍酒肴以造赵王第，欲观所为）？

事情的真相到底是什么？

我不知道。

我只知道最后的结果是：坚诬招与越王盛谋反，皆杀之，及其诸子。

这个“诬”字，也许说明了一切。

宇文招死后，对于大义灭亲的李安，杨坚当然不会忘记他的功劳，想给他加官进爵。

李安却痛哭流涕，坚决推辞：我怎么可以用叔叔一家的性命来给自己升官？

杨坚对此深受感动，便决定只杀李璋一人，放过了他的儿子们——这才有了后来的唐初宗室名将李道宗，因为李道宗是李璋的孙子。

顺便说一句，唐初和李道宗齐名的另一位宗室名将李孝恭是李安的儿子。

回到正题。

赵王宇文招和越王宇文盛这两个北周最有威望的亲王被杀后，其他的亲王群龙无首，从此再也无法对杨坚形成威胁。

现在，杨坚终于可以集中精力对付叛军了。

## 势如破竹

然而，前线的情况并不乐观。

尉迟迥派大将檀让等人四处攻城略地，河南各地大多望风归降，只有东郡（今河南濮阳）太守于仲文坚决不降。

于仲文是于谨长子于寔的次子，于翼的侄子，他死守孤城，多次击败叛军的攻击。

尉迟迥大怒，先后调集荥州刺史宇文胄等多路大军围剿于仲文，由于众寡悬殊，加上此时城内又出现了叛徒，东郡最终被叛军攻陷，于仲文拼死突围而出，其妻儿却没有逃出来，全都被叛军所杀。

最后于仲文几乎是单骑回到了长安。

杨坚把他引入内室，对他大加勉励，后来听到他全家被屠，向来喜怒不形于色的杨坚这次也忍不住悲从中来，说话哽咽，泪流满面。

究竟这泪水是来自真的情意，还是源于逼真的演技?

我不知道。

我只知道，这泪水深深地打动了于仲文，也深深地感动了于仲文——仲文说完将欲行，忽闻丞相哭泣声。桃花潭水深千尺，不及丞相对我情!

随后，杨坚对于仲文大加赏赐，又擢升他为大将军，河南道行军总管，让他去洛阳，发河南兵率军收复河南。

到了前线，于仲文当然先要去拜访政府军的总指挥韦孝宽。

此时韦孝宽的军营里军心并不稳定。

怀州（今河南沁阳）刺史李崇曾经想要支持尉迟迥，只是因叔叔李穆、哥哥李询的原因才被迫选择站在了杨坚这一边，为了拉拢他，韦孝宽对他非常亲热，经常和他谈心，甚至还和他睡在一起（不要想歪了），这才让李崇逐步改变了立场。

心怀疑虑的不止李崇一个。

宇文忻曾是杨坚多年的好友，但他现在对前途也感到有些迷茫，感觉仿佛在大雾中开车一样——根本就看不清前方的道路。

于仲文来到军营后，直率的宇文忻毫不避讳地对他说，尉迟迥不足为虑，我只怕将来有鸟尽弓藏之忧。你刚从京城来，觉得丞相的为人怎么样?

于仲文像痴情女夸自己的梦中情人一样对杨坚不吝溢美之词：世界上最宽广的是海，比海更高远的是天空，比天空更博大的是丞相的情怀。丞相宽仁大度，英明有识，勤劳赛过蚂蚁，能力堪比上帝。只要我们能为国尽忠，他一定不会亏待我们。我在京城三天，发现他有三个突出的优点。

这句话勾起了宇文忻的好奇心：哪三个优点？

于仲文回答说：其一，有个叫陈万敌的，刚从贼军中过来，丞相就拜其弟为将，让他率军讨贼，由此可见其大度；其二，丞相曾经派宋谦去调查一个人的经济问题，宋谦不仅查经济问题，还查到了此人的作风问题，结果被丞相狠狠地训斥了一通，这说明丞相不求人私；其三，丞相听说我妻儿被杀后忍不住流泪，说明他有仁爱之心。

听了于仲文的话，宇文忻连连点头。

于仲文走后，韦孝宽又派杨素率军攻打荥州（今河南荥阳）的宇文胄，帮助于仲文光复河南；他自己则率主力部队继续东进，很快就到了永桥（今河南武陟西南）。

永桥城池坚固，地当要冲，尉迟迥派部将纥豆陵惠在此驻守。

诸将请求先攻此城。

韦孝宽却力排众议：永桥城虽小却易守难攻，若攻而不拔，岂不是损我兵威。若破其大军，此城又能有何作为！

随后他率军绕过永桥，抵达了武陟（今河南武陟）。

武陟地处沁水（今沁河，黄河的支流）西岸，由于时值汛季，阴雨连绵，河水暴涨，北周军一时无法渡河，只得在此扎营。

尉迟迥之子尉迟惇率军十万在沁水东岸的武德（今河南武陟东）固守。

两军就这样在沁水两岸隔河对峙，战事陷入了僵局。

然而就在此时，北周军的内部却爆发了一场严重的危机。

原来，为了分化瓦解韦孝宽大军，尉迟迥秘密派人带了大量金银到北周军中活动，对部分将领封官许愿，意欲收买他们为自己效力——毕竟，尉迟迥和他们原先都是并肩战斗的战友，都是知根知底的熟人，有的甚至还有亲戚关系，比如崔弘度就是他儿子的大舅子。

这些将领中间，究竟有没有人接受过尉迟迥的钱财呢？

史书上并未明确记载。

不过小子我猜想，也许是有的，因为这些人中除了元谐和宇文忻外，其他人和杨坚之前并没有多少渊源，对杨坚也谈不上有多少忠诚度，更重要的是他们不知道杨坚以后会如何对待他们，因此心中都没有底，这个时候为了给自己留条退路，并不是没有可能脚踏两只船。

一时间，军中一片混乱，谣言四起。

韦孝宽对此忧心忡忡，现在这个样子，别说是打仗了，就是打酱油都不行啊！

于是，他干脆假装得了重病，整天躺在床上，谁也不见，连命令都要靠侍女传达。同时秘密派亲信四处暗访，想早日摸清情况，以便对症下药。

韦孝宽还没查出名堂，七总管之一的李询已经急了，他派人火速赶往长安，向杨坚奏报：传言梁士彦、宇文忻、崔弘度等人都受了尉迟迥的贿赂，军中人心大乱！

杨坚闻讯大惊，连忙召集相府一班亲信商议此事。

郑译提议另派将领，换掉梁士彦等三人。

内急忙找纸，病急乱投医。情急之下，来不及细想，杨坚便打算按照郑译说的办。

然而李德林却坚决反对：千万不可！这个时候换人，就跟口渴时吃盐一样——只会让形势更加恶化！目前战局未定，前景不明，诸位将领在这个时候的心理就像诗人一样敏感和多疑。如果咱们突然换人，摆明了就是不信任他们，也许他们真的会叛逃到尉迟迥那边。如果要想不让他们逃走，就得把他们抓起来，这样一来岂不是人人自危？而且临阵换将，历来是兵家大忌！前面派的这些人我们怀疑他们心有异志，难道后面派的就一定能忠心？

接着他又说，收受贿赂一事，难辨真假。不过我认为即使是真的，咱们也不必太紧张，将领们在这个时候为自己找退路其实也是人之常情。咱们只要外松内紧，注意防范就可以了。丞相您只要派一个得力的心腹到军中担任监军，一方面尽力安抚他们，消除他们的疑虑；另一方面可以监控他们的一举一动，这样就算他们真的有异心，也必然不敢轻易行动。

知错就改是刘邦、李世民、云淡心远等一切成功人士的特点，杨坚当然也不会例外。

听了李德林的话，他一点就通，马上就领悟了：如果不是您提醒，差点坏了大事！好，就这么办！

可是，派谁去当这个监军呢？

李德林当然是不能去的，杨坚离不开这个智囊，不仅军国大事要与他商量，而且相府所有的文书、命令也都出自李德林之手，由于事情太多，才思敏捷的李德林往往需要同时口授数人，从来不需要修改，也从来没有一点错误。

除了李德林，还有谁堪当此任呢？

杨坚最先想到的是老同学崔仲方。

崔仲方和郑译等人一样，也是杨坚太学时的同窗好友，时任少内史，杨坚辅政后，把他引为左右，对他非常信任。

可是，崔仲方推辞了，他说他的父亲目前正在河北的博陵老家，自己去军中，尉迟迥可能会杀他父亲泄愤。

这个说法听起来合情合理，杨坚没说什么，接着便点了刘昉的名。

刘昉是个享受惯了的人，他追求的是：钱多事少责任轻，美女好酒离家近，怎么肯去战场上吃苦受累、担惊受怕？

一听杨坚要他去前线，他连忙拒绝：不行啊！我从来没打过仗，胆子又小，看见只蟑螂，就得连做三个月噩梦，这要是上了战场，自己吓死了是小事，耽误了丞相您的大事，我就是在九泉之下也难以安心哪……

杨坚非常失望，随后他又找了郑译：刘昉没打过仗，我记得你以前曾经去过战场的呀。要不，你去吧！

郑译和刘昉就像自行车的前后轮一样相似，他当然也不愿意去，便连连摆手：不是我不肯去，只是我真的有苦衷啊！我母亲年纪大了，身体又各种不好，心脏病糖尿病哮喘病关节病妇科病，前列腺也有问题，那什么，父母在，不远游，树欲静而风不止，子欲养而亲不待……

杨坚心里很不痛快。

平心而论，之前杨坚对刘、郑两人其实还是可以的，虽然没让他们跟自己共同执政，但也没亏待他们，刘昉晋封为黄国公、大将军，郑译原先封的沛国公不变，又升为柱国，对两人的赏赐更是不计其数，出入都有甲士护卫，朝野为之瞩目，并称为黄、沛。

但两人自恃功劳（当时人称“刘昉牵前，郑译推后”），居功自傲，贪得无厌，令杨坚渐生不满。

这次，两人又不肯为自己分忧，让杨坚彻底看清了他们，也彻底看轻了他们——这两个靠拍马屁起家的人，关键时候就是个屁！

从此之后，刘、郑两人彻底失去了他的信任。

就在杨坚犯愁之际，被延揽以来一直罕有表现机会的相府司录高颎自告奋勇站了出来：丞相，让我去吧！

杨坚大喜过望，立即应允。

疾风知劲草，危难见良臣，正是这次雪中送炭般的主动请缨，奠定了高颎在杨坚心目中无可比拟的地位！

高颎的表现没有让杨坚失望。

他只是派人对母亲说了句“忠孝不能两全”，自己连家也没回就立即出发了，日夜兼程，很快就赶到了军中。

听说丞相派来了监军，将领们起初都有些不安。

高颎初出茅庐就表现出了非凡的才能——他不仅没有追查那些收受尉迟迥贿赂的流言，反而代表杨坚对将领们大加抚慰、做出各种承诺，让大家吃了一个疗程的定心丸，随后他又以宇文忻为重点，与其推心置腹地一起谋划未来，消除了他的疑虑，两人很快就打成一块，成了莫逆之交。

宇文忻在军中威望颇高，和诸将关系也极好，在他的影响下，军心迅速安定下来了。

军心一稳，韦孝宽的病也神奇地好了。

和高颎商量后，韦孝宽决定在沁水上搭建浮桥，准备强渡沁水。

尉迟惇当然不可能对此坐视不理。

浮桥是木船和木板连接而成的，最怕火攻，尉迟惇看准了这一点，便在上游放下火筏，顺流而下，想以此烧毁施工中的浮桥。

然而他失算了。

他吃惊地发现，他的火筏全部被河中间一字排开的一个个“土狗”给拦住了。

这个“土狗”可不是指学名中华田园犬的中国本土狗，而是泥土堆成的土墩——这出自高颎的创意。土墩前窄后宽、前低后高（这种形状有利于抵挡水的冲击，可见高颎的力学学得相当不错），看起来的确像趴在地上的大狗。

很快，浮桥就顺利建成了，随后韦孝宽指挥大军开始渡河。

尉迟惇下令让部队稍稍后退，打算“半渡而击之”——等对方过河到一半的时候再进行攻击。

然而他万万没有想到，他这一退，却让韦孝宽找到了可乘之机！

给阿基米德一个支点，他就能撬起地球；给韦孝宽一丝机会，他就能扭转乾坤！

在敌军后退的短暂时间里，韦孝宽命令部队擂鼓奋进，以最快的速度冲过了浮桥！

没等叛军重新布好阵型，梁士彦、宇文忻、宇文述等人率领的北周军前锋部队已经如潮水一般冲到了他们的面前。

叛军猝不及防，很快就被分割成了几段，首尾不能相顾，顿时乱成一团。

与此同时，高颎则指挥北周军后续部队继续全速前进，没过多久就全部过了河。

随后高颎一把火烧掉了浮桥。

失去了退路的北周军只能奋勇向前，全力拼杀，叛军很快就被冲得七零八落，溃不成军。

最终，叛军全军覆没，尉迟惇单骑逃回邺城。

韦孝宽乘胜追击。

不过，尉迟迥也不是吃素的，他在邺城西南的野马岗和草桥两个险要之处都埋下了伏兵。

然而北周军中的宇文忻、梁士彦等勇将更不是吃素的——宇文忻先是率精骑五百在野马岗大破叛军三千伏兵，接着又与梁士彦合力夺取了草桥。

随后，韦孝宽率军长驱直入，一口气杀到了邺城城外。

北周大军这么快就兵临城下，显然是尉迟迥之前从来没有想到的。

但他并没有责备坑爹的尉迟惇，因为直到这个时候，他依然充满信心。

他认为韦孝宽军经过长途奔袭，此时已经是强弩之末，而自己则是以逸待劳，一定能取胜！

对自己部队的战斗力，他不是相信，而是迷信！

他麾下的主力都是他从关中带来的子弟兵，全都身经百战，其中最精锐的一支被称作黄龙兵，这里面人人都是百里挑一，个个都能以一当十。

因此他没有按照常规固守城池，而是选择了主动出击。

决一死战！

成败在此一举！

尉迟迥亲自出马，带着两个儿子尉迟惇和尉迟祐，率十三万大军倾巢而出，背城列阵，迎战韦孝宽。

除了这十三万人以外，青州方面还有五万步骑前来增援，其侄尉迟勤率三千精锐骑兵先行赶到，也一起投入战场。

尉迟迥胯下白马，手中大槊，出现在叛军的最前面。

他银髯飘飘，目光炯炯，英姿勃勃，威风凛凛，杀气腾腾，风华虽不正茂，风采却不减当年。他的身后是一万名头戴绿帽（对于帽子的颜色，我只能呵呵）、身披锦袄的黄龙兵。

尉迟迥向来以骁勇闻名，在他看来，打仗最重要的只有一个字：猛！

因此他虽然年过花甲，却依然身先士卒，一马当先，率先冲入敌阵。

老当益壮的尉迟迥大槊翻飞，舞得虎虎生风，所到之处如海啸般势不可当——佛挡杀佛，神挡杀神，外星人挡杀外星人！

尉迟勤、尉迟惇和大批黄龙兵则紧随其后。

北周军一时抵挡不住如此凌厉的攻势，连连败退，眼看就要不支。

迎难而上，方显英雄本色；力挽狂澜，才是名将风范。

在这种极端不利的形势下，宇文忻依然临危不乱，他冷静地观察着瞬息万变的战场形势，敏锐地捕捉着稍纵即逝的战机。

突然，他眼前一亮——他看到了在叛军的侧后方有数万名观战的邺城百姓。

这些百姓三年多前还是北齐的子民，对外来的北周政权并没有多少感情，现在看到两支来自关中的军队自己打了起来，自然要来看热闹——无论你们谁胜谁败，关我鸟事，我是来打酱油的！

看到这些嘻嘻哈哈、熙熙攘攘的围观百姓，宇文忻突然心生一计，对身边的高颎、李询等人说道：事情紧急，我不得不以诡道破敌了！

随后宇文忻命令部下向那些百姓放箭。

百姓们本来以为自己跟交战双方都无冤无仇、无缘无故，又离得远远的，应该很安全，哪里想得到北周军中的这些精神病居然会莫名其妙地攻击自己？

毫无思想准备的他们顿时吓得魂飞魄散，立即一哄而散，四处奔逃，一时间，哭声、喊声、践踏声、惨叫声不绝于耳。

宇文忻乘机命部下齐声高呼：贼军败了！贼军败了！

听到这样的话，又看见叛军后方一片混乱，北周军以为叛军真的败了，于是士气复振。

听到这样的话，又看见自己后方一片混乱，叛军以为自己的后军遭到了袭击，斗志的马其诺防线立马崩溃——后路就要被切断了，再不逃，就来不及了！

满血复活的北周军VS无心恋战的叛军，结果自然是毫无悬念——叛军大败，尉迟迥率残兵退守邺城。

然而，兵败如山倒，军溃如垮堤，这种情况下邺城怎么可能守得住！

北周大将李询、贺娄子干两人率先登城，大批北周军紧随其后。

与此同时，梁士彦也攻入了北门，又马上骑马飞驰到西门，纳宇文忻所部入城。

北周军如潮水一般的蜂拥入城，邺城就此陷落！

尉迟迥且战且退，最后退到了内城的城楼。

北周大将崔弘度率其弟崔弘升和所部将士把城楼团团围住。

尉迟迥不愧是个硬汉，到这个时候依然不肯放弃，依然坚持战斗，他弯弓搭箭，连续射杀多人。

崔弘度慢慢地把头盔取下，抬起头微笑着对尉迟迥说道，你还认识我吗？看在亲戚之情的分儿上，我今天会制止手下的兵士，一定不会让他们侮辱你。现在事情已经到了这样的地步，你还在等什么呢？（还是快点自我了断吧。）——当然，括号里的话他没有说出口。

尉迟迥知道自己大势已去，便长叹一声，把弓箭恨恨地掷在地上，在狠狠地大骂了杨坚一通后，又大声对崔弘度说，来，取我的人头，换你的上柱国！

说完，他自刎而死。

崔弘度随即让弟弟崔弘升砍下了尉迟迥的脑袋。

尉迟勤、尉迟惇、尉迟祐三人跑了出去，准备逃往青州，也被北周大将郭衍追上抓获。

尉迟迥死后，杨坚干了两件现在看来很不地道的事。

其一，叛军余众一个不留，全部被斩杀于漳水南岸的游豫园。究竟杀了多少人，如今已经难以考证了，但数量毫无疑问是十分惊人的——据唐代的典籍记载，当时河中全是尸体，以至于漳水为之不流，河水全被鲜血染成了红色且持续了整整一个月的时间！

据说由于死的人实在太多，从此每到夜深人静的时候，游豫园所在地都会传出无数冤魂野鬼凄厉的哭声，让人毛骨悚然。

杨坚对此也深感不安，一年后笃信佛教的他便专门命人在游豫园南面的山上建了一座大慈寺，以超度亡灵。

其二，将邺城的城墙和所有的建筑全部焚毁，并把相州治所和邺城百姓南迁到 45 里外的安阳（今河南安阳）。

邺城，这座魏晋南北朝时著名的大都市，这座历史悠久的六朝古都（曹魏、后赵、冉魏、前燕、东魏、北齐），就这样彻底地湮没在了荒草之中！

这就是杨坚的风格，霸道，强势，蛮横，高压，冷血，要么不做，要做就做绝！

就像蜜蜂眼里只有花、狮子眼里只有猎物、小子我眼里只有美女一样，在杨坚的眼里，只有“权力”这两个字。

为了自己的权力，千万人的生命，千万个的道义，千万年的古城，千万间的房屋，千万两的金银，千万件的财产，他都可以毫不犹豫地弃之如鼻涕！

韦孝宽在攻占邺城后，又继续分兵扫平了河北各地。

这段时间，于仲文和杨素在河南战场上也是高歌猛进，捷报频传。

杨素在石济（今河南延津东北）大胜叛军荥州刺史宇文胄，将其斩杀。

而于仲文则多次击败叛军大将檀让，先后攻克了梁郡（今河南商丘）、曹州（今山东菏泽）、成武（今山东成武）等地。

此时，另一名叛军将领席毗罗正率十万大军驻扎在沛县，准备攻打徐州总管源雄，但他的妻儿都留在了老巢金乡（今山东金乡）。

于仲文让人冒充檀让的使者，对叛军金乡守将徐善净说，明日大将军檀让要代表蜀国公到金乡来赏赐将士。

听说有赏赐，徐善净不由得心花怒放，人都要飘起来了。

第二天，于仲文率部打着叛军的旗号来到金乡城外，徐善净以为檀让到了，兴冲冲地打开城门迎接。

于仲文入城后立即反客为主，占领了金乡城。

诸将都劝于仲文屠城：于将军，你的家人都被叛军杀了，此仇不报，更待何时？——当然，嘴上是这么说，心里可不一定是这么想的，估计他们真实的想法是要趁机大肆洗劫财物，让一部分人先富起来。

于仲文坚决不同意：不可。金乡是席毗罗起兵的地方，叛军的家属大多在这里。如果杀了他们的妻儿，他们反抗朝廷的意志必然会更加坚决。倒不如宽恕他们，吸引席毗罗大军回援。

果然不出他所料，席毗罗听说老巢陷落妻儿被抓，焦急万分，立即仓促回军，企图凭借其优势兵力夺回金乡城。

半路上檀让也率部与其会合。

于仲文背城列阵，又在数里外的麻田中设下伏兵。

叛军刚刚发起进攻，背后就伏兵四起，杀声震天。

叛军腹背受敌，顿时乱成一团。

于仲文乘势进击，大败叛军，檀让当场被擒，席毗罗单骑脱逃，但不久就被抓住斩首。

至此，关东各地全部被平定。

尉迟迥从起事到彻底失败，只有短短的六十八天！

这个结果让人意外。

不过细想一下，就会发现一点也不让人意外。

只要看看双方的用人就知道了。

杨坚的手下，韦孝宽、李德林、高颎、梁士彦、宇文忻、于仲文、李询、杨素、宇文述、崔弘度、贺娄子干……可谓谋臣如云，猛将如雨。

再看尉迟迥。

他的智囊崔达拏（北齐名臣崔暹之子）据说是个不会变通的书呆子，而他所重用的尉迟惇、檀让、席毗罗等人更是除了擅长演示“怎样中计、怎样被虐”以外，几乎一无所长。

两相对比，高下立判。

而杨坚之所以能得到这么多贤才的拥戴，除了他辅政大臣的名分外，他识人得人的本领也非同一般——对高颎体现了他慧眼识才的非凡眼光；对于仲文体现了他收买人心的高超手腕；对李德林体现了他从善如流的领袖风范；对梁士彦等人的通敌传言置之不理体现了他宽广如海的博大心胸（至少在这一时期是这样）……

尉迟迥呢，只能说他是个猛将，当个战斗英雄绰绰有余，但要做领袖，他还差得太远太远。

扯远了，还是言归正传吧。

叛军中势力最大的尉迟迥玩完了，郧州的司马消难也早已成了惊弓之鸟。

他倒是很有自知之明——起兵的时候就深感自己实力不强，便以自己的儿子为人质，投靠了南陈，想借南陈的兵力来保护自己。

陈宣帝封其为大都督、司空、随国公（这是在羞辱杨坚嘛），同时派大将樊毅率军前往郧州支持司马消难。

但司马消难的战斗力实在是太差了——严格来说，不能说是太差，而是完全没有。

王谊率领的北周大军离郧州还有几十里，司马消难那弱不禁风的小心脏就受不了了，慌忙弃城南奔，退保鲁山（今湖北汉阳）、甑山（今湖北汉川）两镇。

陈将樊毅本是奉命来救援司马消难的。

然而，不怕神一样的对手，只怕猪一样的队友。等樊毅赶到郧州的时候，司马消难这个胆小鬼早就弃城逃走了，郧州也已被北周军占领。

樊毅无处可去，只好在城外劫掠一番后就匆忙退兵。

北周亳州总管元景山等人率军紧紧追击，在漳口（今湖北安陆西）追上了樊毅。

陈军经过多日跋涉早已疲惫不堪，哪里是北周军的对手？

樊毅一日之内三战三败，损兵折将，退到了司马消难所在的甑山。

司马消难是个安全意识很强的人，就跟现在安全意识强的驾驶员会在高速公路上与其他车辆保持足够的安全距离一样，他也总是要与敌军保持足够的安全距离。

因此，看到敌军再次逼近，他又马上继续南逃，一口气逃到了南陈首都建康（今江苏南京），这才松了一口气。

声势浩大的三方叛乱，如今只剩下了益州的王谦。

王谦起兵后，他麾下的隆州（今四川阆中）刺史高阿那肱（看过我上一本书《彪悍南北朝之铁血后三国》的人对这个名字应该很熟了）为其献上了三策：

上策是亲率精锐大军，出兵大散关（今陕西宝鸡南郊），如此一来，蜀人知道您有勤王之节，一定愿意效力；

中策是出兵梁、汉（今陕西汉中），以顾天下；

下策是坐守蜀地，拥兵自保。

王谦做出的选择是“杂用中下之策”——一面固守益州，一面派大将达奚惎（jì）、高阿那肱、乙弗虔等人率军十万围攻相邻的利州（今四川广元），以打开进入汉中的通道。

北周利州总管豆卢勣率部死守，叛军连续攻打了四十多天依然无法攻下，死伤惨重，士气低落。

此时，梁睿率领的二十万北周大军已经赶到了利州城外，师老兵疲的达奚惎不敢应战，连忙退兵。

梁睿乘势进击，从剑阁（今四川剑阁）入川，直逼成都。

达奚惎、乙弗虔两人见大势已去，便暗中联络梁睿，表示愿做内应，戴罪立功。

可怜王谦这傻孩子被人卖了却还全然不知——他竟然留下达奚惎、乙弗凤守城，自己亲自率军出城迎战梁睿。

刚一出城，达奚惎等人就献出城池投降了梁睿。

看见老巢丢了，王谦麾下的叛军顿时人心大乱，很快就全军溃散。

王谦身边只剩下高阿那肱等二十余随从，只好仓皇逃亡，被新都（今四川新都）县令王宝抓获，送到梁睿大营。

梁睿将王谦、高阿那肱斩首，达奚惎、乙弗凤则被送到长安，但杨坚并没有宽恕这两个卖主求荣的叛徒，两人也被诛杀。

益州就此平定。

平叛的胜利，大大增加了杨坚的威望，从此再也没有人能够挑战他的地位。

对杨坚来说，这一切几乎恍若隔世。

其实他刚执政的时候，好多人都为他捏一把汗，他的好友元谐就曾对他说过：你孤立无援，就如水间一堵墙，太危险了！

能在短短三四个月的时间内，就从摇摇欲坠的水间一堵墙变成不可撼动的巍巍一座山，除了杨坚自己的不懈努力外，也许他最应该感谢的是尉迟迥。

正是尉迟迥的悍然造反，使得本来扑朔迷离的政治局势一下子变得豁然开朗。

在那样的局势下，所有的文武百官、封疆大吏都不可能再观望徘徊，而不得不做出非此即彼的明确选择——执政党杨坚还是反对党尉迟迥？

杨坚利用自己超然的执政地位，凭借自己超人的政治手腕，发挥自己超凡的个人魅力，殚精竭虑，纵横捭阖，最终取得了压倒性的优势——在这次变局中，除了司马消难、王谦等少数人外，几乎所有的关陇豪门和汉族世家都站在了杨坚这一边！

如今以尉迟迥为代表的反对党已经灰飞烟灭，杨坚已是一党独大，众望所归。

形势那样一目了然——谁都看得出来，此时的北周帝国不过是一只挂在桃树上垂得很低等待被摘的桃子而已。

# 第四章　新时代的总设计师

## 登基建隋

在这样的大好形势下，杨坚的亲信如少内史崔仲方、司武上士卢贲、武山郡公郭衍等人纷纷秘密劝进。

杨坚也因此大大加快了夺权的步伐。

公元 580 年 9 月，他的长子杨勇被任命为洛州（今河南洛阳）总管、东京小冢宰，统领原北齐故地。

同月，他废除左右丞相之职，自任唯一的大丞相。

接着他又先后杀掉了陈王宇文纯、代王宇文达、滕王宇文逌及其儿子。

至此，北周辈分最高的五王全部被杀。

11 月，一代传奇名将韦孝宽去世，享年七十二岁。

12 月，杨坚以周静帝的名义下诏，所有在西魏时期被改为鲜卑姓的人，全部恢复汉姓——当然也包括他自己在内。

以胡姓为荣的时代从此一去不复返，广大汉人对此无不欢欣鼓舞。

同月，他被晋封为随王，以安陆等十郡为国。

公元 581 年 2 月 4 日，杨坚改称相国，总百揆，赞拜不名，入朝不趋，剑履上殿，加九锡，建天子旌旗。

到了这一步，就是傻子，也知道后面会发生什么了。

并州总管李穆、益州总管梁睿、幽州总管于翼等几位封疆重臣先后送来了劝进的表章。

太史大夫庾季才一向以善观天象闻名，这个时候自然不会放弃这个发挥专长的机会。

他不失时机地上表说，人君正位，宜用二月。其月十三日甲子，甲为六甲之始，子为十二辰之初，甲数九，子数又九，九为天数。又其日即是惊蛰，阳气壮发之时。昔周武王以二月甲子定天下，享年八百，汉高帝以二月甲午即帝位，享年四百，故知甲子、甲午为得天数。今二月甲子，宜应天受命。

庾季才讲得天花乱坠，理由如无边落木萧萧下，典故如不尽长江滚滚来，杨坚听了哪有不接受之理？

2月13日，杨坚正式接受北周静帝宇文阐的禅让，登基称帝，改国号为隋，改元开皇。

不过，细心的读者会发现一个问题，杨坚原来的封号是随国公，随王，怎么现在的国号变成了隋呢？

个中缘由，史书并没有任何记载。

宋元之际的史学家胡三省提出了他的猜测。

他说，这是因为杨坚觉得"随"这个字有个走之旁，不太吉利，新的王朝怎么能说走就走呢，于是便把走之旁给去掉，国号也就变成了隋（繁体的"随"写作"隨"）。

这种说法被很多人接受并采用。

然而，现在也有学者提出了不同的看法，他们认为，在当时，隋和随两个字在当时是通用的，也许根本就不存在改"随"为"隋"这一回事。

比如，《周书》记载杨坚的爵位是随国公，而《隋书》《北史》则写作隋国公。

更有力的证据是，如今出土的隋唐碑刻上，往往"隋"、"随"二字并用，相当多的碑刻上写的是"随"——如隋炀帝在位之时的大业七年（611）十月，虞世基撰文、欧阳询书写的《姚辩墓志铭》，即题作《随故左屯卫大将军、左光禄大夫姚恭公墓志铭》，2013年扬州出土的《随故炀帝墓志》，也书"隋"为"随"字，志文中亦有"随大业十四年"的字样。

当然，不管哪种说法，都改变不了一个事实——那就是新的隋王朝取代了北周，杨坚成了隋朝的开国皇帝。

他踌躇满志，豪情满怀。

八个月前，他还是受人摆布的臣子，八个月后，他成了主宰世界的天子！

八个月前，他还战战兢兢如履薄冰随时有生命危险，八个月后，他一言九鼎至高无上手中有权力无限！

人生就是这样，充满了无穷的变数，无尽的可能。

你永远不知道，明天会发生什么。

你永远不知道，明天你会遇见谁。

你永远不知道，明天你的命运会发生怎样的转折。

命运是最厉害的魔术师，往往会在不经意间彻底改变一个人的人生，把绝望变成希望，把暗淡变成辉煌。

就像杨坚一样。

## 新人新制度

登基称帝，对志存高远的杨坚来说，远不是终点，只不过是路边的一个加油站。

隋朝刚一建立，他就开始大刀阔斧地实行自己和崔仲方等人一起酝酿的制度改革方案。

他宣布废除北周官制，恢复汉魏旧制。

从此，大冢宰、大前疑之类的称号彻底退出了历史舞台，三师（太师、太傅、太保）、三公（太尉、司空、司徒）重新出现在大家面前。

申国公李穆、邓国公窦炽两位年高望重的北周老臣分别被封为太师和太傅，任国公于翼出任太尉，郢国公王谊则担任司徒。

但此时的三师、三公都只不过是有名无实的荣誉职务而已，真正的权力掌握在三省手里。

所谓三省，即内史省、门下省和尚书省。

内史省（原中书省，因避杨坚父杨忠讳而改）负责起草诏令，置内史监、内史令各一人。

门下省主管审核诏令，其最高长官称为纳言（即以前的侍中，避杨忠讳而改）。

尚书省负责执行诏令，是国家最高行政机构，置尚书令一人，左右仆射两人，为正副长官。但由于尚书令位高权重，除了隋炀帝时期杨素曾短暂担任尚书令这一特例外，此职位在隋唐两代大多缺而不授，左右仆射因此成为尚书省的最高长官，其中又以左仆射为重。

尚书省下设吏部、礼部、兵部、都官（后改为刑部）、度支（后改为民部）、工部六部，每部设尚书一人，为其首长。左右仆射和六部尚书合称“八座”，构成尚书省的领导核心。

除此以外，还有主管国家经籍图书与天文历法的秘书省，掌管宫内事务的内侍省，与上述三省合称五省。

但真正执掌国家政务的是内史、门下、尚书三省和吏部等六部。

宰相则由三省长官共同担任。

这就是在中国历史上影响深远的三省六部制。

在这一制度下，领导机构宰相制代替了秦汉时期的个人开府宰相制，宰相从无所不管的百官之长，变成了各管一块的机构负责人。

在这一制度下，相权被一分为三，决策权、审议权和执行权三者相分离，三省宰相互相牵制，互相制约，互相监督，削弱了相权，巩固了皇权，有利于防止出现宰相专权的局面。同时又扩大了议政人员的名额，收到了集思广益的效果。

在这一制度下，各部职责有明确的分工，有利于政令的贯彻执行，极大地提高了行政效率。

相比以前，这一制度的先进性和合理性是显而易见的，因此它自从问世以来，就显示出了极其强大的生命力——不仅为之后的唐朝所全盘照搬，而且其影响甚至一直持续到了一千三百多年后的清末！

究竟谁会被委以重任，出任三省的主官也就是新朝的宰相呢？

所有的文武百官都翘首期盼，拭目以待。

然而，杨坚的选择让几乎所有人都大跌眼镜——不管是于翼、梁睿、王谊、梁士彦、宇文忻等功臣宿将，还是郑译、刘昉、柳裘、卢贲等佐命元勋，全都没有份儿！

无论资历还是经历，无论出身还是名声，杨坚任命的人，与于翼等人相比，就相当于初中毕业的村办小企业打工仔比哈佛出身的世界五百强高管一样——完全不是一个档次。

那么，他选定的大隋首任三省首脑到底是哪几个人呢？

他们是：

尚书左仆射兼纳言高颎，内史监兼吏部尚书虞庆则，内史令李德林。

这三个人在原来的北周都不是什么大人物，高颎之前不过是个默默无闻的中下级官员，李德林出自北齐，而虞庆则更是一个资历很浅、来自偏远地方的新人！

虞庆则的得宠来自高颎的举荐。

他本姓鱼，据说祖上是关中汉人，在十六国时期迁居灵武（今宁夏灵武），从此世居于此，其父虞祥曾任北周灵武太守。

他身长八尺，相貌堂堂，性情倜傥，不拘小节，由于自幼生长在北方边境，因此习性颇为胡化，他不仅精通鲜卑语，而且擅长骑射，胆识过人，经常身披重甲，带着两把弓，一边疾驰，一边左右开弓，本州豪侠对他都极为敬畏。

除了武艺高强，他还读了很多书，对汉朝名将傅介子、班超尤为推崇。

北周宣帝初年，他曾担任并州总管府长史，协助越王宇文盛率军讨平了石州（今山西离石）一带的稽胡（又名山胡，并州北部山区的少数民族）叛乱。当时高颎在宇文盛麾下任职，对虞庆则的才干极其欣赏，战后正是因为他向宇文盛力荐，虞庆则才得以升任石州总管。

虞庆则不负所望，恩威并施，境内秩序井然，不仅石州本地的稽胡再也没有作乱，甚至还有外地的八千多户胡人慕名前来归顺。

后来高颎在进入相府后，又把虞庆则推荐给了杨坚。

杨坚对他一见如故，非常信任，不久就让他担任相府司录，现在更是把他提拔为新朝的首任宰相之一。

水不在深，有龙则灵。资历不在深，有能力则行。

高颎、虞庆则、李德林这三个宰相虽然资历都不够深，但能力都够强，而且其配备也非常合理。

从才干上来说，高颎是文武兼备，虞庆则是武将出身，李德林则是纯粹的文臣；

从民族来说，李德林是纯粹的汉人大族出身，高颎虽是汉族血统但曾被赐鲜卑姓独孤，虞庆则是满口鲜卑语的胡化汉人，显然这是胡汉双方都能接受的人选；

从地区上来说，高颎成长于北周的核心地区关中，虞庆则来自北方边境，李德林来自原北齐，充分照顾到了地域因素。

杨坚的思维之缜密、用人之高超，由此可见一斑。

与高颎等人的迅速崛起相对应的是，刘昉、郑译两人的彻底失宠。

杨坚初任执政的时候，刘昉、郑译曾分任相府司马和相府长史，但两人贪图享受，纵情声色，耽误了不少公事，让杨坚渐生不满，而辞任监军一事更是让杨坚彻底看清了他们的不堪。

因此在高颎从前线回京后，杨坚就让他代替刘昉出任相府司马，刘昉则被免职。

郑译是杨坚交情甚密的老同学，又在其上位的过程中起了关键作用，故杨坚没有马上废除他的职位，仍然让他继续担任相府长史，但却暗中命令下属所有重大事务都不要向郑译通报，郑译从此也远离了权力中心。

隋朝建立后，刘昉被晋封为柱国，改封舒国公，郑译则被晋封为上柱国，赏赐丰厚，还被加以可恕免十次死罪的特殊待遇，但两人都没有得到任何具体职位，从此只能赋闲在家。

刘昉，你好色，就在家专门研究十八摸和床上七十二式吧；

郑译，你善音乐，还是在家专攻琵琶的 3568 种弹法吧！

与刘、郑两人命运相仿的还有梁士彦。

在平定尉迟迥后，梁士彦出任新的相州总管，但杨坚对战功赫赫而又桀骜不驯的他很不放心，没过多久就召其回京，从此他也成了有钱有闲但没权没事的闲居一族。

对李穆，杨坚则又是另一种态度。

他刚一称帝，就给李穆下了一道诏书：公既旧德，且又父党。敬惠来旨，义无有违。即以今月十三日恭膺天命——您不仅德高望重，还是家父的同辈好友，您劝我顺应天命的心意我不敢违背，所以在本月十三日当了皇帝了。

之后，他不仅加封李穆为三师之首的太师，赞拜不名，而且对其族人也特别优待，李氏子孙即使还在襁褓之中就全部被封为仪同，李家手持象笏身居高位的有一百余人。

知趣的李穆曾多次请求告老还乡，杨坚却坚决不许：高才命世，不拘常礼。

关于李家的荣盛，史书上只有八个字：穆之贵盛，当时无比。

总之，在开皇初期我们看到的景象是：在北周时期名声赫赫的那些关陇勋贵，要么退居二线（李穆、窦炽、于翼、王谊出任位高却没权的三师、三公），要么干脆被提前退休（梁士彦、郑译、刘昉等）；而之前的边缘人物高颎、虞庆则、李德林等人则成了新政权的核心人物。

从这里我们可以清晰地看出杨坚的用人原则——抑制勋贵，重用新人。

因为杨坚本人之前的军功并不是特别显赫，只是因缘际会地通过宫廷政变而成功上位，这让他对那些原来在北周功高望重的重臣感到很不放心，生怕他们会不服自己。

这一点，只要看他和王谊的一次对话就知道了。

杨坚刚登基不久，有一次打算去岐州视察（治所今陕西凤翔）。

王谊劝谏他说，陛下初临万国，人心未定，为什么要离京出巡呢？

杨坚笑着回答，我当年与你们这些人地位相当，现在你们一下子变成了我的臣子，难免会有些想法。我这次出行，是要扬扬威风，让你们心里服气。

这句暗藏锋芒的戏言，其实充分反映了杨坚内心的真实想法。

也正因为这样，他对以王谊为代表的北周重臣，只给高位或重赏却不肯给予任何实权；而他之前独当一面的时间不长，并没有多少长期跟随自己的班底，因此重用高颎等新人也就成为他必然的选择。

对前朝的勋贵如此，对前朝的皇族该如何处理呢？

内史监虞庆则向杨坚建议，要求尽灭北周宇文氏宗族。

这个建议非常残忍，但却很对杨坚的胃口。

他知道宇文氏在关中经营近五十年，虽然因宇文赟的乱政而导致上下离心离德，让自己乘虚而入夺得了政权，但宇文氏的影响还在，众多大臣和百姓中也有人对北周依然有感情。要让这些人彻底死了复辟北周之心，他就必须对北周宗室赶尽杀绝！用北周宗室的人头来震慑那些不安分的人！

因此杨坚当即表示同意。

左仆射高颎、左卫大将军杨雄等人虽然有不同意见，但他们深知杨坚说一不二的脾气，也都不敢当场反对。

只有内史令李德林坚决不同意，还据理力争，希望杨坚不要这么做。

杨坚勃然大怒：君读书人，不足平章此事——你是个书呆子，不值得和你讨论此事！

事情就这么定了下来。

于是，北周太祖宇文泰的孙子谯国公宇文乾晖、冀国公宇文绚，孝闵帝宇文觉的儿子纪国公宇文湜，明帝宇文毓的儿子酆国公宇文贞、宋国公宇文实，武帝宇文邕的儿子汉国公宇文赞、秦国公宇文贽、曹国公宇文允、道国公宇文充、蔡国公宇文兑、荆国公宇文元，宣帝宇文赟的儿子莱国公宇文衍、郢国公宇文术，以及宗室宇文洽、宇文众、宇文椿及其子孙全部被处死。

已退位并被改封为介国公的小皇帝宇文阐当然也不会幸免，没过多久他也不明不白地死了。

至于死因是什么，三个字：你懂的。

杨坚随即改封宇文洛为介国公。

但宇文洛和北周皇族的关系其实已经很疏远了——宇文洛的祖父宇文仲只不过是宇文泰之父宇文肱的堂兄弟。

注意，是堂兄弟，不是亲兄弟！

这也说明，宇文泰的祖父宇文韬的所有后代已经一个不剩全部被杀光了！

引人深思的是，宇文泰、宇文邕父子殚精竭虑，创造了无比巨大的家业，然而，他们创造的家业越大，给子孙带来的祸患也越大！为子孙挖的坑也越大！

这到底是怎样一种正相关的函数关系？

一声叹息！

虽然滥杀前朝宗室在战乱不已的南北朝时代司空见惯，但杨坚的这种做法还是让后人颇有非议。

清代史学家赵翼就说，窃人之国而戕其子孙至无遗类，此其残忍惨毒，岂复稍有人心！

但这就是杨坚的风格——宁可错杀一千，也不放过一个！宁可血流成河，也要杜绝后患！

什么同情？什么恻隐之心？

在他的字典里，从来没有这样的字眼。

这一事件也反映了杨坚和李德林关于治国理念的重大分歧——李德林想要的是实行仁政的王道，而杨坚要的是高压的霸道！

在李德林看来，仁政理念是他的底线，而底线就像底裤一样是绝不能轻易脱下的，因此他绝不愿意改变自己的观点去迎合杨坚。

他和杨坚的裂痕由此产生。

之后，杨坚对李德林的态度也变了，李德林从此日益被疏远，取代其地位的是另一个人——苏威。

苏威出身于关中大族武功苏氏。其父苏绰曾任西魏度支尚书，是宇文泰在治国上最倚重的谋臣，被称为西魏立国之本的"六条诏书"就出自苏绰之手。

可惜苏绰因积劳成疾，在公元546年就英年早逝。

宇文泰亲自为他送葬，一边失声痛哭一边还动情地说，苏尚书的心事，妻子兄弟都不一定清楚，但我都知道。这世上只有你我最了解彼此的心意，我正要与你一起平定天下，你却这么快就离我而去！这可让我怎么办！

苏绰死的时候，苏威才五岁，长大后，他举止端庄，处事沉稳，才华出众，颇有其父的风范。

当时执掌朝政的大冢宰宇文护对他非常看重，一心要把亲生女儿嫁给他。

然而，苏威认为宇文护专横跋扈，从不把皇帝放在眼里，一定难以长久，与其结亲风险极大，看到宇文护，他就仿佛看到天空飘来四个字——"大难临头"。

因此，他坚决不肯答应，还逃到山中躲了起来。

但当时宇文护正权倾天下，天下事就没有他办不成的——就是要给自己养的狗找个美女做压寨夫人都没有问题，何况是为自己的亲生女儿找个如意郎君呢？

最后，迫于其叔父和各方面的压力，苏威还是没有能保住自己的贞操——带着一副牙疼的表情，被迫和宇文护的女儿成亲。

对自己的女婿，宇文护当然要重点栽培，先后任命他为使持节、车骑大将军、仪同三司等职，但苏威都称病不肯接受，只是隐居在山中，以读书为乐。

也正因为如此，在周武帝宇文邕诛杀宇文护后，苏威不仅没有受到牵连，还被加封为稍伯下大夫。

但苏威却依然称病不出。

杨坚担任丞相后，高颎多次向他推荐苏威，说他有大才。

杨坚也早就听说过苏威的贤名，便把他请入相府，一番交谈下来，两人一见如故，彼此都有相见恨晚之感，苏威更是激动得有如小蝌蚪终于找到了妈妈。

此后苏威便在相府住了下来，成为杨坚的重要助手。

然而，就在杨坚准备要受禅的前夕，苏威却突然不告而别。

高颎爱才心切，请求杨坚派人把他追回来。

杨坚对此却看得很开：不必了。苏威这个人注重名节，他这是不想参与我改朝换代的事，随他去吧。到时他自然会回来的。

果然不出他所料，等到隋朝建立后，杨坚用一顶太子少保的官帽去召苏威，苏威马上就来了。

这样一个有才华却没有任何野心、有名气却与前朝没有任何瓜葛的人，毫无疑问是现在的杨坚最喜欢的，他当然要加以重用。

因此，不久后，杨坚又加封其为纳言兼民部尚书，让他和高颎两人一起执掌朝政。

苏威慌忙上表辞让。

当然了，他这么做，既是出于谦虚，也多少是感到有些心虚——太出乎他的意料了，他根本没想到自己这么快就会被提拔为宰相!

杨坚下诏安抚他说，舟大者任重，马骏者远驰。以公有兼人之才，无辞多务也——大船装得多，骏马跑得远。以你的大才，完全可以胜任多项职务，请不要推辞。

杨坚这么一说，苏威也深受感动——良臣遇明君，终于可以一展自己的才华，实现自己的抱负了!

苏威一直记得其父苏绰在世时说过的一句话。

当初苏绰治理西魏的时候，由于西魏国力弱小、战乱频仍、财政困难而不得不对百姓征收很重的税负，但他对此一直都深感不安，临死前还曾情不自禁地发出了这样的叹息：我所做的就像拉紧弓弦，不是长久之计。后代的君子，有谁能使弓弦放松呢?

实现父亲遗愿，儿子责无旁贷。

因此苏威执政后的第一件事就是奏请杨坚，请求减免赋税徭役，让百姓休养生息。

这个建议正合杨坚之意，他马上就同意了。

苏威深感知遇之恩，从此对杨坚更加尽心辅佐。

一次，他看到宫里挂帐幔的钩是用白银做的，便立即对杨坚说了一大通道理，要他注意节俭。

杨坚被说动了，马上下令把宫中一切奢华的装饰物全部去掉。

还有一次，有个大臣惹恼了杨坚，杨坚一时火起，想要亲手杀了他。

苏威认为此人罪不该杀，赶紧上前劝阻。

但杨坚正在火头上，哪里听得进去。苏威便死死挡住了他，不让他动手。

杨坚想要绕过他，但根本绕不过去——他走到哪里，苏威就挡到哪里。

最后杨坚无奈，只得就此作罢。

过了一段时间，杨坚逐渐清醒过来，便重新召见苏威，对他大加赞赏：你能这样做，我无忧矣。

这和后来唐太宗和魏徵、宋太祖和赵普的事迹是不是很像？

也许，成为昏君的办法有无数个，但成为明君的道路只有一条：纳谏。

杨坚一向推崇勤勉，而苏威一贯兢兢业业，恪尽职守，事必躬亲，这种认真劲最对杨坚的胃口——就像长发气质美女最对小子我的胃口一样。

不久之后，他又让苏威兼任了大理寺卿（最高法院院长）、京兆尹（首都长安最高行政长官）、御史大夫（最高监察机构长官）。

苏威一人身兼五个要职，加之他功名心重，喜欢揽权，而且做事苛细，衣食住行、柴米油盐、吃喝拉撒、鸟兽虫鱼，样样都要管，因此也引起了一些朝臣的不满。

治书侍御史梁毗上表弹劾苏威，说他贪图权位，没有举贤自代之心。

然而，当一个男人热恋一个女人的时候，她好动是活泼，好静是文雅，话多是热情，话少是内秀，衣着暴露是性感，衣着保守是端庄……反正无论她做什么，都是那么地可爱。

现在杨坚对苏威的感觉也是这样——无论苏威做什么，都是那么地正确。

更重要的是，包括苏威在内的宰相群体是他刻意越级提拔的，对他们的权威，他当然要坚决维护！

因此，杨坚毫不犹豫地选择了支持苏威。

他在朝堂上公开回应梁毗的质疑：苏威志向远大，朝夕都孜孜不倦，就算他举贤有缺，又有什么关系呢？

接着他又对苏威说，才能用的时候就尽力施展，用不上的时候就深藏不露。只有我和你能做到这一点哪！

最后他面向群臣讲出了他的结论：苏威没有我，他的主张就无法实施，我没有苏威，又怎么能治理好国家呢？杨素才辩无双，但要论博古知今，帮助我宣扬教化，就远远比不上苏威了。苏威若逢乱世，肯定是商山四皓（西汉初年著名的四位世外高人）一样的隐士，怎么可能出山呢？

这一席话表明了他对苏威的绝对信任，从此再也没人敢对苏威说三道四了。

见到杨坚这么无节制无底线地夸赞苏威，高颎也有些坐不住了。

他主动表态，说长江后浪推前浪，前浪自愿被拍死在沙滩上——自己愿意辞职，把尚书左仆射这一职务让给苏威。

出人意料的是，杨坚竟然没有做一丝挽留，就当场批准了高颎的辞呈。

不过仅仅过了数天，他又下旨说，苏威在前朝隐居不仕，是高颎的引荐才让他出山的。引进贤才应该受赏啊，怎么可以让你去职呢？

于是，高颎又官复原职。

在这出戏里，杨坚和高颎一唱一和，配合默契，既又一次拔高了苏威的地位，也让高颎获得了心胸宽大、主动让贤的美名，更体现了杨坚高超的用人水准，真可谓一石三鸟！

与善做事却不善做人的苏威不同，高颎识大体，顾大局，虑事深远，举重若轻，善于协调各方关系，因此他资历虽然并不很深，却很快就得到了朝野上下的认同。

杨坚对高颎也是非常信任，每次见到他都亲切地叫他独孤（其父高宾在西魏时期曾被赐姓独孤），将其视为皇后独孤氏的娘家人。

当时，高颎辅助杨坚掌管全局，苏威负责行政，虞庆则主管吏部，另一位参与朝政的是左卫大将军广平王杨雄。

前面说过，杨雄是杨坚的堂侄，在杨坚受命辅政的时候他曾为其四处奔走，延揽了李德林、高颎等人才，又帮助除掉了毕王宇文贤，出力甚多。隋朝建立后，他被任为左卫大将军，执掌禁军，地位举足轻重。

高颎、苏威、虞庆则和杨雄四人在隋初的政坛炙手可热，被合称为“四贵”。

这些政治新秀的迅速崛起也引起了一些人的不满。

时任太子左庶子（太子杨勇的侍从官）的卢贲就是其中一位。

卢贲在北周末年曾任司武上士，掌管皇宫宿卫，为杨坚的上位立下了大功。

他本以为自己可以凭功臣的身份出将入相，然而现在却是高颎、苏威这些功劳、资历都不如他的人当了宰相，而他自己竟然只是个小小的太子属官，这种感觉就像本以为自己可以吃到大餐，现在却眼巴巴地看着别人吃大餐自己只能吃泡面，让他心里怎么可能平衡！

他找到了同样不得志的刘昉。

眼看着杨坚这个自己亲手扶上台的人却把自己拉下了马，刘昉就像为心爱的男人付出了所有的一切却被无情拉黑的女人一样——对负心汉杨坚充满了无尽的怨恨，自然和卢贲一拍即合。

接着他们又联络了上柱国李询、元谐和华州刺史张宾。

李询是李穆之侄，在平定尉迟迥叛乱时功勋卓著，隋朝建立后，他受命督办修建京畿水利工程，自感不受重用，因此颇有怨言——本来想的是治理国家，现在却只能管理民工；本来想的是指点江山，现在却只能指点泥浆……这算什么事呀！

元谐是杨坚的多年老友，性情率直，自视甚高，对高颎等新秀把持朝政也不太服气。

张宾是道士出身，在杨坚未发迹时就和其交情甚密，据说还曾预言其将来会做天子，因此杨坚称帝后就提拔他为华州刺史。

总而言之，这五个人有四个共同的特点：都和杨坚有旧交，都对杨坚有功，都对现状满腹怨言，都……都是男的。

他们心中无比不满，不满之后就想不轨——密谋要废掉高颎等人，取其位而代之。

也不知是他们的保密工作做得不好，还是杨坚的情报工作做得太好，他们的计划很快就败露了。

杨坚下令追查。

狡猾的刘昉把责任全部推给了卢贲和张宾两人。

这正是杨坚所要的——因为李询、元谐两人都是出身豪门又有军功，是关陇集团的重要人物，影响很大，此时隋朝初建，人心不稳，对他们应该以安抚为主。

于是他干脆顺水推舟，装聋作哑，只追究卢贲、张宾的责任。

公卿大臣大多认为卢、张二人图谋不轨，该当死罪。

但杨坚认为在这个时候诛杀这两个曾经有功于自己的老朋友可能会不利于时局的稳定，因此表现得极为宽大：他们都是我当年的旧人，不忍加诛。就把他们除职为民吧。

一场政治风波就这样被巧妙地解决了。

## 新法新都城

杨坚松了一口气。

这段时间他一直殚精竭虑，废寝忘食，在忙于稳定局势、处理日常行政工作的同时，也没有忘记他还有更重要的事要做。

他觉得，再乱的线团都有一个线头，再复杂的形势都有一个关键——这个关键，就是制度和法律。

法律为治国之本，而北周的法律既烦琐又混乱，必须制定新法。

隋朝刚一建立，杨坚就让高颎、郑译、杨素以及大理前少卿常明、刑部侍郎韩濬、比部侍郎李谔、兼考功侍郎柳雄亮等人编修新律。

不久，又有于翼、李德林、苏威、裴政、王谊、元谐等人加入编修队伍。

这里边，主要的编撰者为高颎、李德林、苏威、郑译和裴政。

高、李、苏三人位居宰辅，郑译是佐命功臣，跻身主编之列自然毫无疑问，而时任率更令的裴政靠的则是他在司法界的经验和名气。

裴政是南梁名将裴邃之孙，早年在南梁任职，西魏攻陷江陵后到了长安，深受宇文泰的重用，曾和卢辩等人一起草拟了西魏、北周的六官制度，并且参与制定过北周律令，是当时著名的法律专家。

据说他判案极为公正，甚至连被他判了死刑的犯人都对他心服口服，没有一个上诉的：裴大夫让我死，我没有任何怨言。我可以死，我应该死，我必须死，我不得不死。如果我不死，老天爷一千个不答应，老百姓一万个不答应……

公元581年10月，新法正式完成并颁布实施，这就是著名的《开皇律》。

《开皇律》以公元564年颁布的《北齐律》为蓝本，同时博采兼收魏、晋、齐、梁等各朝法律的优点制定而成，共有十二篇，分别为名例、卫禁、职制、户婚、厩库、擅兴、贼盗、斗讼、诈伪、杂律、捕亡、断狱。

其中第一篇“名例”属于法律总则，第二篇到第十篇为实体法，最后两篇为程序法。

新律废除了枭首（斩首后悬于高杆上示众）、轘裂（即车裂，俗称五马分尸）以及鞭刑，又规定除谋反外，不再株连九族。

新律规定的刑罚种类分为五种，分别为死刑、流刑、徒刑、杖刑（用棍子打）、笞刑（用竹板打），俗称五刑。

其中，死刑分绞（绞刑）、斩（斩首）两种，绞因可留有全尸，较斩为轻。

流刑也就是流放，是仅次于死刑的重刑，也分为三种，分别是一千里、一千五百里、两千里，至于往哪个方向则大致取决于鸟类——鸟不在哪个地方拉屎，你就去哪里；这还不算，按照规定还要在流放所在地分别服劳役两年、两年半、三年；此外，服刑时还须分别加杖一百、一百三十和一百六十。

徒刑五种，分别是一年、一年半、两年、两年半、三年。

杖刑五种，从六十下到一百下。

笞刑也分五种，从十下到五十下。

新法对刑讯也进行了规范。

以前官府讯问人犯时，由于法无规定，狱吏经常滥施酷刑，往往屈打成招，酿成冤案。现在新法要求审讯拷打时不得换人且不得超过两百下，对各种枷杖、刑具的尺寸也都有详细规定。

除此以外，新法还首创了“十恶”和“八议”制度。

“十恶”由《北齐律》的“重罪十条”发展而来，包括谋反、谋大逆、谋叛、恶逆、不道、大不敬、不孝、不睦、不义、内乱十项罪名。这十条中，五条涉及忠君（谋反、谋大逆、谋叛、大不敬、不义），四条属于孝义（恶逆、不孝、不睦、内乱），一条属于特别恶劣的犯罪（不道），充分体现了其忠孝治国、儒家礼教法律化的特点。

新法规定，凡犯有这十项重罪的，一律从重处理，即使是大赦天下的时候也不得宽赦，因此也称“十恶不赦”，这一制度被后世长期沿用，影响极为深远。

“八议”是对官僚贵族在法律上给予的特权，即议亲、议故、议贤、议能、议功、议贵、议勤、议宾，也就是说对亲、故、贤、能、功、贵、勤、宾这八种人犯罪，必须按特别审判程序认定，并依法减免处罚——反正就是拉偏架、“法律面前人与人不平等”的意思。

“十恶”和“八议”的设立，充分反映了杨坚大力加强中央集权、维护社会等级、建立社会秩序的意图，中国封建社会的法律基础从此定型。

公元583年，杨坚又命纳言苏威和礼部尚书牛弘等人对新法进行了一次全面的修订，删除了一千多个条款，仅保留了五百条，按照《隋书》的说法是：自是刑网简要，疏而不失。

《开皇律》是中国法律史上的一大里程碑，其立法精神、司法原则和依法治国的思想，不仅为之后的唐宋明清各代所继承，而且在世界上尤其是东亚地区也产生了广泛的影响。

就像再漂亮的美女，如果不能触碰也只是个摆设一样，再先进的法律，如果不能贯彻，那也毫无用处。

因此，法律制定后，接下来最重要的当然是要依法办事。

在这一方面，杨坚十分重视，开皇年间，他曾经多次亲自参加案件的审判，以避免出现贪赃枉法的冤案。

在他的带动和监督下，一时间，有法必依、执法公正成了隋朝各级政法机关的常态。

当时著名的学者国子博士何妥在上表中称赞杨坚说，陛下留心狱讼，爱人如子，每次决狱，无不详细咨询各位办案人员。如今之所以出现刑罚不滥的局面，正是源于陛下的圣明啊！

何妥的话虽然略微有些拍马屁的成分，但客观地说，这就和别人称赞小子我长得帅一样——基本还是事实。

就这样，到公元 582 年 6 月，隋朝建国仅仅一年多后，新的政治制度、新的领导班子、新的法律相继建立完成，但杨坚还不满足，他还想再建新功——建一座新的都城。

隋朝是在北周的基础上建立起来的，都城自然也设在了北周的旧都长安。

长安位于关中平原腹地的渭水之滨，是著名的古都，西周、秦、汉等多个朝代都曾在此建都，地理、人文条件得天独厚。

然而，自从汉末以来，长安城历经战乱，屡遭兵毁，早已残破不堪，已不能和洛阳、邺城等其他一些北方中心城市相提并论。

西魏当初建立时，僻处关陇一隅，境内没什么大都市。就仿佛晚清皇帝不得不在一群丑女中间挑皇后一样（有照片为证），西魏开创者宇文泰也不得不在一群小城中间选都城，最终长安毫无悬念地脱颖而出——再次成为一国之都。

杨坚对长安旧城非常不满意，他觉得，此城规模狭小，和自己理想中大国首都的样子起码有着一亿光年的距离。这座破败的旧城，根本就无法体现自己君临天下的威严。

事实上，杨坚之所以想要迁都，除此以外，还有一个极为重要的原因——史书记载的原话是：宫内多鬼妖。

杨坚现在所居的皇宫，是被杨坚杀光的北周皇族宇文氏曾经住了几十年的地方，处处都留有宇文氏的气息。

每次住宇文邕住过的房间，每次踩宇文赟踩过的地板，每次上宇文阐上过的茅房，杨坚就会触景生情，仿佛看到他们音容宛在，阴魂不散，无处不在，让他非常不安。

甚至有时他还会出现幻觉，赵王宇文招、越王宇文盛、陈王宇文纯等一个个被他杀害的宇文氏冤魂时不时地会出现在他面前，工作休闲来一个，朋友聚会来一个，健身娱乐来一个……

这样的皇宫，让他感到惶恐；这样的金碧辉煌，让他感到心必会慌。

作为一个迷信的人，杨坚在这里觉得“宫内多鬼妖”自然也就可以理解了。

因此，他一心要建新都，好早些离开这个让他不安的地方。

新都建在哪里，他也早已有了打算。

他看中了一块风水宝地——位于长安旧城东南面的龙首原。

按照《水经注》的记载，传说秦朝时曾有龙到渭河饮水，龙首原正好是龙头所在地，因而得名。

除了名字吉利，龙首原的地理位置也非常不错，此处北靠渭水，东临浐河，西近沣水，是一片海拔四百多米的高地，其地势自北向南由高到低，树木林立，风景秀丽。

不过，在一片空地上兴建一座庞大的都城，需要耗费大量的金钱，征用大量的劳役，这对于隋朝这么一个刚建立不久的新王朝来说，实在是有点勉为其难。

建还是不建？

杨坚有些拿不定主意。

公元582年6月12日晚上，他特意在宫中召见高颎、苏威两位宰相，商议迁都之事。

君臣三人讨论了整整大半夜，最终还是没有能做出最后的决定。

第二天一早，杨坚按时上朝，会见群臣。

还没等他开口说话，通直散骑常侍（皇帝高级顾问）庾季才就站了出来。

庾季才在北周时曾任太史令，以精通天象而闻名于世，此前杨坚受禅的日期就是他定的，结果一切都很圆满，他也因此被擢升为现在的职务，深受杨坚的信任。

庾季才上了一道奏本：臣仰观天象，俯看图记，各种迹象表明，迁都势在必行。臣听说，昔日唐尧的都城在平阳，虞舜的都城在河北，可见帝王所居，世代不同。而且，现在这个国都自从汉代兴建以来已经八百年了，水都已被污染，又咸又苦，实在不是宜居之处。愿陛下顺天应人，早定迁都之计。

杨坚惊呆了——怎么这么巧呢？难道这真的是天意？

他情不自禁地对旁边的高颎、苏威两人说道，是何神也——这实在是太神奇了！

看到这里，小子我忍不住要插嘴：神个屁呀，还不是高颎或者苏威偷偷告诉他的！——这哪里是什么天意，根本就是作弊！庾季才这个滑头哪里是什么善观天象，根本就是善观风向！

不过，毕竟隔了将近一千五百年，杨坚好像听不到我的话，迷信的他对庾季才的话居然深信不疑，不仅当场就重赏了庾季才，还高兴地说，朕自今以后，信有天道矣！

看到本来是自己分内的马屁居然被庾季才抢了个先，主管观测天象的现任太史令就仿佛自己名下的女朋友被别人抢走了一样着急，他再也坐不住了，便也马上上奏说，臣亦发现当有移都之事，天命难违，天命难违呀……

杨坚大喜过望。

然而，直到此刻，他还没有下最后的决心。

毕竟迁都是件大事，不仅花费极大，而且，在新朝初建百废待兴的时候就大兴土木，大臣们会怎样看待自己呢？会不会不利于政局的稳定呢？

就在他还有些迟疑的时候，太师李穆出手了。

踢过球的人都知道，足球场上最重要的是跑位，也就是要能在恰到好处的时间出现在某个关键的地方，不能早一步，也不能晚一步。

搞政治也是一样，你必须知道何时何地自己该出现，何时何地自己该消失。

李穆就是这样一个善于跑位的高手，他总是能恰到好处地出现在杨坚最需要他出现的时候。

在这个关键时刻，李穆给杨坚上书了，他从天意、人望、历史、现实等各个方面，详细阐述了迁都的必要性，言辞极为恳切。

李穆的话彻底打消了杨坚的顾虑。

他终于不再犹豫了：天道聪明，已有征应；太师民望，又有此请。可矣！

公元582年6月24日，杨坚正式下诏，命左仆射高颎、将作大匠（相当于建设部长）刘龙等人主持营建新都。不过事实上他们只是挂名而已，真正负责具体工作的是营新都副监（新都建设副总指挥）宇文恺。

宇文恺是名将宇文忻之弟，但兄弟俩的个性、爱好却完全不同。

宇文忻以武勇著称，他却纯粹是个文人，自幼博览群书，多才多艺。隋朝建立后，他曾担任营宗庙副监，负责修建宗庙，表现极为出色，让杨坚看到了他在建筑方面无与伦比的特长，故而这次他又被委以重任。

宇文恺没有辜负杨坚的信任，在他的主导下，新都的建设可谓日新月异。

开工仅仅9个月后，一座气势恢宏的大都市就顺利建成了。

杨坚把新都命名为大兴城。

他希望他的帝国在他的统治下能又大又兴旺，大大地兴旺，而且，他在北周时初登仕途的爵位就是大兴郡公，他相信，正是大兴这个封号给他带来了好运。

大兴，是多么吉利的一个名字！——当然，这一点上海人是不会同意的。

不过，杨坚和他手下所有的大臣没有一个是上海人，所以，大兴城这个名称也就毫无争议地定了下来。

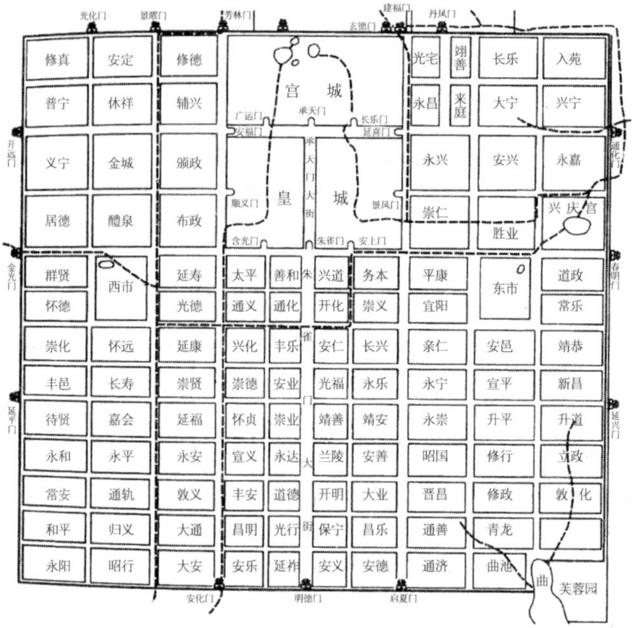


新建成的大兴城不仅是当时世界上最大的城市，也是近代以前人类历史上最大的城市。其东西长 18 里 125 步，南北宽 15 里 175 步，按照现在的计量单位，算起来面积有约 84 平方公里，比明清时的北京城还要大一倍多，仅其宫城中心部分的大兴宫就比明清时的紫禁城要大五倍！

在大兴城的设计上，宇文恺可谓费尽了心思。

龙首原上原有六道高坡，宇文恺认为这正好应了《周易》中乾卦的六爻，便以此作为新城总体规划的基础，把皇宫、官署、寺庙等建筑建在这六道高坡之上，充分显示出皇权、政权和神权的至高无上。

大兴城由宫城、皇城、外郭城三大部分组成。

宫城是皇帝及皇族居住的地方，位于城的正北面，奠定皇帝坐北朝南、统辖百官的格局。

皇城位于宫城的南面，是政府各衙署的办公之处。

外郭城内建有东西南北交错的二十五条大街，把全城分为 108 个坊——坊是当时的居民生活区，每个坊都建有围墙——跟现在的封闭式小区一样。

皇城中间正门的南面有条宽 150 米的朱雀门大街，把大兴城一分为二，东为长安县，西为大兴县，各领 54 坊，并且各占两坊地的东西两市。

全城从南到北共置有 13 列坊，象征一年 12 个月再加 1 个闰月；其中皇城以南 9 列，暗合周礼“王城九逵之制”。

建筑的风格往往取决于业主的喜好，就像我们这里华西村著名的金塔充分体现了老书记个人的审美一样，大兴城也处处都打下了业主杨坚那浓浓的个人印记。

杨坚志向高远，大兴城自然也是大手笔的，规模宏大，雄伟壮观，前所未见。

杨坚处事严谨，大兴城自然也是有规则的，四四方方，秩序井然，等级森严。

杨坚务实勤俭，大兴城的建设自然也以省钱为第一要务，包括太庙在内，新城建造所需的材料大多是由旧城拆迁而来，这不仅节约了大量的资金，也极大地加快了建设的速度。

公元583年3月18日，杨坚率领文武百官浩浩荡荡迁入了新都大兴城。

站在宫城高大巍峨的城楼上，看着远方喷薄而出的太阳，43岁的杨坚豪情满怀，踌躇满志。

他已经建成了史上无人能比的最大城市，他还要建立史上无人能比的最大功绩！

万丈高楼平地起，万世功业现在始！

很快，他又开始了另一项重大工作——改革地方行政制度。

南北朝时期政权更迭频繁，各方战乱频仍，历朝历代或为赏赐功臣，或为拉拢豪门，往往要滥设州郡，广布官吏。

史书描述北齐时期的地方乱象时说，百室之邑，遽立州名，三户之名，空张郡目——有一百家就设一个州，有三户就能设一个郡。

这当然是有些夸张的，但问题的严重性显而易见。

北周的情况也是如此。

北周末年，全国共有211个州，580个郡，1124个县，而当时全国的人口只有约1800万，也就是说平均每个州只有不到九万人！换句话说，当时一个州刺史的实际权力，可能仅相当于现在某些地方的一个镇长，因为两者管辖的人口数量差不多！

如此繁多的地方机构，不仅需要耗费大量的政府财政，而且降低了行政效率，也极大地助长了地方的豪强势力，极不利于中央集权。

公元583年11月，河南道行台兵部尚书杨尚希上书说，当今的郡县，比古代多了几倍。有的地无百里，数县并置；有的户不满千，二郡分领。民少官多，十羊九牧。应该把小的郡县合并或裁撤，如此一来，国家可以减少支出，选官也可以得到贤才。

看到这份上表，杨坚很兴奋，仿佛伯牙遇到了钟子期，蔡锷遇到了小凤仙——真是知音哪，这与他的想法几乎完全不谋而合！

随即他马上决定着手对地方机构进行整顿。

鉴于州郡重叠的情况极为严重，他没有采用杨尚希所提的并小为大的建议，而是更进一步更加彻底——他干脆取消了郡这一级机构！

这个决定一下子就撤销了近六百个郡，而按照当时的规定，郡分九级，最大的上上郡官员有 146 人，最小的下下郡也有 77 人，这次废郡，涉及的官员至少有五六万人之多！

这么多的官员，该怎么安排呢？

要知道，当时郡太守以下的官员都是地方上自行征召的，这些地方官员很多都出身于本地的世家大族，不仅在当地势力很大，而且往往和其他地方甚至朝廷的高官也有着各种错综复杂的关系，总之，背景很深，水也很深。如果对他们不能妥善处置的话，很有可能会酿成变乱，弄不好甚至还会造成不可收拾的后果！

在这一问题的处理上，杨坚没有一味地展示他强硬的铁腕，而是表现出了灵活的手腕——因为他知道什么时候该强硬，什么时候该灵活，就像水在河中，河宽则波平，河窄则浪激，顺风则流速，逆风则行缓，一切都不能绝对，一切都要根据实际情况来定！

他把其中一部分郡官吸收到上一级的州里面，一部分则下放成为县官，而更多的郡官则成了所谓的乡官，不入官品，不理时事，彻底失去了权力。

杨坚做事向来雷厉风行。

仅仅一个月后，废郡的工作就在全国范围内展开，当年年底就基本完成。

汉末以来实行了整整三百年的州、郡、县三级体制就此变成了州、县两级体制。

与此同时，他还进行了一个更重要的改革——把州县机构的僚属改称品官，不仅全部要由吏部任命，而且每年都要进行严格的考评，作为去留或晋级的依据。

他还规定了地方官的任期，刺史、县令任期不得超过三年，品官则是四年。

这一举措在中国历史上具有划时代的意义，之后地方官吏的任用权被彻底收归中央，彻底扭转了自汉末以来豪强左右地方行政的局面，大大巩固了中央集权制度，大大增加了中央对地方的控制力。

从此，中央对地方有了绝对的权威，指挥起来堪称如臂使指，如汽车方向盘指挥车轮。

就这样，在开皇初年短短两三年的时间，三省六部制、《开皇律》、大兴城、州县两级体制……一个个气势恢弘的大手笔，一个个前所未有的新制度，都在杨坚的手上变成了现实！

他以非凡的眼光，非凡的胆略，非凡的魄力，非凡的勤奋，一笔一画地描绘出了自己心目中的蓝图，一砖一瓦地缔造出了自己理想中的制度。

杨坚就是中国封建社会巅峰期的总建筑师！

历史选择了杨坚，杨坚也创造了历史！

尤其难能可贵的是，这些巨大的成就竟然是在外敌四面入侵的严酷环境下取得的！

# 第五章 双管齐下平突厥

## 四面受敌

隋朝建立之初，形势称得上是内忧外患。

最大的威胁是来自北方的突厥。

当时突厥正处于鼎盛时期，其领土东起大兴安岭，西至西海（今哈萨克斯坦的咸海），北到北海（今俄罗斯贝加尔湖），南至漠北，东西长达万里，南北相距五千多里，是北方草原上当之无愧的霸主。

在南北朝末年北齐和北周并立的时候，两国为了和对方竞争，不得不争相拉拢讨好突厥人。据说北周每年要向突厥上贡十万匹绢帛，北齐给突厥的好处也有过之而无不及。

突厥人当然乐于看见这样的局面，当时的突厥大可汗佗钵曾经无比狂妄地说，但使我在南两儿孝顺，何忧无物邪！

然而，自从北周灭齐后，平衡就被打破了，佗钵可汗的如意算盘也被打破了——他不但不能再继续坐收渔翁之利，而且深深感受到了一个统一强大的中原帝国对自己的压力。

就像业界排名第一的公司一定不愿意看到排名第二、第三的两家公司合并一样，陀钵对这样的局面也感到难以接受，因此他不仅收留了原北齐范阳王高绍义，立他为帝，还多次举兵南下入侵，号称要为北齐复仇。

然而，此时的北周虽然还叫北周，却已经不是原来的北周——统一了北方、实力大大增强；此时的周武帝宇文邕虽然还叫宇文邕，但也已经不是原来的宇文邕——北齐已灭，他早已把突厥人当成了最首要的敌人。

公元 578 年 5 月，宇文邕亲自率军讨伐突厥，可惜天不假年，还没来得及出兵就病死了。

继位的周宣帝宇文赟在国内胡作非为，自然无暇顾及对突厥用兵，为换取北方边境的和平，他还同意把赵王宇文招的女儿千金公主嫁给佗钵可汗。

杨坚执政之初，为了全心全意应付内乱，也不得不对突厥人委曲求全。他不仅派人护送千金公主去突厥完婚，还不惜付出重金，通过贿赂的方式使对方送回了高绍义。

但隋朝建立后，杨坚就改变了态度。

他清醒地认识到：突厥就像悬在自己头顶的堰塞湖——随时可能决堤，给自己带来灭顶之灾。要想成就自己统一中国的大业，要想给中原带来长久的和平，就必须先要使突厥臣服！

他决心通过战争的方式击败突厥，彻底解决这个威胁！

因此，杨坚停止了对突厥的岁贡，同时派人整修长城，又任命上柱国阴寿为幽州总管，内史监虞庆则为并州总管，秣马厉兵，做好了与突厥决战的准备。

事实上，杨坚之所以敢对突厥如此强硬，可能也跟其父杨忠有关。

杨忠曾经两次和突厥联兵伐齐，吃过突厥人配合不力、临阵退兵的苦头，对突厥人的战斗力很不以为然，他曾对周武帝说，头上长角的往往是食草动物，表面看上去强大的其实往往只是虚张声势。虽然突厥人看起来很牛气，但实际上他们内部首领多而无法令，甲兵恶而爵赏轻，不过是徒有其表而已，有什么难对付的？

毫无疑问，杨忠的看法对杨坚有着很大的影响——他根本就不怕突厥人。

然而，隋朝这边严阵以待了很久，突厥人却并没有什么动作——因为此时突厥的内部也发生了一次重大的变故。

原来，就在杨坚称帝的这一年，佗钵可汗因病去世，临死前遗命要求立其兄长木杆可汗之子大逻便为新任可汗。

但以佗钵另一个侄子摄图（乙息记可汗之子）为首的突厥贵族，却以大逻便之母出身低微为由，拥立了佗钵之子庵逻。

大逻便当然不服，屡屡与庵逻为难。

庵逻性格软弱，根本控制不了局面，便干脆宣布让贤。

让给谁呢？

那个与他作对的大逻便吗？

当然不可能——他就是宁可让给大便，也不会让给大逻便。

庵逻把可汗的位子给了堂兄摄图，是为沙钵略可汗。

不过，为了安抚大逻便，沙钵略也不得不封他为阿波可汗，同时又封庵逻为第二可汗，封自己的弟弟处罗侯为突利可汗，此外还有其堂叔玷厥雄踞西面，称达头可汗。

诸可汗各统部众，分领四方，共尊沙钵略为大可汗。

正是突厥内部的动乱，让杨坚获得了宝贵的准备时间。

与此同时，南方却并不安定。

早在杨坚称帝之前，南陈皇帝陈顼趁北方内乱，派大将任忠、鲁广达、萧摩诃、周罗睺等人渡江北伐，企图收复淮南。

陈军一度进展颇为顺利，先后攻克了临江郡（今安徽和县乌江）、郭默城（今湖北黄梅）等江淮一带的大片土地。

一时间，隋朝的南方边境形势非常危急。

杨坚问计于高颎。

高颎推荐了两个人——一个是韩擒虎，一个是贺若弼。

韩擒虎出身将门，其父韩雄是北周大将军、中州（今河南灵宝）刺史。

他身材魁伟，高大威猛，手臂可站人，胸口碎大石，有万夫不当之勇，曾经多次率部与陈军作战，屡建战功，威震江淮，后出任和州（今安徽和县）刺史。

和韩擒虎相仿，贺若弼也是将二代，其父贺若敦在北周官拜金州（今陕西安康）总管。贺若敦曾率军在湘州（今湖南长沙）和南陈作战，在孤军被围的不利情况下依然全军而返，自认为功劳很大，没想到却反被当时北周执政的宇文护撤职除名，因此牢骚满腹，颇有怨言。不料后来他的话不断被别人转发，最后竟然转发到了宇文护的耳朵里。

宇文护勃然大怒，逼令其自杀谢罪。

临死前，贺若敦把儿子贺若弼召了过来：我向来有平定江南之志，可惜已经无法实现了，你将来一定要完成我的志向。

接着他又说道，我是因为出言不慎而死的，你一定要引以为戒！切记！

随后他用锥子把贺若弼的舌头刺得满是鲜血。

贺若弼年轻时就以足智多谋而闻名于世，周武帝宇文邕亲政后他出任小内史，很受信任。

当时他的同事内史中大夫王轨对太子宇文赟很不看好，经常在皇帝面前说宇文赟的不是，有一次心直口快的他还把贺若弼给牵了进去：太子没有帝王之才。我和贺若弼讨论过，我们两个看法是一样一样的。

宇文邕随即找到了贺若弼。

关键时刻，贺若弼想起了父亲的遗言，便违心地说道：哪有这回事呀，王轨这都是瞎编的。我没看见皇太子有什么缺点。

这话等于是把王轨给卖了，因此后来王轨忍不住要责备贺若弼：没想到你小子竟然是叛徒！

贺若弼却振振有词地说，管不住自己的舌头，就可能保不住自己的人头。咱们做臣子的，说话之前怎么能不好好考虑呢？

果然如他所言，太子宇文赟即位后，管不住舌头的王轨最终被杀，而管住了舌头的贺若弼却毫发未伤。

之后贺若弼跟随韦孝宽一起攻打淮南，是韦孝宽最倚重的智囊，战后他担任了寿州（今安徽寿县）刺史。

高颎对贺若弼的评价极高：朝臣之内，文武才干，无出贺若弼之右者。

杨坚对高颎的推荐自然是言听计从。

很快，贺若弼升任吴州（今江苏扬州）总管，韩擒虎则出任庐州（今安徽合肥）总管，一东一西，共同负责筹划未来对南陈的作战事宜。

得到了这个任命，贺若弼仿佛蜜蜂见花丛、蛟龙入大海一样兴奋——父亲的遗志，自己终于有机会实现了！

他特意写了一首诗送给自己的好友徐州总管源雄，抒发了自己渴望踏平江南、建功立业的豪情壮志：交河骠骑幕，合浦伏波营，勿使麒麟上，无我二人名！

不过，贺若弼的激情还是来得太早了点——杨坚的确有灭陈的志向，但不是现在。

因为现在有强大的突厥在北面威胁着隋朝的背后，如果没有降服突厥，就大规模对南陈用兵的话，很可能会被突厥人乘虚而入。

因此，杨坚的计划是先北后南，先突厥后南陈，对南陈，目前不应大动干戈。

杨坚的意图从他给寿州（今安徽寿县）总管元孝矩的诏书中就可以看出来。

元孝矩出身于北魏皇族，也是杨坚的亲家——他的女儿嫁给了太子杨勇。元孝矩当时镇守的寿州离南陈边境很近，向来是南北争霸的兵家必争之地，著名的淝水之战就发生在这里。

杨坚在诏书中是这么说的：以公志存远略，今故镇边服，怀柔以礼，称朕意焉。

“怀柔以礼”四个字清楚地说明了杨坚对南陈的方针——对南陈要以笼络为主，要和对方保持礼节，不要擅自开战。

此外，益州总管梁睿也曾主动请命伐陈。

杨坚对他的回应是：陈国来朝，未尽藩节，如公大略，诚须责罪。尚欲且缓其诛，宜知此意——陈国对本朝没有尽到一个藩国的礼节，正如你说的那样，确实应该问罪，但这事我想从长计议，以后再说。希望你明白我的意思。

由此可知，对南陈保持克制是杨坚经过审慎考虑后做出的战略决策。

当然，保持克制，并不是说什么都不做，而是要以战促和——杨坚打算要打一场有限的反击战，把陈军赶回江南，以便震慑南陈，让他们不敢轻举妄动！

然而，此时刚刚建立不久、立足未稳的隋朝简直被当成了一个人尽可欺的弱女子，她刚伸手想挡住那只袭胸的咸猪手，又有人一把撩起了她的裙子——还没等杨坚对南陈动手，位于隋朝西北的吐谷浑也来趁火打劫了！

吐谷浑本出自鲜卑慕容氏，其首领吐谷浑本是西晋时期辽东鲜卑慕容氏大单于慕容廆的庶长兄，公元四世纪初因与慕容廆不和而率部西迁到了今青海、陇西一带建国，以自己的名字吐谷浑为国号，国都设在伏俟城（今青海共和县）。

在北周时期，吐谷浑就很不安分，经常骚扰北周边境，现在看到隋朝初建，吐谷浑国王夸吕自认为有机可乘，便出兵攻打弘州（今甘肃临潭县）、凉州（今甘肃武威）等地。

妈的，给点颜色就想开染坊，开个小卖部就想去纽交所上市，对这种毫无自知之明的小国，杨坚当然不会客气，他马上任命自己的老朋友元谐为行军元帅，率行军总管贺娄子干等人西征，讨伐吐谷浑。

他给元谐的指示是：公总兵西下，目的是要保全黎庶，切勿贪无用之地。王者之师，意在仁义。宜晓示以德，临之以教，谁敢不服也！

很显然，杨坚对此次作战的定性非常明确——保境安民，自卫反击，而不是要灭人之国，夺人之地！

隋朝的百战精锐对付小小吐谷浑的乌合之众，相当于冲锋枪对付红缨枪，结果自然是毫无悬念——隋军势如破竹，连战连捷，先后俘虏、斩杀敌军万余人，打得吐谷浑举国震骇，国王夸吕仓皇逃窜。

之后元谐没有继续扩大战果，而是按照杨坚的要求停止了进攻。

杨坚任命元谐为宁州（今甘肃庆阳）刺史，贺娄子干为凉州刺史，以防备吐谷浑的再次入侵。

西北安宁了，杨坚得以腾出手来专门对付南陈。

公元 581 年 9 月，他任命上柱国长孙览、元景山为行军元帅，从东西两面发兵反击南陈，尚书左仆射高颎则奉命赶赴前线，节度诸军。

隋军水路俱进，攻势凌厉，仅仅两三个月的时间就尽复失地，把陈军赶回了江南。

公元 582 年年初，大批隋军在长江北岸摆开阵势，大有乘胜渡江之势。

53 岁的陈宣帝本打算在杨坚新上台的时候趁机浑水摸鱼，占点便宜，没想到偷鸡不成反而蚀了一把米，立功不成反而丢了一次人，夺人土地不成反而陷自己于险境，当时就又羞又恼，又忧又惧，又惊又急，急火攻心，心力交瘁，很快就一病不起，一命呜呼。

此时的南陈已经危如累卵，但内部却依然纷乱不已。

就在陈宣帝遗体入殓、太子陈叔宝和一大帮亲属趴在地上痛哭的时候，旁边的始兴王陈叔陵（陈宣帝次子）在大庭广众之下突然抽出早已藏在袖子里的切药刀，狠狠地向陈叔宝的脖子上砍去。

然而由于刀太钝（毕竟是切药草的，不是砍人头的），这一刀只是让陈叔宝受了点伤，但吓得倒是不轻——吓晕了过去。

陈叔陵这个二皇子真是够二，居然还想举刀再砍，这时周围的其他人也反应过来了，大家同心协力一起把他制服。

但陈叔陵却趁乱挣脱，逃回了自己的府邸。

随后他一不做，二不休，干脆宣布起兵反叛，但除了他的死党新安王陈伯固外，没有任何人响应——毕竟这世界上像陈叔陵这样大脑里没有脑细胞的人不多。

叛乱很快就被南陈大将萧摩诃平定，陈叔陵被杀。

小子我觉得，如果要评选中国历史上最脑残的政变者，陈叔陵名列前三，可以说毫无争议。

陈叔宝随即即位，这就是大名鼎鼎的陈后主。

与雄心勃勃的父亲相比，陈后主没什么进取之心，有的只是玩乐之心；不关心强国之道，只关心泡妞之道。

别跟我谈什么明天，我只想尽情地享受今天！

只求苟安的陈后主自然不敢和隋朝继续对抗，故而刚一上台，就立即表示愿意归还此前攻占的所有江北土地，请求与隋朝讲和。

看见南陈已经服软，高颎便按照既定的方针，决定见好就收，马上给杨坚上书，请求退兵——理由是南陈宣帝驾崩，礼不伐丧。

杨坚当然立即允许——他现在必须把注意力集中到北边，因为此时北方边境的形势已经异常紧张！

由于隋朝停止了对突厥的上贡，突厥大可汗沙钵略非常恼火，其可贺敦（即突厥可汗之妻）北周千金公主（宇文招之女）也经常鼓动他起兵攻打隋朝，为北周复仇。

因此，等到内部稍一稳定，沙钵略就立即决心对隋朝用兵，他召集各部首领，慷慨激昂地说，我是周室的亲戚，如果隋主自立我却不能制止的话，有何面目见可贺敦！

公元581年年底，沙钵略联合了盘踞在辽东一带的原北齐营州（治所今辽宁辽阳）刺史高宝宁，率军侵犯隋朝。

高宝宁在北齐时期本属默默无闻之辈，甚至连他的身世也根本没人知道，《北齐书》上只说他是“代人也，不知其所从来”——不知是不是跟孙悟空一样从石头缝里蹦出来的。

令人意外的是，这个偏远地区的小州刺史在北齐灭亡后却成了叱咤风云的人物。

北齐后主高纬被周军抓获后，北齐各地都相继投降了北周，但高宝宁却据守辽东，誓死不降，还推举逃亡突厥的原北齐范阳王高绍义为主，自任丞相。

周武帝宇文邕自然容不下这样一个钉子，便派心腹大将宇文神举领兵前去征讨。

没想到高宝宁虽然职位不高，在当地的威信却很高，他联合了契丹、靺鞨（据说是满族的先祖）等东北少数民族各部的首领一起抵抗周军，甚至连高句丽国王也亲自率军前来助战。

一场恶战之后，宇文神举损失惨重，只得知难而退。

高宝宁就此一战成名，威震东北。

他有实力，也有号召力，在辽东根基很深，是当时不可小觑的一股势力。

杨坚对高宝宁也曾争取过，曾经多次写信给他，劝他归顺自己。

然而，跟铁了心想光复北齐的高宝宁谈这些，就相当于跟穿着尿不湿的婴儿谈论人生观世界观一样——完全是白费嘴皮。

由于都有着同一个敌人——隋朝，高宝宁与突厥结盟自然也是顺理成章的事。

这次高宝宁与突厥合兵进犯，由于尚属于试探性质，因而规模并不是很大，很快就被隋军击退。

但这还是让杨坚感受到了极大的压力。

正当他为此绞尽脑汁之际，奉车都尉（掌管御用车辆的官员）长孙晟献上了一计。

## 离强而合弱

长孙晟出身于鲜卑豪门，其曾祖父长孙稚是北魏上党王、太师，他精于骑射，矫捷过人，在当时的贵族子弟中名气很大。

北周末年他担任司卫上士，是杨坚的下属，杨坚对他非常欣赏，曾经拉着他的手对周围的人说,长孙郎武艺逸群,又多奇略,这样的人一定是未来的名将!

北周末年杨坚辅政的时候，长孙晟曾经担任汝南公宇文庆的副手，负责护送千金公主去突厥和亲，在突厥待了很长一段时间。

和所有游牧民族一样，突厥人好勇尚武，因此武功高强的长孙晟在突厥贵族中很吃得开，沙钵略（当时还叫摄图）经常带着一帮弟兄和他一起四处游猎。

有一次看到两只大雕在五百米的高空争夺食物，沙钵略给长孙晟两支箭，对他说，请射取之。

长孙晟也不答话，弯弓就射，一箭发出，“嗖”的一声，两只雕同时应声而落——原来，这一支箭竟然贯穿了两只大雕!

这就是成语“一箭双雕”的由来。

这神奇的一幕把在场的所有人都看呆了。

沙钵略也是如此，他眼珠瞪得好像一条金鱼，嘴巴张得能吞下一条青鱼，对长孙晟神奇的箭术简直佩服得五体投地，当场要求自己的子弟要多和长孙晟交往，以便跟他学习射箭。

长孙晟由此在突厥上层贵族中交往甚广，交情甚密，尤其是沙钵略的弟弟处罗侯，与他更是亲如兄弟，无话不谈。

也正是因为有了这样一段经历，长孙晟对于突厥的山川地形、部众强弱，以及各部首领的性格爱好、生活习惯甚至星座血型，全都了如指掌。

长孙晟给杨坚上书，详细报告了突厥内部沙钵略和达头、阿波、突利等几大可汗不和的内情，提出了“远交而近攻，离强而合弱”的原则，指出应该通过离间突厥各部的关系，使其“首尾猜嫌，腹心离阻”，然后隋朝再乘隙进兵，必可一举成功!

正苦苦思索却苦无良策的杨坚看了这封上书后，仿佛做几何难题时被人在关键的地方添了一条关键的辅助线一样，感觉茅塞顿开，豁然开朗，便马上召长孙晟进宫面谈。

长孙晟一面滔滔不绝地口述突厥内部的形势，一面干脆利落地用笔画出了完整的突厥地图，并在上面详细标注了突厥各部的虚实情况。

杨坚对此大为叹服，当场就拍板决定采纳他的建议。

随后，杨坚派太仆元晖出使到位于沙钵略西边的达头可汗那里，并赐给他狼头纛（即绣有狼头的大旗，突厥人自称是狼的后代，以狼为图腾），表示尊其为突厥君主，对他格外礼敬。甚至达头的使者到了长安，杨坚也将其置于沙钵略的使者之上。

与此同时，杨坚又加封长孙晟为车骑将军，让他携带大量钱币珠宝，前往出使位于沙钵略东面的突利可汗。

长孙晟大展金钱外交，沿途对奚、契丹等东北部族大加收买，对自己的好友突利更是送上无数大礼，同时借机暗中劝他归附隋朝。

杨坚的这一策略果然奏效，从此，沙钵略和达头、突利等各部开始互相猜忌，离心离德。

沙钵略的心情好不郁闷。

雪上加霜的是，老天好像也和他作对，在这整整一年里都没有下过一滴雨雪，塞北草木尽枯，人畜也大量死亡。

只见那：

北国风光，千里干裂，万里无水，望长城外面，惟余黄土；大河上下，顿失滔滔。山舞风沙，原驰秃象，欲与撒哈拉试比荒。须晴日，看黄沙漫漫，分外苍凉。

江山如此多灾，让沙钵略不得不把矛头对准了隋朝。

公元 582 年 4 月，沙钵略派出两支军队南下，一路进犯鸡头山（位于今甘肃镇原县），被隋朝大将军韩僧寿（韩擒虎之弟）击退；另一路攻击河北山（今内蒙古狼山），也被隋朝上柱国李充打败。

不过这充其量只相当于歌曲的前奏、大赛前的热身而已。

真正的大战出现在一个月后。

这年 5 月，沙钵略统领达头、阿波、突利、贪汗（阿波之弟）、潘那五大可汗和四十万大军倾巢而出，全线入侵隋朝。

与此同时，辽东的高宝宁也与其配合，向平州（今河北卢龙县）发起进攻。

一场草原霸主和中原猛龙之间的强强大战就此爆发！

一场改变双方命运、改变东北亚甚至整个世界格局的大战就此爆发！

战事伊始，双方互有胜负。

隋朝的上柱国李充作风勇猛，在马邑（今山西朔州）多次打退突厥军的攻击；凉州总管贺娄子干则以智取胜，他据河立营，切断了来犯敌军的水源，在突厥军人马疲敝之际，纵兵出击，大破敌军。

不过，在长达数千里的战线上，隋军也多处被突厥军突破。

驻守幽州（今天津蓟县）的上柱国李崇、驻守乙弗泊（今青海乐都县西）的柱国冯昱、驻守临洮（今甘肃岷县）的兰州总管叱李长叉等人，都先后被突厥击败。

形势危急，杨坚连忙调兵遣将，任命自己的姐夫左武侯大将军窦荣定出任秦州（今甘肃天水）总管，主持西北地区防务，以阻止突厥的进一步行动。

然而，到这年的 10 月，突厥还是突破了木峡、石门两个重要的关口（均位于今宁夏固原的六盘山），随后继续挥师东南，对隋朝的都城长安构成了极大的威胁。

就在此时，杨坚却因操劳过度而病倒了。

但他依然镇定自若，一举一动依然有条不紊——他一面命太子杨勇出镇咸阳，统筹全局；一面又命自己的心腹爱将内史监虞庆则为行军元帅，日夜兼程，火速率军赶往弘化（今甘肃庆阳）拒敌。

到弘化后，虞庆则率主力留在城内休整，命行军总管达奚长儒率军两千继续西进，侦察敌情。

达奚长儒是一名百战老将，早在公元 553 年西魏攻取益州时他就担任了先锋，之后他又参与了平齐、击陈以及讨伐王谦叛乱等多次战役，屡建战功，此时他的职位是上大将军。

出城后没过多久，达奚长儒就在周盘（今甘肃庆阳境内）遭遇了沙钵略亲自率领的十几万突厥主力。

将士们大惊失色——怎么能不惊慌呢？两千对十几万，那不是以一当十，而是以一当几十！

达奚长儒却神色不变，好像遇到的不是无边无际的敌军，而是无边无际的羊群！

他勉励大家说，越是不怕死，越是不会死。越是形势紧张，越是不能慌张。如今我们身处死地，唯有抱定必死之决心，拼死作战，才能从绝望中拼出希望，从死路中杀出生路！

他把全军集结成阵，且战且退。

突厥骑兵如排山倒海一般向隋军袭来。

隋军在达奚长儒的带领下奋勇抵抗。

由于众寡悬殊，隋军的阵型还是多次被突厥军冲乱，但在达奚长儒的指挥下，凭借高超的战术素养和坚强的战斗意志，每次他们都能像记忆合金那样很快就自动恢复原状，重新集结成阵。

就这样，达奚长儒和他麾下的两千士兵连续十四次击退了数十倍于己的敌人的攻击，坚持了整整三天三夜！

到后来，箭射完了，刀刃卷了，枪折断了，所有的武器都不能用了，隋军将士就用拳头跟对方搏战。

再后来，皮磨掉了，肉模糊了，拳头露出了骨头，隋军将士就忍着痛用骨头和敌军拼杀。

达奚长儒本人身上五处受伤，其中两处甚至前后贯穿，但他依然坚持战斗，依然如高山般屹立不倒。

鲜血染红了他的身体，但他的身躯却依然挺拔。

汗水润湿了他的眼睛，但他的眼光却依然坚定。

敌军充满了他的四周，但他却依然相信，胜利就在前方。

天黑了，天又亮了。

突厥兵冲上来了，突厥兵又被击退了。

前面的隋军将士战死了，后面的隋军将士又顶上来了。

在三天的恶战中，两千名隋军将士众志成城，前仆后继，虽然死伤大半，杀敌却数以万计！

他们始终保持着同样的方阵（尽管这个方阵的面积已经越来越小），边战边退，逐渐退到了弘化城外。

可是驻守在弘化城内的隋军主帅虞庆则见突厥势大，竟然不敢出兵救援。

达奚长儒和他的部下只得继续坚持，继续孤军奋战。

他们就像狂风巨浪中的一叶小舟，尽管一次次被汹涌的波涛卷入水底，却又一次次不可思议地浮了上来，而且始终保持着正确的航向！

突厥人惊呆了。

他们本来以为自己以十几万人对阵区区两千人，是可以像以石击卵一样轻松获胜的，没想到隋军竟然如此顽强，如此难以对付，就像蒸不熟、煮不烂、捶不扁、炒不爆响当当一粒铜豌豆——无论牙口多好，你都咬不动！

看到自己的进攻一次又一次被隋军击退，看到自己的同伴一个又一个被隋军击倒，突厥人的斗志终于被彻底击垮了。

他们选择了放弃——匆匆焚烧了同伴的尸体，解围而去。

两千人最终击退了十几万人，达奚长儒创造了奇迹！

他是真正的硬汉！

什么是硬汉？

许褚裸衣战马超，那不叫硬汉，那叫鲁莽。

鲁智深倒拔垂杨柳，那不叫硬汉，那叫蛮力。

詹姆士·邦德纵横四海所向披靡，那不叫硬汉，那叫表演。

只有像达奚长儒这样，在极端不利的情况下，依然战斗到底、决不放弃的人，才是真正的硬汉！

达奚长儒的英雄事迹很快传遍了全国。

杨坚也非常兴奋，专门下诏给予褒奖，言语间极尽赞美之词：若非英威奋发，奉国情深，抚御有方，士卒用命，岂能以少破众，若斯之伟？

同时他越级加封达奚长儒为上柱国，此役所有阵亡将士也一律追赠升官三级，并让其子孙袭爵。

这一战的失利也极大地影响了突厥人的士气，打击了突厥人的信心。

下一步该何去何从？

突厥人的内部现了分歧。

沙钵略打算继续南侵。

但达头却不愿意——一方面是由于隋朝之前的统战工作，他和隋朝作战的意愿并不强；另一方面是因为此时他后方的于阗（古西域王国，都城在今新疆和田）、挹怛（又名㕑哒，古西域王国，在于阗以西）等地都发生了叛乱，他当然不能不顾。

两人各执己见，无法达成一致。

最终，达头没有听沙钵略的，率部裹挟着战利品返回西域。

沙钵略则一意孤行，依然想要继续南下。

关键时刻，特工之王长孙晟出手了。

他偷偷找到了与他关系最好的突利可汗处罗侯之子染干。

经过他的一番鼓动，染干匆匆跑到沙钵略帐中汇报：不好了，大可汗，刚刚得到消息，北方的铁勒人造反，要偷袭我们！

这次攻隋，突厥几乎是全军出动，现在听说后院起火，沙钵略自然是大惊失色——必须马上回去，否则，很可能老巢不保！

他立即率部匆匆退往塞北，同时把被他攻占的武威（今甘肃武威）、金城（今甘肃兰州）等地掳掠一空。

突厥终于退兵了！

杨坚脑海里那根一直紧绷的弦终于放松了一下，却很快又重新绷紧了。

因为他知道，这一切只是暂时的，此战突厥的实力并没有受到大的损失，也许他们很快就会卷土重来！

而经历了这一次考验后，杨坚对突厥的战斗力也有了清晰的认识——突厥人虽然貌似强大，但其实只是外强中干的纸老虎，只要自己全力以赴，就一定能战而胜之！

他决心改变被动挨打的局面，转守为攻，主动出击，彻底把突厥打服！

为此，他做了充分的准备。

为了避免两线作战，在南线，杨坚刻意放下身段，向南陈示好。

他多次派使臣出访南陈，反复强调，隋陈两国是一衣带水的友好邻邦，要增进互信，加强交流，和平共处，世世代代地友好下去。

同时，他按照互相尊重主权和领土完整的原则，即使南陈有人要献地投降隋朝，他也不予接受。

杨坚递过来的橄榄枝对于沉迷于温柔乡中的陈后主来说，相当于想睡觉有人送枕头、想打架有人送砖头、想接吻有人送舌头，哪里有不接受的道理？

之后的几年，隋陈两国边境一直相安无事，鸡犬之声相闻，使臣频繁往来。

不仅对南陈，对自己位于江陵的附庸小国后梁，他也很注意笼络。

公元 582 年 12 月，也就是突厥刚退兵不久，他就为自己的次子晋王杨广纳后梁主萧岿之女为妃——后梁虽然没什么实力，但兰陵萧氏却是南朝的皇族，而且是文化世家，在南方地区影响很大，和萧家结亲，对于帝国南线的安定大有裨益。

除此以外，杨坚还下令罢免了从西魏开始就设立的负责监控后梁政权的江陵总管府。

后梁主萧岿对此感恩戴德，对杨坚也更加死心塌地。

南线无忧，杨坚因此得以专注于北线的战事。

## 敦煌戍卒史万岁

公元 583 年 4 月，突厥又数次骚扰隋朝边境。

杨坚以此为由，下诏宣布讨伐突厥，这封诏书写得极有气势：东极沧海，西尽流沙，纵百胜之兵，横万里之众，亘朔野之追蹑，望天崖而一扫。何敌能当，何远不服！……诸将今行，义兼含育，有降者纳，有违者死。使其不敢南望，永服威刑！

“东极沧海，西尽流沙”说明这是一次规模极大的全面出击；

“使其不敢南望，永服威刑”则指出了此次战役的目标——不是为了扩张领土，灭掉突厥，而是为了让突厥镇服，从此不敢南侵！

隋军以卫王杨爽、河间王杨弘、秦州总管窦荣定、上柱国豆卢绩、左仆射高颎、内史监虞庆则等人为行军元帅，兵分八路，向突厥发起全线进攻。

其中，杨爽担任中路军主帅，并且节度诸军。

时年 21 岁的杨爽是杨坚的五弟，也是最小的弟弟，比杨坚的长女杨丽华还要小两岁，父亲杨忠去世的时候，他还是 6 岁的幼儿，之后便一直由大嫂独孤皇后抚养长大，因此极受杨坚的宠爱。

顺便说一句，据说杨爽还是《隋唐演义》里靠山王杨林的原型。

这次杨爽率上柱国李充等四位行军总管由朔州（今山西朔州）道出塞，在白道（今内蒙古武川）附近发现了沙钵略率领的突厥军。

李充近年来一直担任朔州总管，与突厥多次交过手，深知突厥人的底细，他向杨爽建议说：突厥近年来多次获胜，骄傲自大，一定想不到我军会主动进攻他。如果让我率精兵突袭，一定能够获胜！

杨爽深以为然，便命李充统精骑五千，前往偷袭沙钵略军。

事实的确如李充所言，在突厥人的眼里，他们是狼，隋朝人是羊，从来只有狼攻击羊,哪里有羊攻击狼的道理？——你看动画片里的喜羊羊再怎么聪明，也只限于自保，也不敢随随便便地攻击灰太狼吧。

因此突厥军做梦也没想到隋军会这么做，顿时猝不及防，乱成了一锅粥。

常言道，成功总是青睐有准备的人。当然，这话反过来说也成立：失败总是青睐没准备的人。

这样的一场战斗，结果自然毫无悬念——隋军大获全胜，俘虏数千人，缴获牛羊数万头。

沙钵略本人也非常狼狈，他身受重伤，躲在茂盛的草丛中，屁都不敢放，气都不敢出，这才勉强躲过了隋军的搜寻，得以侥幸逃脱。

台风过后的大地满目疮痍，惨败之后的突厥分外悲惨。

由于持续不断的旱灾，突厥人近一年来一直缺衣少食，而在此战中他们又损失了大量牛羊，饥荒情况自然也就更加严重——饥饿指数从原来的橙色预警变成了红色预警，伙食定量从原来的每人每天六两变成了每人每天二两。

这点东西喂一只猫都不够，怎么可能填饱他们的肚子？

无奈之下，突厥人只好把尸骨粉碎为粮以果腹充饥，但这又导致了疫病的流行，一时间，死者极多，尸横遍野，可谓惨不忍睹。

与此同时，在东北方向，幽州总管阴寿则率军十万出卢龙塞（今河北迁西县喜峰口），攻打盘踞辽东的高宝宁。

高宝宁慌忙向突厥求救，但此时的突厥早已自顾不暇，哪里能顾得上他？

孤立无援的高宝宁根本抵挡不住隋军凌厉的攻势，无奈只得放弃老巢黄龙城（今辽宁朝阳），逃到了漠北。

之后，阴寿留部将成道昂镇守黄龙，自己则率军返回幽州。

然而，游击大师高宝宁深谙“敌进我退，敌驻我扰，敌疲我打”的游击战术精髓，等到阴寿大军刚刚退走，他又带着契丹、靺鞨等部族的一帮喽啰反攻黄龙城。

成道昂苦战多日，才勉强打退了高宝宁的进攻。

阴寿对高宝宁这个烦人的流窜犯深感头痛，不过他很快就想出了一招。

阴寿派人潜入高宝宁军的内部，用重金收买了高宝宁的亲信赵世模等人，同时又四处散布重金悬赏高宝宁的消息。

这一招在流离失所、缺衣少食的高宝宁军中非常奏效，没过多久，赵世模等人纷纷率部来降，叛军内部土崩瓦解。

穷途末路的高宝宁只得率少数残部再次北逃，想要投奔契丹。

但他的部下赵修罗等人已经失去了信心，加上难以抵御重赏的诱惑，便在中途杀了高宝宁，随即提着他的首级前往阴寿的大营领赏。

东北自此宣告平定。

铲除高宝宁，对此时的隋朝来说意义十分重大——不仅从根本上解决了东北的边患，完成了周武帝未竟的统一事业，巩固了隋朝在河北等原北齐地区的统治，而且使突厥失去了一个重要的盟友。

从此，排除了高宝宁骚扰的隋朝就可以全心全意对付突厥这个敌人了。

隋军在西北方向也取得了很大的战果。

河间王杨弘率军从灵州（今宁夏灵武）道出塞，大破突厥军；

他麾下的行军总管庞晃则率部从贺兰山（位于今宁夏北部）长驱直入，势如破竹，斩首数千级而回。

相对于顺风顺水的杨弘，秦州总管窦荣定这一路就要艰难得多了。

他率步骑三万出凉州（治所今甘肃武威），在高越原（今甘肃民勤西北）遇到了阿波可汗率领的突厥大军。

高越原地处戈壁荒原，寸草不生，干旱无比，要找到水源，其难度恐怕不亚于找到 MH370 的下落。

由于情况不熟，隋军随身携带的水很少，很快就喝完了。将士们只好刺马饮血以补充水分，但这毕竟是杯水车薪，根本解决不了问题，因此还没等开战，隋军就已经死了不少。

这样下去，恐怕不等敌军攻击，隋军就已经不战自败了，不，是不战自毙！

窦荣定对此束手无策，只好四十五度角仰望炽热的太阳，发出一声长叹：难道这是天要亡我吗？

大漠戈壁的气候变幻莫测，变起天来就跟某些女人变起心来一样——突如其来，完全没有预兆。

窦荣定的话音未落，忽然天色大暗，瓢泼大雨从天而降，短短的几个时辰，降雨量就达到了 100 毫米。

隋军的饮水问题就这样彻底得到了解决。

久旱逢甘霖，绝处逢生机，隋军上下士气大振。

随后窦荣定指挥部队乘势进击，屡次击败突厥军。

然而阿波可汗也非常强悍，尽管战事不利，但他很快再次占据了有利地形，稳住了阵脚。

之后，两军又重新陷入了对峙局面。

时间一天天地过去，就在窦荣定苦思破敌之策而不得的时候，突然有人叩辕门求见。

“来者何人？”

“敦煌戍卒史万岁！”

史万岁是京兆杜陵（今陕西西安南郊杜陵原）人，出身于武将世家，其父史静曾任北周刺史，后在平齐一战中战死。

也许是受家庭影响，史万岁从小就练就了一身过人的武艺，《隋书》称之为“精骑射，矫捷若飞”。不过你别以为他是一介武夫，事实上，他还熟读兵书，深谙兵法，此外还有一个很奇葩的爱好——精通占卜。

尉迟迥叛乱的时候，史万岁担任开府，隶属于名将梁士彦的手下。

有一次在行军的时候，看到天上飞过一群大雁，史万岁对梁士彦说，让我来射排在第三位的那一只！

随后他一箭射出，雁群中那只倒霉的小三应弦而落。

全军上下对他的箭术无不叹服。

和叛军作战时，每次他都奋不顾身地冲锋在前，屡立战功。

邺城一战开始的时候，叛军在尉迟迥的指挥下攻势极猛，政府军连连败退。

关键时刻，史万岁大呼一声：事急矣，吾当破之！

随后他拍马冲入敌阵，连续击杀数十名叛军，如入无人之境。他的英勇表现大大鼓舞了部队的士气，为政府军后来扭转战局立下了大功。

战后论功行赏，史万岁被越级擢升为上大将军。

这一年他才三十一岁。

世家出身，烈士子弟，年轻有为，功勋卓著，看起来，史万岁的前途似乎是一片光明——柱国，上柱国……几乎已经唾手可得。

然而，人生就像心电图——只要你没挂，它总是充满了波折。

就在史万岁春风得意马蹄疾的时候，突然马失前蹄，摔了个大跟头——大将军尔朱勋谋反，史万岁也受到了牵连，被开除党籍，免去所有职务，一撸到底，发配到了毗邻突厥的敦煌当了一名戍卒，也就是大头兵一个。

新兵往往要被那些老兵油子欺负，初来乍到的史万岁就受到了队长的欺辱。

这个队长非常自负，当然他的自负也是有理由的——此人武艺高强，胆识过人，经常单枪匹马闯进突厥的领地，掳掠羊马而回。突厥人见识过他的厉害，对他非常惧怕，看见他就像幼儿园小朋友看见老师一样，根本不敢阻挡。

队长看不起史万岁，史万岁心中不服，便自称也有武艺。

队长不信，要他表演一下骑射功夫：你行的话，我才信你。

史万岁二话不说，提弓上马，驰入突厥境内，很快就抢得大批牛羊，满载而归。

队长一下子对他刮目相看。

之后的日子里，两人经常结伴同行，深入突厥数百里，四处抢掠，来去如风，突厥人对他们畏之如虎，任其来去。

一时间，“追风双侠”、“敦煌戍卒史万岁”的威名传遍了大漠内外。

不过，史万岁追求的可不是什么民间侠士，他追求的是名垂青史！

他时刻都渴望着重返刀光剑影的战场，建不世之功，扬万世之名！

他相信，湿透的衣服迟早会干，暗淡的人生迟早会有大放光芒的一天！

这一天很快就到了。

得知窦荣定在离敦煌不远的高越原讨伐突厥，史万岁觉得自己的机会来了，便马上辞别队长，从敦煌出发，星夜兼程，赶来投军。

窦荣定此时正和阿波两军相持不下，苦无良策，见到史万岁这个威名远扬的勇将，就如西门庆看见潘金莲一样——顿时眼前一亮。

该怎样发挥史万岁的作用？

窦荣定眼珠一转，马上就有了主意。

他派人给阿波传话说：与其这样旷日持久地对垒下去，不如咱们各派一个壮士出来单挑，以决胜负！

阿波可汗立即应允——在突厥这样的游牧民族，可能会缺水缺粮缺衣缺美女缺文人缺心眼，但绝不会缺勇士。

随后出现的一幕，是在演义和评书中司空见惯、在正史中却少之又少的武将单挑镜头。

阿波派出一员猛将出阵挑战。

窦荣定命史万岁应战。

史万岁跃马上前。

一道寒光闪过。

一声惨叫飘过。

转眼间敌将的首级已经在史万岁的手中。

见此情景，阿波可汗大惊失色，不敢再战，只好按照约定，引军退去。

但他并没有走远，因为他觉得就这样灰头土脸地回去未免太没面子了。

就在阿波感到举棋不定进退维谷之际，长孙晟出招了。

此时他正在窦荣定的军中担任偏将，派人给阿波传话说，摄图（沙钵略）跟隋朝作战经常能获胜，你却一败再败。况且摄图和你一向不对付。你这次回去，他必然要怪罪于你，甚至会找理由吃掉你，可汗你自己想想，你斗得过摄图吗？你怎么办？

针灸大师的每一针都会刺中病人关键的穴位，外交大师长孙晟的每一个字都击中了阿波关注的要害。

这番话不长，却在阿波的心里生成了一股强劲的热带气旋，让他原本风平浪静的心海从此变得动荡不安。

是的，他本来是陀钵可汗指定的接班人，正是由于沙钵略的阻挠他才与汗位失之交臂！

他对沙钵略早就充满了怨恨，而沙钵略对他也十分猜忌，两人一直貌合神离。长孙晟所说的情况，的确很可能发生。

怎么办？

阿波心乱如麻，思来想去，越想越没头绪，最后他觉得解铃还须系铃人，答题还须出题者，便派出使者专程向长孙晟请教。

这一切早在长孙晟的预料之中，他马上提出了自己早已准备好的解决方案：如今达头和隋朝交好，摄图不能制。可汗你何不依附大隋天子，同时联合达头，此万全之计也。怎么可以以负罪之身，还归摄图，受其侮辱呢？

听了这个建议，阿波的心情顿时豁然开朗——是的，和隋朝结盟，就这么办！

他立即与窦荣定签订停战协议，同时派遣使臣，跟随长孙晟到长安请和，一切安排妥当后，才引兵返回。

然而，就在阿波退兵的同时，突厥和隋朝在幽州又爆发了一场大战。

平定高宝宁后还不到一个月，隋朝幽州总管阴寿的阳寿就尽了——功成身逝去世了，继任的是李穆的侄子上柱国李崇。

在李崇的运作下，加上看见隋朝在和突厥的争斗中屡屡获胜，契丹、奚、霫（读 xí）等墙头草一般的东北少数民族纷纷背弃突厥，归顺隋朝。

这一归顺，却出了问题。

突厥东部地区的首领是沙钵略的弟弟处罗侯，契丹、奚等民族此前一直属于他的势力范围，此人和长孙晟关系不错，本来在侵犯隋朝的战事中并不十分卖力，但现在看见自己的利益受损，他也无法忍受了。

公元 583 年 6 月，处罗侯集结了重兵，猛攻幽州。

由于前不久刚刚取得了一场大胜，隋军上下根本没想到突厥人会在这个时候攻击自己，所以毫无防备，幽州城内此时的兵马并不多。

李崇没有死守城池——因为这样做的话，即使幽州城能守住，周边地区也肯定会被突厥人劫掠一空。

他选择了主动出击——留下部分军队守城，自己则亲率步骑三千，出城拒敌。

由于众寡悬殊，迎接李崇的是一场接一场的恶战。

转战十余日后，李崇所部被突厥大军围困于一个叫砂城的小城堡。

砂城荒废已久，根本无险可守，而隋军又没有粮草，显然已经陷入绝境。

但顽强的李崇依然不肯放弃，为了解决军粮问题，他每到晚上就率军出城偷袭突厥军营，夺取牲畜以供食用。

然而，由于连日苦战，隋军的人数还是越来越少，最后李崇手下仅剩一百多人，且大多受了伤，又一直在忍饥挨饿，难以再战。

突厥人知道胜券在握，因此也不急于攻城，而是派出使者企图招降李崇，被李崇严词拒绝。

此时李崇也自知不免，决心以死报国：有心杀敌，无力回天。我丧师失地，唯有一死以谢国家！

接着他勉励大家找机会突围，向皇帝复命，自己则仰天大呼：有去无回，有死无生！

随后单枪匹马冲入敌阵，在杀死两名突厥兵后，被敌军如蝗的箭雨射成了刺猬，壮烈牺牲，时年 48 岁。

李崇，无愧于他名字中的这个“崇”字！

## 降服突厥

李崇战死后，处罗侯并没有乘机进军，扩大战果，而是很快就领兵退走了。

因为他此时突然得到消息，突厥内部发生了惊天巨变！

事情是这样的：

几乎就在阿波向隋朝请和的同时，沙钵略就知道了——谁告诉他的？不知道。小子我猜测，很可能是长孙晟。

一听说这事，沙钵略肺都气炸了——我是突厥大可汗，你居然敢背着我和隋朝谈和，哪里还有一点点组织纪律性！电脑删除文件还问个“Yes or no”呢，你倒好，直接就把我这个大可汗当空气了！

他对桀骜不驯的阿波早就看不顺眼了，早就想废掉他了，现在阿波这么做，他觉得正好可以给他扣上“叛徒、内奸”的帽子，把他彻底打倒！

说干就干，他立即率军奔袭阿波的老巢。

此时阿波还在回来的路上，家里留守的人员不多，加上群龙无首，又猝不及防，怎么可能是沙钵略的对手？

这一战，沙钵略尽获其众，尽取其地，还杀了阿波的母亲。

正是沙钵略这一行为直接导致了突厥的分裂！

不过他这么做其实也是别无选择——阿波、达头都已经背弃了自己，和自己的敌人隋朝结盟，如果他不先下手为强，大可汗这个位子还坐得稳吗？

再看阿波。

得知老巢被占、老母被杀的消息，阿波怒火中烧，当场发誓：不报此仇，誓不为人！

然而此时他已无家可归，无处可去，只好率部西奔，投靠达头。

随后他向达头借得十万兵马，气势汹汹地回师东进，去找沙钵略算账。

突厥的内战就此爆发。

而随着沙钵略和阿波两大可汗的反目成仇，突厥内部的其他势力也迅速分化。

贪汗可汗是阿波的弟弟，自然毫不犹豫地站到了哥哥这边。

沙钵略的堂弟地勤察一向不满沙钵略的骄横跋扈，这时也率部脱离沙钵略，和阿波并肩战斗。

从此，突厥正式分裂成了东西两大集团——东突厥以沙钵略和其弟处罗侯为首，西突厥则以阿波、达头等人为首，双方势不两立，征战不休。

长孙晟的反间计大见成效。

他敏锐地察觉到了突厥大可汗沙钵略和其他几个小可汗之间的潜在矛盾，随后见缝插针，借力打力，四两拨千斤，把潜在的矛盾表面化，把简单的矛盾复杂化，把小矛盾激化成大矛盾，把大矛盾激化成无法调和的矛盾，最终使其兵戎相见！

季节总是不停地轮回，历史总是不断地重复。

十几年前的一幕现在又重演了，只不过是对象却换了。

那时，突厥是统一的，中原是分裂的，北齐和北周为了在竞争中获胜争相讨好突厥；

现在，中原是统一的，突厥是分裂的，东西突厥为了在内战中获胜争相向隋朝求援。

杨坚当然不可能答应。

突厥的内斗正是出于他和长孙晟的策划，他怎么会破坏自己来之不易的成果？

因此他毫不犹豫地拒绝了突厥各方的请求，选择了袖手旁观。

转眼一年多过去了。

到了公元584年9月，突厥内部旷日持久的争战逐渐分出了胜负。

正所谓猛虎难敌群狼，沙钵略虽然以悍勇著称，但还是抵挡不住阿波、达头、贪汗等人的联合攻势，以至于一败再败，几无还手之力。

几乎每一天，他都要问自己同样的问题：

又打仗，天天打仗；又失败，次次失败——这日子怎么过？

思虑再三，他不得不低下了高傲的脑袋，硬着头皮向昔日的敌人隋朝称臣求援。

为表示诚意，其可贺敦千金公主宇文氏还请求改姓杨氏，认杨坚为干爹。

为了求生，连认仇作父这样的事都干出来了，可见沙钵略夫妇此时的处境有多困难！

这一点，连杨坚的次子年仅十六岁的晋王杨广也看出来了，他激动地向父亲建议：父皇，咱们趁机出兵，灭了东突厥吧。

杨坚笑了：你呀，图样图森破……

按照“离强而合弱”的既定原则，杨坚欣然接受了沙钵略的要求，同时册封千金公主为大义公主。

很显然，这是个带有讽刺性的封号——你主动要求做我这个杀父仇人的干女儿，真是大义灭亲哪！

不过，对于这些沙钵略夫妇已经顾不上了，因为此时他们几乎已濒临绝境、危在旦夕，如果得不到隋朝的帮助，恐怕连生存都有问题。

杨坚派使者前往突厥，传达了自己的旨意。

沙钵略随即上表谢恩：从天生大突厥天下贤圣天子伊利居卢设莫何沙体略可汗致书大隋皇帝：皇帝妇父，乃是翁比。此为女夫，乃是儿例。两境虽殊，情义如一。自今子子孙孙，乃至万世，亲好不绝。上天为证，终不违负！此国羊马，皆皇帝之畜。彼之缯彩，皆此国之物。

看到这个表文，杨坚心里非常不爽。

开头就是长长的一大堆头衔——像富二代炫富一样；后面还说什么“此国

羊马，皆皇帝之畜。彼之缯彩，皆此国之物”——看起来几乎和自己完全对等！

这哪里是臣服，根本就是不服！

这怎么行？

杨坚立即给沙钵略回信，称将派特使前来看望干女儿大义公主，顺便也慰问一下干女婿沙钵略。

尚书右仆射虞庆则担任正使，车骑将军长孙晟则出任副使。

很快，虞庆则一行到了突厥。

沙钵略对此早已做好了充分的准备。

虽然已经今非昔比，但该摆的谱还得摆。

大帐外，大批突厥士兵全副武装，手持刀枪分列两旁。

大帐内，无数金银珠宝排列整齐，闪闪发光光彩照人。

沙钵略傲气十足地坐在大帐正中，等着虞庆则向他行礼。

很显然，他的意思是：我依然有强大的军队，我依然有无尽的财富，我依然是突厥的大汗，我依然可以与隋朝皇帝平起平坐！

对沙钵略刻意安排的盛大排场，虞庆则视若无物——就像亿万富豪面对一块钱的硬币一样。

他只是平心静气地对沙钵略说了四个字：跪接圣旨——我不管你摆多大的架子，皇帝的诏书必须跪接，才能表明你臣服的诚意。

沙钵略坐在椅子上一动不动，随口说道，不好意思，我身体欠佳，不好起身。

不过，这样的谎话似乎连他自己也不相信，于是他又补充道，我父伯以来，不向人拜——这倒是句实话，作为近几十年来的东亚霸主，突厥可汗一向都不可一世，什么时候跪拜过别人？

虞庆则当然不会就此屈服，他还是坚持要沙钵略下跪。

沙钵略对此置若罔闻。

虞庆则指责沙钵略无礼。

一时间，气氛陡然紧张，紧张得让人透不过气来。

眼看陷入了僵局，千金公主出面了。

她走到虞庆则身边，轻轻对他耳语：可汗豺狼性；过与争，将啮人——可汗这个人像狼一样，你别把他逼得太急，否则会吃人的。

显然这话暗含威胁。

不过，虞庆则脑子清楚得很，如今的沙钵略只不过是外强中干，有什么可怕的？

他还是寸步不让，依然坚持自己的原则。

随着时间一分一秒地过去，空气中火药味的浓度越来越高，仿佛只要有一丁点的火星，就会发生爆炸，酿成不可收拾的后果。

扭转这一局面的是长孙晟。

他和颜悦色地对沙钵略说，突厥与隋俱大国天子，可汗不起，安敢违意。

这话说到沙钵略的心坎里去了，他立即点点头，表示同意。

然而，接下来长孙晟却话锋一转：但可贺敦为帝女，则可汗是大隋女婿，怎能不敬妇翁！

这话说得有理有据，而且也给了沙钵略一个改变主意的台阶。

沙钵略陷入了思考。

他本想以气势逼隋使屈服，让他保有和隋朝平起平坐的面子，但虞庆则的表现让他知道这绝无可能。

现在他只能让步，也必须让步，因为他毕竟有求于隋朝——如果得不到隋朝的支持，光凭他自己根本对抗不了阿波！

如今他和隋朝的关系就像鱼和水的关系，鱼没有水就一定会死，而水没有鱼却根本无所谓！

弱国无外交哇！

这样一想，沙钵略终于清醒过来了——如果再这样一味地死要面子，自己就可能会失去脑袋瓜子！

他决定顺着长孙晟给的台阶往下走。

他也只能顺着长孙晟给的台阶往下走。

他苦笑着对手下大臣们说，须拜妇翁！

接着他走下堂来，伏地叩头，跪着接过了诏书。

可是这样的行为让他感到十分屈辱，他强忍泪水，却依然还是泪流满面。

他手下的大臣们也纷纷抱头痛哭。

是呀，这实在是太丢人了，即使当年沙钵略的叔父陀钵可汗称北齐北周为两个儿子，可人家中原皇帝也没有跪拜过你！

沙钵略和这些突厥贵族，原本一直是牛气冲天、说一不二的角色，现在却突然要切换到奴颜婢膝看人脸色的界面，如此巨大的落差，有谁能够接受！

然而，还没等他们的情绪缓过来，虞庆则又提了个更进一步的要求——沙钵略在上表时必须称臣。

沙钵略对此一头雾水：What？臣是个什么东西？

左右有人回答说，隋朝的臣，就相当于突厥的奴。

沙钵略听了心里更不是滋味，但此时他跪都跪了，面子早就没了，哪还有什么放不下的？——这就跟妓女只要接了一次客之后往往就会彻底放开是一样的道理。

于是，他干脆顺势对虞庆则说道，得以成为大隋天子之奴，全靠了你虞仆射呀。

这话虽然听上去有些肉麻，但其实也多少反映了他此时的心声——刚才如果不是虞庆则一味坚持，自己的傲慢说不定早就毁了两国的关系，坏了自己的大事！

为表示感谢，随后他又送给虞庆则一千匹马，还把自己的堂妹嫁给了他。

虞庆则毫不客气，全盘收下。

从此，东突厥算是正式归附了隋朝。

不过，杨坚并没有改变他不偏不倚、坐山观虎斗的既定政策，在接纳沙钵略之后，他又派上大将军元契出使西突厥，以安抚阿波可汗，并再三强调，我对贵国两派之间的争端不持立场。

而东西突厥的争斗还在持续。

随着时间的推移，形势也越加明朗。

阿波、达头联军势如破竹，连战连胜，实力越加壮大，占领了东到都斤山（今蒙古国杭爱山）、西到金山（今新疆北部阿尔泰山）的广大地区，龟兹、铁勒、伊吾等西域各民族都倒向了他们。

看过《人与自然》的人都知道，在猴子的世界，老猴王一旦被新猴王击败，那么所有的猴子都会与它为敌，最终把它赶出猴群。

现在，沙钵略就相当于那只失败的老猴王。

墙倒众人推，破鼓万人捶，此时不仅西域诸胡全都跟着阿波与他为敌，就连他过去在东方的小弟契丹竟然也来趁火打劫。

沙钵略势单力孤，疲于应付，终于再也无法支撑下去了。

公元 585 年 7 月，沙钵略遣使向隋朝告急，请求隋朝允许他带所部寄居于白道川（今内蒙古武川）。

杨坚也看出沙钵略现在的处境已经岌岌可危，如果自己再不出手拉他一把，他随时可能会被阿波灭掉。

本着“离强而合弱”的原则，他爽快地答应了沙钵略的要求，并让晋王杨广（时任河北道行台尚书令，驻于晋阳，今山西太原）发兵接应，同时送给他大量的粮草和衣服。

沙钵略就这样内迁到了白道川。

随后，在隋朝的大力支援下，沙钵略开始转守为攻，率军反击阿波，总算打了个胜仗，勉强止住了颓势。

不料，此时阿拔人（关于阿拔人，史书记载甚少，只知道居于漠外）却趁沙钵略后方空虚，偷袭了他在白道川的大营，还掳走了其妻子儿女。

关键时刻，又是隋军断然出手，击败了阿拔人，救回了沙钵略的家人。

沙钵略对杨坚更加感激涕零。

他派自己的第七子库和真入朝，同时给杨坚上表：天无二日，土无二王，大隋皇帝真皇帝也，岂敢阻兵恃险，偷窃名号！今感慕淳风，归心有道，屈膝稽颡，永为藩附。

杨坚也看出沙钵略这次是真服了——对比一下现在的“屈膝稽颡，永为藩附”和前面那篇表文的“此国羊马，皆皇帝之畜。彼之缯彩，皆此国之物”就知道了。

他喜出望外，立即下诏说，往虽与和，犹是二国；今作君臣，便成一体……

同时他还为此祭告宗庙，将此事告知天地、祖先——这么短的时间就让北方游牧民族臣服，这在中国历史上是从来没有过的事！

这怎能不让他感到自豪！

对库和真，他也大加款待，不仅在内宫宴请，赏赐丰厚，还特别加封其为柱国。

之后，他又派使臣出使契丹，对他们侵犯突厥的行为进行了严厉的谴责，要求他们不得以武力改变现状。

契丹哪里敢得罪强大的隋朝，连忙派人到长安谢罪。

公元 587 年正月，沙钵略又再次请求南迁到恒、代之间（今内蒙古、山西交界），杨坚又同意了。

这次，沙钵略把牙帐设在了紫河镇（今内蒙古托克托县），为了表示对隋朝的感谢，他还出去打猎，亲手射杀了十八头鹿，将其尾巴和舌头献给杨坚。

不过，从当年的东亚霸主变成了现在的东亚病猫，从当年的横行天下变成了现在的寄人篱下，从当年的别人巴结他变成了现在的他巴结别人，这样 180 度的巨大转变还是让沙钵略感到难以接受，难以忍受。

在他的心里，一直都是下不完的雨，晴不了的天。

天一直阴雨会闹水灾，人一直阴郁会生毛病。

不久他就得了重病，郁郁而终。

沙钵略死后，其弟处罗侯（也就是长孙晟的好友）继立，是为莫何可汗。

杨坚随即派长孙晟持节赶赴东突厥，并赐以鼓吹、旗幡，帮助莫何迅速稳定了局势。

莫何有勇有谋，他刚一即位就让部下打着隋朝的旗号西征，向阿波可汗发动了突袭。

由于沙钵略刚死，阿波根本想不到东突厥会在这个时候进攻他，因此毫无防备。

而其部下看见隋朝的旗帜，以为隋军这次也出兵了，大多放弃抵抗，望风而降，仿佛占道经营的小贩看见了城管一样——由此可见隋军在突厥人的心里留下了多大的阴影！

这一战，莫何大获全胜，生擒头号死敌阿波。

随后他向杨坚上书请示如何处置阿波。

杨坚召集文武商量此事。

大臣们大多主张将阿波处死，但杨坚却一直沉吟不语。

过了很久，他才问长孙晟：卿以为何如?

长孙晟回答说，如果阿波是侵犯我国，那当然应该将其明正典刑。但是，现在他们是自相残杀，跟我们连一毛钱的关系都没有。如果我们杀了阿波，只怕他的支持者会怨恨我们。不如两存之。

尚书左仆射高颎也提出了类似的看法。

他们的意见正合杨坚之意，于是他连连称善，下令留阿波一命。

阿波失败后，东西突厥的实力此消彼长，双方变得势均力敌。

此后，无论是东突厥的莫何，还是西突厥的达头都必须尽力向隋朝示好。

就这样，杨坚顺利达成了降服突厥的战略目标。

综合运用外交、军事、政治等各种手段，分化强敌，使其内部分裂，相互争斗，彼此制约。然后按照“离强而合弱”的原则，拉一派打一派，使对手内部的各方势力保持分裂且不断处于动态平衡之中，从而彻底消除对手对自己的威胁。

这就是杨坚处理突厥的办法，也是至今在很多领域仍然屡试不爽的办法。

突厥对隋朝的臣服极大地震慑了其他的草原民族。

自从沙钵略向隋称臣以后，契丹、靺鞨、奚等东北各部族也都争先恐后地遣使入朝，宣布归附隋朝。

隋朝北方边境的威胁从此基本消除。

# 第六章　史上最勤俭的皇帝

## 识时务比识字重要

开国仅仅几年的时间，内政一片清平，外患已经解决，国家转危为安，制度走上正轨，新朝所取得的一系列成就着实让人叹服，这也让杨坚和他重用的心腹重臣如高颎、苏威、虞庆则、杨雄等人迅速积累起了很高的声望和权威。

然而，正如物理上有能量守恒定律一样，政治上也有得意守恒定律——有得意者，就有失意者。

上柱国王谊就是其中一位。

王谊文武全才，在北周时就深受重用，曾先后担任内史大夫、相州刺史、襄州总管等要职，封爵杨国公——值得注意的是，这个爵位是凭他自己的功绩得来的，可不是像杨坚那样继承来的！

周武帝在临死前对太子宇文赟说的一句话，充分体现了王谊在其心中的地位：王谊社稷臣，宜处以机密，不须远任也。

北周末年，杨坚矫诏辅政的时候，王谊鼎力相助，曾临危受命出任主帅，率军平定了三方叛乱之一的司马消难，对杨坚的上位居功至伟。

隋朝建立后，王谊本期望大显身手、大展宏图、大干一番事业，然而理想很灿烂，现实却很破烂——他被任命为三公之一的大司徒，职位虽高却只是个名誉职位，没有任何的实权。

其实王谊和杨坚私交甚好，两人不仅是同学，而且还是亲家——杨坚的第五女兰陵公主嫁给了王谊的儿子王奉孝。

年富力强却被晾在一边，满腹才华却无用武之地，王谊的心里别提有多失落。

偏偏官场失意，家事也不如意。

就在这个时候，其子王奉孝年纪轻轻竟然因病去世，按照当时的礼制规定，兰陵公主要守丧三年。不过当时兰陵公主也就十多岁，看着天真烂漫的小女孩儿每天披麻戴孝的，王谊有些于心不忍，便上表请求提前解除其孝制。

没想到王谊的一片好心，却成了别人攻击他的把柄——御史大夫杨素竟然以此为由弹劾王谊，说王谊的做法违反了有关礼教的律令，请求将他治罪。

杨坚虽然没有按杨素的要求将其法办，但也对王谊进行了一番警告：下不为例。

之后杨坚对王谊也更加疏远。

其实这个时候王谊应该清楚，杨坚现在对他已经是非常非常地猜忌了——就好像杨坚怕光，而他却偏偏是灯。

有句话我觉得挺有道理：身材比脸蛋重要，情商比智商重要，识时务比识字重要。

如果识时务的话，此时王谊应该知道，此时他只有远离杨坚，远离朝政，远离是非，彻底隐退，才可能全身而退。

但他偏偏依然毫无顾忌，我行我素。

恰好此时元谐也因为对高颎等人不满而被免职，两个同窗好友同病相怜，便经常聚在一起喝酒聊天。

两人都是杨坚的旧友，都建有大功，都是豪门世家出身，都向来自视甚高、心高气傲，如今又都受到了杨坚的冷落，他们的心里当然不能平衡，有时也难免说一些过头的气话。

然而除了发牢骚，他们也没有别的办法，只好请些和尚道士来做做法事，以图改变运气。

公元 585 年 3 月，他们的这些行为被一个和尚告发。

杨坚立即下令对此立案调查。

究竟是怎么调查的，史书上并没记载，只知道最后的结果是王谊因“大逆不道，罪当死”而被赐死，同案的元谐却因“无逆状”而被释放。

王谊临死之前，杨坚特意和他见了一面。

杨坚的脸绷得像块铁板，表情沉痛得好像在进行遗体告别，一字一顿地说，朕与公旧为同学，甚相怜悯，将奈国法何？——我和你曾经是同学，很可怜你，可是你触犯了国法，我也没有办法。

我感觉，听了这样的话，王谊也许根本不需要再被赐死——当场就已经气死了。

可以看出，这次杨坚对王谊的处理和开皇初年对刘昉、卢贲一案的处理完全不一样。

一方面是时势不同。那时刚刚建国，人心不稳，不能妄开杀戒，而如今国家已经稳定，杨坚的地位正如日中天。

另一方面是对象不同。刘昉等人不过是佞臣而已，对自己威胁不大，而王谊却不一样，地位高名望高军功高，杨坚对他自然也更为防范。

事实上，王谊的罪名肯定是莫须有的，这从杨坚给他定罪的诏书中就可以看出来：信用左道，所在诖误。此而赦之，将或为乱——信用旁门左道，犯下不少错误。如果这次赦免了他，将来他也许会作乱。

显然，王谊的罪状只不过是“信用左道”而已，而“将或为乱”四个字更说明了这完全是欲加之罪何患无辞——因为这几个字完全可以加在任何一个人头上！

王谊死得真是冤哪！

也许他至死都不理解，杨坚为什么要杀他？当年那个肯为兄弟两肋插刀的好哥们儿为什么会变得如此无情无义？

但他不知道的是，杨坚已经不是原来的那个杨坚了，他们之间的关系也已经不是原来的那个关系了——他们曾经情同兄弟般的友情就像他们的青春一样早已远去，而且再也不可能回来了。

改变这一切的是权力。

为了权力，易牙可以烹儿；为了权力，吴起可以杀妻；为了权力，李世民可以弑兄；为了权力，杨坚当然也可以毫不犹豫地把自己的同学赐死！

而杨坚之所以执意要将罪状并不明显的王谊置于死地，很可能是要借他的人头震慑那些对自己不服的关陇勋贵！

论职位，王谊官居一品，位列三公；

论功劳，王谊曾率军讨平司马消难；

论关系，王谊是自己的儿女亲家又是同窗好友。

连这样的人我都杀了，看你们谁还敢对现状不满！

不过，就像任何药物都不能包治百病一样，杨坚的这种高压政策不可能对所有人都起作用——比如梁士彦和宇文忻这种桀骜不驯、敢作敢为的人。

两人都是在北周时就威名远扬的大将，在平齐的时候，梁士彦凭借死守晋州一战而威震天下，宇文忻也曾多次力挽狂澜扭转败局。

平定尉迟迥之役，两人均担任行军总管，为官军的获胜立下了大功，尤其是宇文忻在邺城一战几乎起了决定性的作用。

杨坚对战功赫赫的梁士彦极为猜忌。

隋朝刚一建立，他就把梁士彦征还京师，免去一切职务，让他赋闲在家。

由于和杨坚有旧交，宇文忻在隋初还颇受重用，担任右领军大将军，后来杨坚还曾想让他率军攻打突厥。

然而高颎却劝谏说，此人有野心，不能让他统领大军。

经此提醒，杨坚也想起了当初宇文忻曾接受尉迟迥贿赂的往事，对宇文忻也不再信任，后来干脆随便找了个理由将他免职，赶回了家。

宇文忻从小就胸怀大志，一向以韩、白、卫、霍（韩信、白起、卫青、霍去病）自许，怎么甘心就这样在家里浑浑噩噩地度过余生！

于是他找到了与他命运相仿的好友梁士彦，图谋起兵造反。

他鼓动梁士彦说，帝王岂有常乎？相扶即是。——帝王难道是天定的吗？只要咱们互相扶持，我们也行。

不久，又有一个人加入了他们的行列。

谁呢？

当年扶持杨坚辅政的关键人物——刘昉。

如果说宇文忻和梁士彦的友情来源于同样的经历，那么刘昉和梁士彦的关系则是来源于同一个女人——梁士彦的妻子。

据说好色的刘昉看中了梁妻的美貌，经常到梁士彦家串门。

刘昉泡妞，例无虚发，很快他就和梁妻好上了，可怜的梁士彦戴了绿帽子却毫不知情，居然还和刘昉成了好哥们儿。

三个人经常在一起策划。

他们最初是打算在皇帝去宗庙祭祖之时乘机率僮仆发难，袭击车驾，后来又觉得这样实在太过冒险——成功的可能性比成仙的可能性还低；便重新制订了另一套方案——从河东重镇蒲州（今山西永济）起兵，招募流寇充当兵士，夺取朝廷征调的布帛充作军需，随后攻取河北一带，再图谋天下。

没想到他们的密谋被梁士彦的外甥裴通偷偷向杨坚告发了。

老谋深算的杨坚故意装作什么都不知道，反而将计就计，任命梁士彦为晋州（今山西临汾）刺史。

心想事成，梁士彦自然喜出望外：真乃天助我也！

宇文忻也非常激动，霎时间灵感如尿崩：太好了，你在河东起兵，我肯定会参加征讨。到时我们里应外合，大事定然可成！

随后梁士彦又奏请让他的心腹爱将薛摩儿担任长史，杨坚也爽快地答应了。

一连串的好消息让三人仿佛吃完春药又吸 K 粉——肾上腺素一路飙高，兴奋得难以自已。

然而，他们的所作所为杨坚全都了如指掌——裴通相当于一个网络摄像头，把他们的一举一动一言一行全部拍下来实时传给了杨坚！

公元586年8月，杨坚觉得火候差不多了，便在朝会的时候把梁士彦、宇文忻、刘昉三人全部抓了起来，怒斥道：你们想造反吗?

三人大吃一惊，随即本能地否认。

杨坚让薛摩儿与他们当场对质。

这下他们才没话可说。

很快，三人都以谋反罪被处死，家产妻子全部籍没（家产充公，妻妾儿子都充作官奴），其兄弟叔侄则被免死除名——比如宇文忻之弟、时任莱州刺史的建筑大师宇文恺就因此受到牵连而被削职为民。

过了几天，杨坚下令把三家的财产全部置于射殿（皇家练习射箭的宫殿），让官员们随意射取，给文武百官上了一堂生动的现场警示教育课。

写到这里，小子聊发考据狂，在这里对宇文忻和梁士彦的年龄做一个小小的考证。

《隋书》上说宇文忻死时是64岁，由此可以推算出他应该是生于公元523年，但同时《隋书》又说他18岁时曾跟随北周齐王宇文宪一起征讨突厥，如果《隋书》所载年龄是正确的，那么宇文忻18岁应该是540年，而事实上宇文宪是544年才出生的，突厥更是到553年才崛起于草原。

显然，跟着一个尚未出生的人去攻打一个不存在的国家只有穿越剧才能做到，现实中是完全不可能的。

可见，《隋书》所载宇文忻的年龄肯定是有问题的，我个人推测宇文忻的年龄应该和杨坚等人相仿，死时四十多岁。

梁士彦呢，按照《隋书》的说法，他死时是72岁，由此可知他生于515年，如果这种说法正确的话，他在公元576年死守平阳一战成名的时候已经62岁了，似乎可能性也不大，我个人认为这个年龄也是有问题的。

和梁士彦、宇文忻等人形成鲜明对比的是另一名北周宿将——上柱国梁睿。

梁睿自从率军平定王谦之乱后，就一直担任益州总管这一要职，手握重兵，雄踞西川，威名远扬，隋朝建立后，看到杨坚的所作所为，他心如明镜，便主动申请入朝。

杨坚其实对梁睿也早就感到不放心了，现在看到他这么善解人意，自然是非常开心。

他好，我也好。

杨坚立即批准梁睿的请求，召其回京，并大加赏赐，礼遇甚厚，在大殿召见他时，杨坚还特意走下御座，与他亲切握手，交谈极欢。

之后梁睿就一直称病在家，深居简出，很少和外界往来。

杨坚对他也极为尊重，特地赐给他版舆（木质座车），每次朝觐时都派三人护卫他一起上殿。

梁睿也因此得以善终。

由此可见，在政坛，和在牌桌上一样，知道何时离开往往是最重要的。

然而，像梁睿这样主动功成身退的人毕竟是少数。

对那些不识时务恋栈不去的勋贵，尤其是在北周时就成名的武将，杨坚往往会找理由将其免职。

比如元景山，自北周末年起就曾先后担任亳州（今安徽亳州）总管、安州（今湖北安陆）总管等要职，一直在南线与陈军作战，屡战屡胜，威震江南，但隋朝建立后没多久他就被杨坚以某种借口撤职，后来一直未被起用，终老于家。

再如宇文庆是杨坚称帝前无话不谈的老友，甚至连夺取天下的构想都对他毫不避讳，尽管在隋初宇文庆颇受信任，历任左武卫大将军、凉州总管等职，但数年后他就被征还京师，虽然待遇很高，但却不再任用。

这样的例子还有很多很多。

## 励精图治

显然，隋朝初年这一串串看似扑朔迷离的人事变动，一次次仿若暴风骤雨的人事风波，其实都贯穿着一条主线，那就是：除旧布新，免强用弱——抑制功勋卓著的旧将，重用威望不高的新人。

这段时间杨坚的政策，其实有点像后世宋太祖赵匡胤的杯酒释兵权。对于他认为对自己有威胁的勋贵武将，通常会解除他的权力将其召回京城，但依然给他们很优厚的待遇，虽然也有一些杀戮，但通常并不滥杀。

而杨坚之所以能在人事问题上做出如此大的调整而没有引起过多的动乱，很大程度上是因为他极高的威信。

当时的隋朝在他的统治下，政治较为清明，经济发展迅速，GDP 不断增长，CPI 保持稳定，如果那个时候有民意测验的话，估计他的支持率不会低于 99%。

这些成就的取得，与杨坚的勤政是分不开的。

一年三百六十五天，他每天都要工作十六个小时以上——天不亮就上朝，上朝后依次召见五品以上的官员，和他们一起商讨各项国事，忙得连午饭也不回去吃，而是让侍卫随便拿点盒饭凑合，一直到太阳落山才回宫。

回宫之后，他还要继续批阅文件和各种奏折，经常要工作到深夜。

礼部尚书杨尚希看他事必躬亲，每天忙得不可开交，忍不住劝谏说，周文王以忧勤损寿，武王以安乐延年。愿陛下举大纲，责成宰辅，繁碎之务，非人主所宜亲也——周文王因为过分勤劳导致早死，周武王因为安乐得以长寿。陛下您只要抓大的方针，其他的事责成宰相处理就可以了。繁碎的小事不是皇上您应该处理的。

杨尚希的中学历史肯定是体育老师教的，用的典故好像与史实完全不符——事实上，应该是周文王长寿，周武王早死才对。

当然了，杨尚希的水平糊弄杨坚是足够了——史书上称杨坚“素无学术”。

听了杨尚希的话，杨坚回答了四个字：公爱我者——你是爱我的人哪。

不过，话虽这么说，他并没有改变他的工作作风，依然是那么工作狂，依然是那么废寝忘食。

除了勤奋，杨坚的节俭在历史上也是很出名的。

据说他每次吃饭，只允许有一道荤菜（还不如我，我吃快餐都要两荤三素），六宫嫔妃穿的都是多次换洗的旧衣服（还不如我老婆，一天到晚买新衣服），就连自己上朝时乘坐的车子坏了，也舍不得报废更换，而是无数次地修了又修，反复使用（幸亏当时的车辆不需要年检）。

有一次他无意中看到送到宫中的干姜是用布袋包装的，认为实在太过浪费，便召来有关官员一通怒骂，但这官员不知是听错了还是笨死了，下次送香的时候竟然用更贵重的毡袋包装，这下杨坚更火了，立即把这个官员抓来狠狠地痛打了一顿。

总而言之，杨坚这个皇帝的工作生活状态可以用这样一句话来概括：

起得比鸡还早，睡得比狗还晚，吃得比猪还差，干得比驴还多。

事实上，杨坚不仅自己厉行节俭，而且还把节俭作为大隋的核心价值观，努力推广到社会生活的方方面面，希望能够移风易俗，以扭转崇尚奢靡的不良风气，营造艰苦奋斗、蓬勃向上的社会风尚。

当时每年正月十五的元宵节是一个十分隆重的节日，每到那一天晚上，全国各地的街市上都热闹非凡，灯火辉煌，锣鼓喧天，车水马龙，几乎所有的男女老少都穿上节日的盛装，载歌载舞，尽情地游戏玩耍，享受一年一度的狂欢。

那个时候，夜是亮的，人是多的，心情是舒畅的，烟花是灿烂的，漂亮女孩儿是开放的，你对她笑笑她就会跟你走的……

但这样的快乐在隋初却成了历史。

公元583年12月，治书侍御史柳彧上书要求废止这一节日。

在表文中，他先是说这种狂欢活动要花费百姓大量财力，与国家提倡节俭的政策不符，接着又进一步指出，元宵节这天男女混杂，贵贱不分，格调低下，实在是有伤教化，不利于大隋的精神文明建设。

柳彧的话，句句都说到了杨坚的心坎里——他不仅痛恨浪费，而且对等级、规范之类也极为注重。

他立即批准了柳彧的建议。

除了生活上力诫浮华外，杨坚还将此推广到了其他方面——比如文风。

自从魏晋以来，骈体文盛行，这种文体讲究对仗的工整和声律的铿锵，注重形式技巧，堆砌华丽辞藻，但由于受到字句和声律约束，内容往往受到限制，甚至空洞无物。

崇尚朴实的杨坚对这种华而不实的东西深恶痛绝——当然也可能是他文化水平有限，看这样的文章实在是太吃力了。

公元584年9月，他采纳治书侍御史李谔的建议，通令全国，要求所有公私文书都要摒弃虚华，据实撰写。

然而，数百年的传统就如载重数百吨的大货车一样惯性巨大，哪里是一道命令就能轻易改变的?

很多官员依然延续着原来的写法，泗州（今江苏宿迁东南）刺史司马幼之就是其中一个。

他精心写了一篇辞藻华美、典故繁多的表文。

但在这个时候卖弄文采，简直就相当于穿着三点式出现在佛门禁地——实在是太不合时宜了。

杨坚看了这篇表文勃然大怒，立即下令将他抓起来治罪。

文辞美，要倒霉。文采好，进监牢。

看到杨坚动真格的，官员们这才不敢造次，不敢再写这种华丽丽的文章，朴素的文风也就逐渐成了主流。

杨坚的这一系列举措，对当时的社会风气影响很大——正如李谔所说，及大隋受命，圣道聿兴，屏黜轻浮，遏止华伪……

毫无疑问，这种社会风气的改变对秩序的稳定、经济的发展有一定促进作用，但也存在明显的负面效应，比如干预太多，规定太死，使得当时百姓的生活比较单调刻板沉闷甚至有些死气沉沉——和杨坚的性格一样。

不过，虽然在杨坚的统治下，百姓的生活不够丰富多彩，但他们似乎意见并不大——因为他们的负担比以前减轻了不少。

杨坚在隋初执行轻徭薄赋的政策，把徭役从每人每年三十天减少为二十天，调绢从每人每年一匹（也就是四丈）减少为两丈……

然而，这样大幅度的减税，如何保证政府的财政收入呢？

杨坚有办法。

他把矛头对准了隐瞒人口。

魏晋南北朝时期士族盛行，很多豪强大族不仅本身人丁众多，而且还有众多的依附人口，由于当时赋税是按人口数征收的，为了逃税，这些大族几乎都隐瞒了大量的人口。

除此以外，由于未成年人和老年人所缴的赋税较低，因此人们纷纷谎报年龄，诈老诈小的事情司空见惯，三十岁的冒充三岁，二十八岁的冒充八十二岁，留小胡子的冒充小孩子，风流青年冒充风烛残年……

对这样的现状，杨坚当然不能容忍。

公元 585 年 5 月，在杨坚的亲自部署下，大规模检查户口的行动在全国范围内同时启动了。

各地各级官吏全都深入到各个街道、各个社区、各个乡村，逐户逐个清点人员数量，以检查是否有隐瞒人口不报的情况；同时他们还要当面验看每个人的长相，核对其年龄。

如此一来，那些谎报年龄的人就像妖怪遇到照妖镜一样纷纷现出了原形。

同时杨坚还要求，那些聚族而居、人口众多的大家族必须要分家居住，堂兄弟以下不能合为一户，以便减少每户的人数，防止这些家族借着人多而混水摸鱼。

此次人口普查行动在史书上被称为“大索貌阅”。

“大索貌阅”一施行就大见成效，全国登记人口一下子就猛增了 164 万多。

随后，宰相高颎又精心编制了征收租税的样本，称为“输籍定样”，并颁发到各地，照此执行。

之所以要这么做，是因为之前有关租税的条文弹性很大，比较笼统——怎么个笼统法，史书上没说，估计就和现在“酌情处理”、“一定范围内”、“一万元以上一百万以下”之类的说法差不多。

这些条文的弹性越大，官员的权力也越大，寻租的空间也就越大，很多地方官都徇私枉法，弄虚作假，造成了严重的税款流失和税负不均。

而高颎编制的“输籍定样”则非常细致严密，它根据每户的资产人丁情况，将其划分为几个等级，并提出了相对应的租税，使得每户所应承担的赋税公开化、明确化，一目了然，便于监督检查，从而大大减少了官吏的舞弊行为。

这样一来，国家的税收得到了保证，财政收入逐年提高，而广大贫苦百姓的负担却相对减轻，大大增加了他们的生产积极性。

“大索貌阅”和“输籍定样”施行以来，效果极为显著，按照《隋书》的说法就是：自是奸无所容矣——想通过造假逃避赋税的人从此再也无法藏身了。

正是杨坚和高颎设计的两项措施造就了后来隋朝的富足——也许，中国历史上从来都不缺胸怀大志、指点江山的人，缺的是杨坚、高颎这样踏实严谨、注重实干的人。

如果说，“大索貌阅”和“输籍定样”是隋朝财政制度的创新，那么均田制则是隋朝财政的基础。

均田制始于北魏，当时由于长期战乱导致土地荒芜，北魏政府把这些土地分配给农民，农民则向政府交纳租税，此制度一经推出，就体现了旺盛的生命力——不仅农民有了土地，而且政府也有了稳定的租税来源，实现了政府和农民的双赢，故而之后的北周、北齐一直沿袭此项政策。

隋朝当然也是这样。

按照隋制，男丁可以分得露田80亩，妇女则为40亩，但这些土地在当事人年老（60岁以后）或死了就要归还国家，此外，每个男丁还有永业田20亩，这类土地则可以世袭——传给子孙。

当然，在那个时候，官员有特权就像女人有大姨妈一样是天经地义的事情。

隋朝规定，从王公到都督，都有额外的永业田，多的有上百顷（1顷相当于100亩），少的也有数十亩，不仅如此，他们还可以按照品级的不同得到相应大小的职分田，作为其俸禄的一部分。

官员占有了如此多的土地，民田自然就不足，由于人口的迅速增长，隋朝才建立不久就产生了百姓授田不足的问题。

纳言苏威建议削减官员的土地，但大司徒王谊（当时他还没死）却坚决反对。

此时杨坚称帝时间不长，地位还不太稳固，在百姓和官员之间，迫于现实，他不得不选择支持官员的利益，站在了王谊这边。

无奈，杨坚只好下令把成丁的年龄从18岁提高到21岁，才算暂时性地缓解了这一难题。

为了治理好国家，杨坚文件不离手，汇报不离耳，命令不离口，忙得不可开交，可谓殚精竭虑、费尽心力。

然而，就像老师总是对勤奋的好学生特别严格一样，上天对他似乎也特别苛刻，总是不停地给他制造难题。

隋朝初年，水旱灾害极为频繁，尤其是京城长安所在的关中地区，几乎年年都闹旱灾。

公元583年干旱严重，关中出现了粮食危机，因此杨坚不得不下令从关东(潼关以东）十三州运粮支援关中。

为了方便转运，他还专门修建了了黎阳仓（位于今河南浚县）、河阳仓（位于今河南偃师）、常平仓（位于今河南陕县）、广通仓（位于今陕西华阴）等几大粮仓。

这些粮仓规模都极为宏大，储粮都在几百万石以上。

不过，粮仓虽然修好了，但粮食要从河南运往京城却依然十分费力，尤其是从潼关到长安一段，只有渭河一条航道，而渭河多泥沙，深浅不定，船行极为困难，有时甚至只能走陆路，靠挑夫肩扛手提，效率极低。

为打通这一瓶颈，杨坚决定开凿运河。

公元 584 年 6 月，这一工程正式开工，项目总负责人为建筑专家宇文恺。

宇文恺不负所托，仅仅用了三个多月的时间就圆满完成了任务，杨坚将这条运河命名为广通渠。

广通渠西起大兴城北，东至潼关汇入黄河，长度达三百余里。

这条运河的建成不仅使得潼关到长安的漕运从此畅通无阻，而且极大地改善了渭南一带的灌溉条件，因此又被沿岸百姓称为富民渠。

三年后，杨坚又修建了另一条运河——从扬州到山阳（今江苏淮安）的山阳渎。

山阳渎南接长江，北至淮河，不仅方便了江淮地区的漕运，还为日后平陈时的后勤运输带来了极大的便利。

广通渠和山阳渎两条运河的建成也为隋炀帝杨广修建的大运河奠定了基础。

毫无疑问，这些大型水利工程对改善民生意义重大，但要让百姓真正安居乐业，最重要的还是吏治。

杨坚对于地方官的考察选拔十分重视，每年都要组织严格的考评，在这一制度下，那些作风清廉而又能力出众的地方官纷纷脱颖而出，其中最有名的有房恭懿、梁彦光等人。

房恭懿原先仕于北齐，曾任县令、太守等职，齐亡后留任，之后因受到尉迟迥之乱的牵连而被免。开皇初年，在纳言苏威的推荐下，他再次出山，担任新丰（今西安临潼西北）县令，在当年的政绩考核中，他名列三辅地区（京畿一带）第一名，因此杨坚对他大加赏赐，先后赏给他绢400段、米300石，房恭懿将其全部分发给了贫苦百姓，自己却分文不取。

这种爱民如子的行为更增加了杨坚的好感，为此他特意在自己的寝宫亲切接见房恭懿，向他请教治理之道，并且很快就提拔他为泽州（今山西晋城）司马。

不久，房恭懿又转任德州（今山东德州）司马。

是金子，到哪里都会发光；是学霸，到哪里都能考出好成绩。

一年多后，房恭懿在德州的政绩又被评为全国第一。

杨坚非常惊奇，在朝堂上当着全国各地进京汇报的官员们的面，对房恭懿大加表扬：房恭懿志存体国，爱养百姓，是当今天下模范，你们要好好向他学习呀！

接着他又说，房恭懿所在之处，百姓视之如父母，朕如果置之而不赏，上天宗庙一定会责怪我的呀！

随后他提拔房恭懿为使持节、海州诸军事、海州（今江苏连云港）刺史。

梁彦光在北周时就曾先后担任小内史、御正下大夫、青州刺史等要职，隋朝建立后，他被改任岐州（治所今陕西凤翔）刺史。

岐州民风质朴，梁彦光采用无为而治的方法，效果极佳，百姓安居乐业，生活富裕，每年上交的赋税都是天下第一。

公元582年，杨坚到岐州巡视，发现梁彦光在那里很得民心，政绩出色，便对他大加赏赐，还专门下诏表彰：彦光操履平直，识用凝远，布政岐下，威惠在人，廉慎之誉，闻于天下。四海之内，凡曰官人，慕高山而仰止，闻清风而自励。

几年后，梁彦光又调任相州（治所今河南安阳）刺史。

相州一带，本是北齐国都邺城所在地，也是当年尉迟迥反叛杨坚的大本营。在尉迟迥之乱平定后，为了防止死灰复燃，杨坚下令焚毁了邺城，迁相州治所至安阳，同时还把当地所有的富家大族以及士大夫全都迁到了关中。

有钱的有德的有才的有能力的有影响的有名气的有威信的人都走了，剩下的人都是无钱无德无才无能无名之辈，因此相州之后日趋没落，百姓生活贫困，民风极坏，治安极差，黑恶势力横行。

到相州后，梁彦光还是照搬在岐州时那套行之有效的宽松施政手段。

然而，橘生淮南则为橘，生于淮北则是枳；胖妞生唐代则为美，生于当代则为丑；小时候穿开裆裤是可爱，长大后穿开裆裤是露阴癖；绞刑在西方比斩首残忍，在中国比斩首仁慈……

时势不同了，梁彦光这一套在相州失灵了。

相州的那些刁民居然把他的无为当成了无能，把他的仁厚当成了人蠢，把他的宽大当成了戆大，甚至还编了歌谣来讽刺他，称他为"着帽饧"——意思是戴着帽子的软糖。

很快消息就传到了杨坚那里，梁彦光因此被免职。

不过仅仅一年多后，他再次被杨坚起用，任命为赵州刺史。

梁彦光向杨坚请求：好马要吃回头草，考得不好要重考。我想再去相州试试，请给我一次改过的机会！

杨坚一开始不同意：你总是心太软，心太软……

不过在梁彦光的一再坚持下，他最后还是答应了他的要求。

相州的奸猾之徒听说梁彦光这个"着帽饧"又来了，好像看到了一个免费上门表演的小丑一样，全都欢乐不已：以前只听说喝酒会上瘾，吸毒会上瘾，没想到这家伙丢人还会上瘾，他丢人还嫌丢得不够多呀！

然而他们错了。

这次，梁彦光变了——从柔弱的林黛玉变成了刚猛的方世玉。

他一到相州就马上发起了轰轰烈烈的打黑运动，办了一批大案要案，抓了一批涉黑犯罪分子，受此震慑，侥幸没被抓的地痞流氓也全都闻风而逃，相州的治安形势迅速好转。

之后，梁彦光又用自己的俸禄，征集关东各地的学者，在境内每个乡都设立学堂，教授圣贤之道，每个季度他都要亲自考试，并且邀请那些学习勤奋、成绩优异的学生到他府上一起吃饭，同时还资助大量财物。

《隋书》还记载了这么个故事：

当地有个叫焦通的人，因为对父母不孝而被人告到了梁彦光那里。

不过梁彦光并没有处罚他，而是把他带到州学，让他去看孝子的画像，看到"韩伯瑜泣杖"（韩伯瑜的母亲用杖打他，却没有打痛他，他哭着说，以前您打我很痛，现在你的力气变小了，打我都不痛了，我好难过）的图，焦通非常感动，从此改过自新，成了一个著名的孝子。

这个故事是否是真的我不知道，我只知道：在梁彦光的大力倡导下，相州一年一个样，三年大变样，从民风险恶变得民风淳朴，从文化沙漠变得文化鼎盛，从日趋没落变得日趋发达……

实际上，当时像房恭懿、梁彦光这样清廉能干、深得民心的地方官还有很多很多——比如，令狐熙、樊叔略、高励、侯莫陈颖……

这几年，在杨坚和他选拔任命的这些官员的共同努力下，隋朝政通人和，国泰民安，社会欣欣向荣，经济蒸蒸日上。

历经苦难的北方人民终于过上了久违的太平日子。

但雄心勃勃的杨坚并没有满足，他又瞄准了下一个目标——平定江南的陈朝，完成一统华夏的伟业！

# 第七章　金陵王气黯然收

## 风流天子陈后主

作为杨坚的对手，陈朝的皇帝陈叔宝知道杨坚的意图吗？

究竟知道不知道，我不知道。

我只知道，他不想知道。

因为他甚至连杨坚的画像都不敢看。

据说他当上皇帝后，听人说杨坚的长相奇特，受好奇心的驱使，他特意让使臣在出使隋朝时，把杨坚画下来给他看。

然而等到他一看到杨坚的画像，便好像逃犯看到了抓捕他的刑警一样，吓得脸色惨白，语无伦次：我……我……我，我不想再见到这个人！

随从们连忙把这幅画给撤掉，同时赶紧给他送上速效救心丸。

过了足足两个时辰，他才缓过气来。

陈叔宝仿佛鸵鸟一样，对隋朝的威胁视而不见，沉迷于享乐之中。

其实在陈叔宝刚即位的时候，隋朝已经占有了长江以北的全部土地，无论是领土、人口还是国力、军力都占有压倒性的优势，陈朝的局势已经岌岌可危。

但陈叔宝对此却毫不在意。

什么国家安危、社稷存亡？

这些东西，在意它干什么呢？

八月桂花开，躲也躲不开。听天由命好了。

他在意的只有两个字——享受。

他觉得，如果当了皇帝却不尽情享受，就像有了用不完的钱却舍不得花一样，完全是冤大头。

对百姓，他没兴趣；对性，他很有兴趣。

对天下，他没兴趣；对裙下，他很有兴趣。

他的后宫里佳丽无数，除了皇后沈氏以外，还有张贵妃、孔贵嫔、龚贵嫔、王美人、李美人、张淑媛、薛淑媛、袁昭仪、何婕妤、江修容等一大帮美女。

其中最得宠的是张贵妃。

张贵妃名叫张丽华，她出身寒微，父兄都以织席为生，十岁的时候被选入宫，当了龚贵嫔的婢女。没想到当时还是太子的陈叔宝对她一见倾心，惊为天人，当场就临幸了她，生下了皇子陈深。

张丽华长得极为漂亮，据说她发长七尺，眉目如画，肌肤如雪，顾盼之间，光彩夺目，远远望去，宛若仙子，不仅如此，她还生性聪慧，举止娴雅，气质不凡，善于察言观色，极其温柔体贴，因而深得陈叔宝的宠幸。

陈叔宝在宫中修建了临春、结绮、望仙三座楼阁，高达数十丈，连绵数十间，外有珠帘，内有宝床。楼阁以黄金、玉石、翡翠、珍珠为装饰，其窗户、栏杆、门槛、梁栋等处则全部是用名贵的檀木、沉木所制成。微风吹过则香飘数里，朝日初照则灿烂无比。

楼阁的外面则是构思奇巧的假山，清澈见底的人工湖和鲜艳欲滴的各种奇花异草。

这三座楼阁可谓是极尽奢华。

按照《陈书》的记载是：瑰奇珍丽，近古所未有。

按照今人的说法是：高端大气上档次，时尚靓丽有内涵。风情庭院，稀世景观，传世之作，高尚住宅，世外桃源，皇家园林，尽显繁华，处处折射品质生活……

陈叔宝自已住在临春阁，张丽华住在结绮阁，孔、龚二贵嫔住在望仙阁，三阁之间都有通道相通。

陈叔宝经常和张丽华等宠妃坐在楼阁上，或左拥右抱，或倚红偎翠，或调素琴，或阅金经，谈笑有美眉，往来无丑妹。有丝竹之绕耳，无案牍之劳形……

陈叔宝觉得（其实小子我也这么想）：这真是神仙一样的生活呀！

也许细心的读者会发现，这三座楼阁怎么没有沈皇后的份儿啊？

因为沈后并不得宠。

沈后名叫沈婺华，出身于江东大族吴兴沈氏，是个大家闺秀，文静端庄，才华出众，不过陈叔宝却并不喜欢她，甚至一年半载都不去见她。

据说有一次陈叔宝好不容易去了沈后那里一趟，却屁股还没坐热就打算走。

沈后也毫不在意，马上起身送他。

这让陈叔宝觉得很没有面子——你居然不挽留我？

于是他临走前送给沈后一首诗：留人不留人，不留人也去。此处不留人，自有留人处（想不到“此处不留爷，自有留爷处”这句颇具黑社会色彩的话居然最早是出自陈叔宝）。

沈后也不甘示弱，当即回赠了他一首：谁言不相忆，见罢倒成羞。情知不肯住，教遣若为留。——谁说我不想念你？见了还有些难为情（潜台词：因为见面少）。明知道你是不肯住下来的，若是留你，倒显得是为了消遣装样子（潜台词：你爱去哪儿去哪儿吧）。

不过，从这个故事中也可以看出，陈朝宫廷内的文风之盛。

事实上，陈叔宝本人就是个才子，酷爱琴棋书画，精通诗词歌赋。

正所谓爱屋及乌，他的用人标准也是“唯文才是举”，谁的诗词、文章写得好，谁的官就当得大。比如当时最著名的文学大师江总，就被他提拔为宰相（尚书令），另一位文人孔范则被任命为都官尚书。

江总、孔范等人虽然文采出众，可是对治国却一窍不通，让他们担当宰辅的重任，就好像因为一个人煮茶叶蛋水平高就让他去研发导弹一样，完全是驴唇不对马嘴。

陈叔宝最喜欢干的事情是把江总、孔范等一帮文人叫到宫中，把这些人称为“狎客”（后来狎客成了嫖客的代名词），再叫上自己的嫔妃、女学士（他把后宫中有文才的宫人封为女学士），男男女女一大帮人，一起饮酒作乐，一起吟诗作赋，一起开文学沙龙。

他们互相赠答，然后挑选出其中特别艳丽的作品，谱上曲调，让宫女们演唱，经常通宵达旦，乐此不疲。

喝着美酒，搂着美人，看着美景，作着美文，听着美曲，陈叔宝的心里别提有多美了。

著名的艳曲《玉树后庭花》就产生在这样的场合：

丽宇芳林对高阁，新装艳质本倾城。映户凝娇乍不进，出帷含态笑相迎。妖姬脸似花含露，玉树流光照后庭。花开花落不长久，落红满地归寂中！

这首《玉树后庭花》是陈叔宝的代表作，也被后人视为亡国之音的代表作。

陈叔宝处理政事的方法也与众不同。

他勤于享乐，懒于上朝，大臣们的奏折、文书，都由两个太监送到宫中，他自己则醉卧美人膝，与宠妃共掌天下权——通常都是让张丽华坐在他怀中，一边摸着柔软的胸部，一边写着随意的批复。

遇到麻烦事，他就让张丽华帮他分析，替他决断。

可以这么说，在政务上，张丽华就是陈叔宝的 GPS 导航！

张丽华权倾天下，说一不二，任何事情只要她说行，再不行也行，她说不行，再行也不行。

公卿大臣们因此全都竞相讨好攀附她——因为张丽华的霸道和她的容貌一样出众，谁不这么做，谁就会被她打击报复，甚至会丢官！

除了张丽华，孔贵嫔也很得宠，孔范对她刻意巴结，还和她结为兄妹。

在孔贵嫔的帮助下，孔范成了陈后主最信任的朝臣之一。

孔范虽然手无缚鸡之力，胸无安邦之略，却自诩为文武全才，目空一切，颇有那种“兜里仅两元，心怀五百万”的豪情。

他对陈叔宝说，外间诸将，都是行伍出身，只有匹夫之勇；深谋远虑的事，岂是他们所知道的！

陈叔宝对孔范向来言听计从，听了他的话，对将领们自然不再信任。

从此只要他们稍有失误，就夺去他们的兵权，把他们的部曲分给孔范等文人，甚至连大将任忠也未能幸免。

将领们因此全都怨声载道。

屎壳郎做领导，身边一定少不了大粪；陈后主这样的人当了皇帝，身边也一定少不了酷吏。中书舍人施文庆、沈客卿就是这样的人。

由于陈后主大兴土木，奢靡无度，搞得府库极度空虚，施文庆等人掘地三尺疯狂搜刮百姓，吃饭税、排泄税、呼吸税、放屁税，各种税费层出不穷；超载罚、超速罚、超生罚、占道罚，各种罚款不断递增，每年所得的收入都比以前多出数十倍。

百姓们因此全都怨声载道。

在陈叔宝的统治下，陈朝内部一片混乱，按照《陈书》的说法就是：贿赂公行，赏罚无常，纲纪瞀乱矣！

陈叔宝这样胡作非为，肆意妄为，陈朝难道就没人劝谏吗？

当然有。

比如老臣毛喜。

毛喜曾历任丹阳尹、吏部尚书、侍中等要职，他足智多谋，是陈宣帝的心腹谋臣，宣帝对他几乎言听计从。

对陈叔宝的行为，忠心耿耿的毛喜看在眼里，急在心里。

有一次陈叔宝正和江总等一帮宠臣饮酒赋诗，不知怎么想到了毛喜，点名让他应和。

毛喜打算借机劝谏，然而他话还没来得及出口，就发现陈叔宝已经醉得糊里糊涂，神志不清，很显然，给这样的人进谏，相当于帮兔子治疗红眼病，根本就是白费气力。

怎么办？

毛喜灵机一动，在走到陈叔宝面前的时候，假装心脏病突然发作，口吐白沫，倒在地上，不省人事。

周围顿时乱作一团，江总等人慌忙把毛喜抬出去找太医诊治。

出了这么一件大煞风景的事，这场宴席自然也就不了了之。

陈叔宝酒醒后，觉得毛喜的病很是蹊跷，便对左右说，我怀疑这个老不死的根本就没病，他只是想阻挠我喝酒，不让我开心。

接着他又说，毛喜负气使性，让我难堪。我打算把他交给他的仇家，让他们杀了他！

秘书监傅縡赶紧劝阻：陛下，看在先皇的面上，您就饶恕他这一次吧！

陈叔宝这才勉强消了气，愤愤地说，那我就给他一个小郡，让他滚出京城，省得我见了他心烦！

于是毛喜被贬为永嘉（今浙江永嘉）内史。

傅縡这次救了毛喜，但他自己的命运却比毛喜还要惨。

陈叔宝当太子的时候，傅縡曾经担任过很长时间的太子庶子（太子属官），两人朝夕相处，关系不错，故而陈叔宝即位后他就被提拔为秘书监。

但傅縡为人正直，性情刚烈，和施文庆等佞臣很不对付。因此那帮小人成天在陈叔宝面前说他的坏话，他也就逐渐被陈叔宝疏远。

后来傅縡受到施文庆等人污蔑，说他收受高句丽使者的贿赂，因此被下狱。

在狱中，傅縡给陈叔宝上书说：做帝王的，应该恭奉上天，爱民如子，节制贪欲，疏远奸佞，天未明就穿衣起床，天已晚还没吃饭，如此才能恩泽施于天下，福德传于后代。然而陛下近来沉迷酒色，挥霍无度；听信小人宦官擅政，厌恶忠直之士如同仇敌，轻视生民之命如同草芥；后宫妃、嫔、宫女都穿锦缎，御用厩马喂食稻麦，而百姓却流离失所，僵尸遍野；朝野上下货贿公行，国家库藏日益耗费……

最后他的言语更是激烈：如此下去，神怒民怨，众叛亲离，臣恐东南王气自斯而尽！

看到这样的话，陈叔宝自然是非常恼火。

不过他毕竟不是那种冷酷无情的人，想起傅縡和自己相处多年，没有基情也有友情，没有友情也有感情，没有感情也有人情，没有人情也有同情，便一时心软，派使者找到了傅縡：我欲赦卿，卿能改过不？

然而倔强的傅縡却回答说：臣心如面，臣面可改，则臣心可改。

这下终于彻底激怒了陈叔宝，他立即下令将傅縡赐死。

傅縡死后，陈叔宝更加不受约束，整日纸醉金迷，荒淫无度。

然而，在内忧外患的局面下依然不理朝政、穷奢极欲，这就如同一个负债累累的人却依然花钱如流水一样，显然是不可能持久的。

陈叔宝的好日子已经进入了倒计时。

## 预则立，不预则废

在击败突厥后，杨坚就开始谋划伐陈。

当然，这个时候表面上两国之间还是很友好的，经常派使臣互访，交换国书。

为了麻痹陈叔宝，杨坚在给陈叔宝写国书的时候用词都非常礼貌，每次的署名都是“坚顿首”。

可是陈叔宝却根本不知天高地厚，看见别人谦虚就当别人心虚，看见别人示弱就以为别人真弱，看见别人客气就以为自己牛气。

有一次在给杨坚的回信里面，他居然傲慢无比地说，想彼统内如宜，此宇宙清泰——想来你那里应该还过得去吧，我这里是又清净又太平。

这封信让杨坚很恼火。

什么叫“彼统内如宜，此宇宙清泰”！

我是如宜，你是清泰，如宜和清泰的区别相当于奥拓和奥迪的区别；我是统内，你是宇宙，统内和宇宙的区别更是比夏利和宾利的区别还要大得多！

你小子也太狂妄了！

朝堂上，杨坚怒气冲冲地把这封信的内容展示给群臣看。

大臣们群情激愤。

上柱国杨素陷入了思考：一向沉静内敛、深不可测的皇帝这次为什么会这么干？他的用意是什么？

仅仅用了不到一个哈欠的时间，他就想彻底明白了：皇帝这是要南征！

他马上大步流星地从朝臣队列中走出，跪倒在杨坚面前请罪：臣有罪！

一时间，他成了整个朝堂上的焦点，比鸡群中的丹顶鹤还要显眼。

杨坚问，卿何罪之有？

杨素一边磕头，一边大声说道，君主受辱，罪在臣下。臣杨素请命伐陈！

他的这一举动让杨坚非常满意。

在中国古代，或者说，在人治社会，还有什么比“让领导满意”更好的发达之道呢？

杨素从此走上了仕途的快车道。

其实在这之前，他刚刚摔了个大跟头。

隋朝建立后，杨素被晋封为上柱国，不久又担任了御史大夫这一要职。

然而，就在他春风得意甚至有些得意忘形的时候，没想到却因为无意中和老婆说的一句话而丢了官。

他老婆出身于大族荥阳郑氏，性情强悍，作风强势，是只母老虎。

杨素一向恃才自傲，目空一切，自然也不会轻易让步。

一山不容二虎，即使一公一母。

这样两个人在一起生活，摩擦当然是难免的。

有一次，两人不知怎么又吵起来了，号称才辩无双的杨素居然败下阵来，最后只好祭出了阿 Q 的法宝——精神胜利法。

他恨恨地说，我若做天子，卿定不堪为皇后。

老虎屁股摸不得，何况是母老虎的屁股？

为了报复自己的丈夫，郑氏竟然把这句话告诉了杨坚。

这种大逆不道的话，如果认真追究，足以置杨素于死地。

不过杨坚考虑到这毕竟只是夫妻吵架说的气话，而且当时杨素的地位、功劳、影响力都远不到威胁自己的地步，杨坚对他也并不是十分猜忌，因此特意网开一面，只是免去了其御史大夫的职位，但依然保留了上柱国的虚衔——跟如今免除职务、保留待遇差不多。

经历了这一次的打击，杨素不再那么骄狂，不再那么轻狂，但他依然那么狂，依然那么充满自信，他相信自己迟早会成功，就像他相信梅花迟早会怒放一样——这是自然界天生的法则，不是人的意志所能改变的。

这次终于让他抓住了难得的机会。

之后，他又多次上表，进献平陈方略。

杨素的表现让他重新获得了杨坚的信任，很快他就被任命为信州（治所今重庆奉节）总管，筹备伐陈事宜。

正如看中陈圆圆美貌的不止吴三桂一个一样，看出杨坚心思的当然也不止杨素一人。

吴州（治所今江苏扬州）总管贺若弼、虢州（治所今河南灵宝）刺史崔仲方、光州刺史高劢（治所今河南潢川）等人也纷纷上表，争献平陈之策。

其中崔仲方提出来的颇具代表性。

他说，咱们应在武昌以下的长江下游密布精兵，武昌以上的长江上游则多造战舰，顺流东下，如果敌人以精兵赴援，咱们的下游诸军就可以择机渡江，如果敌军拥兵自卫，咱们的上游水军就可以鼓行而前……

概括来说就是：多路齐发，水陆并进，令敌顾此失彼。

用少儿不宜的话来说就是：你也许可以忍受强奸，但你一定无法忍受轮奸！

不过，如果你了解过三百年前的西晋灭吴之战，你就会发现，这一策略其实只是新瓶装旧酒而已，还是原来的配方，还是原来的味道——最多只能算是个改良版。

看了崔仲方的上表，杨坚深有感触，便立即召他入朝，与他当面商议。

一番交谈后，杨坚心情大悦，对崔仲方大加赏赐，同时改任他为基州（治所今湖北钟祥）刺史，参与伐陈准备。

接着，杨坚又找到了高颎，高颎也献上了一计，他的主意很损：南方的农作物比我们北方成熟得早，我们可以在他们的收获季节，征集少量部队，虚张声势扬言要大举进攻，他们必定会顾不上收割而屯兵防御，等他们的部队集结以后，我们便撤兵。这样几次以后，我们再集结部队的时候，他们就放松了警惕，我们正好乘虚而入，渡过长江！

接着高颎又说，江南土薄（地下水位高），所有财物都不放在地窖而放在茅屋里。如果我们暗中派人去放火，烧掉他们的仓库，他们再建，咱们再烧，这样不出几年，陈国的财力必定会被耗尽。

杨坚大喜：此计甚妙！

随后他依计而行，陈人疲于应付，疲惫不堪。

兵法云：知己知彼，百战不殆。为了知彼，杨坚还在陈国内部发展了自己的内应——陈直阁将军裴蕴。

裴蕴之父裴忌曾任陈都官尚书，公元577年与吴明彻一起北伐，失利后被北周俘虏，留在了北方。杨坚建隋后，封裴忌为江夏郡公，对他极为优待，百般关爱。也许是有感于杨坚的恩情，裴忌主动策反了自己的儿子裴蕴。

此事极为机密，甚至连宰相高颎都不知道。

有了裴蕴这个卧底做实况转播，陈朝内部的一切大小事情，杨坚都了如指掌。

然而，尽管已经做了非常充分的准备，杨坚却依然还没有下定最后的决心。

毕竟伐陈和打突厥不一样，打突厥只是一场反击战，把突厥击败即可；而伐陈是灭国之战，意义更大，规模更大，困难无疑也更大。

两百年前，前秦国主苻坚曾雄心勃勃地率百万大军南征，企图以投鞭断流泰山压卵之势统一天下，结果却是以风声鹤唳、草木皆兵之态铩羽而归，甚至不久之后就身死国灭，贻笑千载！

如此惨痛的教训，怎能不让他掂量掂量再掂量，慎重慎重再慎重！

他闭门静思，仔细推敲，反复斟酌，却始终无法决定。

怎么办？

还是出去走走吧。

带着满腹的心事，带着心腹的大臣，他回到了他的出生地同州（今陕西大荔）。

在这里，他也没闲着，一场场的封闭会议、一次次的头脑风暴，但他却依然感到心里没有底。

恰在此时，仿佛牛顿被苹果砸中，他忽然灵光一闪，想起了一个人——因病没有同行的内史令李德林。

他立即派人去长安征召李德林前来，还亲笔在敕书后面写道：伐陈事意，宜自随也——有关伐陈之事，想听取你的意见，最好你亲自来一趟。

不仅如此，他还让正好回京城办事的高颎专程去探望李德林，并且特别关照说，如果德林由于身体原因不能前来，你一定要帮我把他的看法记下来带给我。

看到杨坚如此看重自己，已经被冷遇多时的李德林非常感动。

他立即抱病来到同州，向杨坚提出了自己的建议。

李德林的话彻底打消了杨坚的顾虑，仿佛一根紧缚着他的绳子一下子被解开了，让他感到无比地轻松。

他激动地对李德林说，等到平陈后，我一定会让你成为山东（崤山以东）地区最显赫的人物！

他终于不再犹豫。

攻陈之前，杨坚决定先解决掉自己的附庸国后梁。

公元 587 年 8 月，杨坚征召后梁国主萧琮（萧岿已于 585 年去世）入朝。

萧琮当然不敢违抗命令——在宗主国隋朝的面前，后梁就是个生活无法自理的幼儿，不听大人的话怎么会有好果子吃呢？

乖孩子萧琮只好乖乖地带着文武百官两百多人到了长安。

随后，杨坚任命大将崔弘度为江陵总管，进驻江陵。

崔弘度是当时著名的酷吏，他的严苛就和如今凤姐的容貌一样有名，“宁饮三升醋，不见崔弘度”的民谣几乎家喻户晓，听说这个煞星要来，江陵的百姓全都非常惊恐。

8 月 23 日，萧琮的叔父萧岩、弟弟萧瓛（huán）等人派人与陈荆州刺史陈慧纪联系，请求归降陈朝。

9 月 19 日，陈慧纪引兵到江陵城下，接应萧岩等和百姓十万人南奔。

其实，崔弘度在 8 月下旬就到了离江陵仅百余里的鄀州（今湖北荆门），却一直徘徊不进，在那里整整停留了二十多日，像看戏一样兴致盎然地看着萧岩等人从容入陈后，才急速进军占领了江陵。

显然，这是杨坚有意安排的。

他的目的就是要引诱陈朝接纳后梁叛臣，陷敌于不义，为攻陈寻找借口！

因此，在得知这一消息后，杨坚的反应极为激烈，一方面立即废掉后梁，改封萧琮为上柱国、莒国公；一方面又对陈朝的行为大加指责：陈人叛逃，我从来不接受，你陈国居然敢公然接受我的叛臣！

接着他公开发表声明，声称由于陈人违反约定，两国关系彻底破裂，从此进入敌对状态。

在朝堂上，他义正词严地对朝臣们说：我为民父母，岂可限一衣带水不拯之乎！——我是天下百姓的父母，怎么可以因为长江这一条像衣带一样宽的小河阻隔就不去拯救江南的百姓呢！

一不小心，文化程度并不高的他创造了一衣带水这个成语。

随后，杨坚命令各地大造战船。

执行这一政策最得力的是信州总管杨素。

北方人向来不善水战，杨素认为先进的舰船可以弥补这个短板。

他造的头号战舰名叫“五牙”，有五层，高达一百余尺，还配有六个大型拍竿（古代水战利器，大约相当于投石机），可容纳 500 人，算得上是当时的航母；二号战舰名叫“黄龙”，可容纳士兵 100 人，相当于现在的巡洋舰；除此以外，还有“平乘”、“舴艋”等各种大小不一的其他战舰。

很快，他就组建了一支大规模的水军舰队。

不过，这样大张旗鼓地造船，当然很容易被陈朝人发现。

有人劝杨坚要注意保密，但他却回答，我这是替天行道，有什么可保密的！

不仅如此，杨坚还要求造船工人把砍下的木片、木屑全部丢到长江里，让其顺流漂下，有意让陈人知道，同时他还到处宣扬：我要的就是让陈人看到了感到害怕，而改过自新！

如果一个和你多年没有往来的远房亲戚突然对你嘘寒问暖热情无比，那么这个人一定是另有目的，比如说要向你借钱。

同样道理，一向低调隐秘的杨坚现在突然这么故意张扬，也一定是另有文章。

很显然，杨坚是想要借此试探陈后主的反应，再相机行事，决定下一步的动作。

然而，转眼几个月过去了，陈朝毫无备战的迹象，依然一片歌舞升平。

杨坚终于放心了。

公元 588 年 3 月，杨坚正式下诏，宣称将讨伐陈国：陈叔宝据手掌之地，恣溪壑之欲……天之所覆，无非朕臣，每关听览，有怀伤恻。可出师授律，应机诛殄；在斯一举，永清吴越！

他还详细列举了陈叔宝的二十条罪状，并让人抄写了三十万份，派间谍潜入江南，到处张贴散发。

一时间，陈国的大街小巷、车站码头、男女厕所，在各种办证刻章、招男女公关、重金代孕、无痛人流、老军医专治性病、求包养、求一夜情、求基友等小广告的旁边，赫然出现了无数画着陈叔宝头像的“陈主二十大罪”的宣传单。

不仔细看的话，很容易把陈叔宝看成是老军医什么的。

杨坚已经在明目张胆地磨刀霍霍，按说就是头猪，也该知道害怕了，但陈叔宝却对此毫无反应，依然沉迷于温柔乡中不可自拔。

倒不是他比猪还迟钝，而是他根本就啥都不知道，杨坚发的檄文、隋军的动向……所有影响他心情的坏消息都被他的宠臣中书舍人施文庆等人给挡住了。

他就像一个得了幻想症的孩子，一天到晚沉浸在自己的桃花源里，与世隔绝，不知外面世界，今夕是何年。

太市令（负责管理市场交易的官员）章华实在看不下去了，忍不住上书劝谏，言辞极为犀利：陛下即位，于今五年，不思先帝之艰难，不知天命之可畏；溺于嬖宠，惑于酒色；祠七庙而不出，拜三妃而临轩；老臣宿将弃之草莽，谄佞谗邪升之朝廷……

最后他还非常直接地指出了严重的后果：今疆场日蹙，隋军压境，陛下如不改弦易张，臣见麋鹿复游于姑苏矣！

“麋鹿游于姑苏”出自春秋时伍子胥对吴王夫差的谏言，意为吴国都城姑苏将变成麋鹿漫游的荒凉之地，也就是国家即将灭亡。

陈叔宝一向听惯好话，在他自己的心里，在他周围那些马屁精的嘴里，一直都是这样的：他是圣明无比的，国家是繁荣昌盛的，社会是安定团结的，人民是爱他如父的……

这种说他不对、骂他不行，甚至诅咒他亡国的话，他怎么可能接受得了？

他大怒不已，脸拉得比越南地图还长，当场就下令将章华拖出去，斩首示众。

从此，陈叔宝再也听不到任何不和谐的声音了，当然也就更加任性、更加为所欲为了。

他开始着手做自己蓄谋已久的一件大事——废立太子。

原先的太子陈胤是他的庶长子，由沈皇后抚养长大。陈叔宝和沈后关系不好，恨屋及乌，自然也就不喜欢这个儿子。

公元588年5月，陈叔宝宣布废陈胤为吴兴王，立张丽华所生的陈深为太子，为爱妃献上了一份大礼。

接下来，他还想给张丽华献上一个更大的礼包——废沈后，改立张丽华为皇后。

这段时间，陈叔宝很忙，新皇后就要册封了，她该吹什么样的发型？该穿什么样的内衣？豹纹的还是蕾丝的？……

这段时间，杨坚也很忙，决战就要开始了，该征用多少军队？该采用怎样的作战计划？该派哪些人做统帅？……

这是隋朝建国以来最大规模的军事行动，当然也需要征集最为庞大的军队。

除了保留必需的宿卫京城和守卫北疆的军队以外，他几乎调集了国内全部的武装力量，但还觉得不够，又不断增加军府、扩充兵力，甚至还把江淮一带的乡兵列入了战斗序列——樊子盖、来护儿等后来的隋朝名将都率乡兵参加了这一战事。

就这样，杨坚在短短几个月的时间里圆满完成了扩军计划。

随后，杨坚又参考诸将的建议制订了完备的作战计划，并亲自遴选参战将领。

## 韩擒虎和贺若弼

半年多以后，杨坚觉得一切都已经无懈可击，才开始采取行动。

公元588年10月28日，杨坚率文武百官在太庙祭告祖先，随即正式发布了“打过长江去，统一全中国”的命令。

他任命晋王杨广（杨坚次子）、秦王杨俊（杨坚第三子）、清河公杨素为行军元帅，分别负责东、中、西三个方向的作战指挥。

具体的安排是：杨素率军出永安（今重庆奉节），荆州刺史刘仁恩出江陵（今湖北江陵），蕲州刺史王世积出蕲春（今湖北蕲春），杨俊出襄阳（今湖北襄阳），庐州总管韩擒虎出庐江（今安徽合肥），杨广出六合（今江苏六合），吴州总管贺若弼出广陵（今江苏扬州），青州总管燕荣出东海（今江苏连云港）……

隋军的战略意图非常明确——杨素和杨俊两路在长江中上游先行发动进

攻，吸引陈军主力西上增援，下游的杨广和他部下的贺若弼、韩擒虎等人则乘机渡江，突袭建康。

此役隋军共出动行军总管九十余人，总兵力达五十一万八千，由晋王杨广担任总指挥。

不过，杨广当时才二十岁，他能当此重任吗？

我不相信他能，就像我不相信二十岁的男人能当选美国总统一样。

杨坚的智商不比我低，所以他的想法当然也是这样的。

事实上，在杨坚的安排中，杨广只是名义上的主帅，是去战场镀金的。

真正掌舵的，是担任元帅长史的高颎，这一点，史书上说得非常清楚：三军谘禀，皆取断于颎。

有高颎辅佐杨广，杨坚当然可以放心了，套用一句广告语就是：爸爸再也不用担心你的战绩了！

11 月 2 日，杨坚下诏：有擒获陈后主者，封上柱国、万户公，以激励士气。

11 月 10 日，他又在潼关附近举行誓师大会，亲自为从关中出发的南征将士饯行。

望着阵容严整、斗志昂扬的三军将士，很少激动的杨坚也不由得激动万分：几百年来，无数英雄豪杰梦寐以求的统一中国的梦想，就要在自己的手上变成现实了！

混同南北，在此一举；风流人物，还看今朝！

很快，在杨坚的部署下，西起巴蜀，东到大海，隋军在长达数千里的战线上以排山倒海之势扑向江南。

12 月，秦王杨俊率于仲文、崔弘度、崔仲方、源雄、侯莫陈颖等三十位行军总管、十余万大军进驻汉口（今湖北武汉汉口）。

陈朝原先驻在峡口（今湖北宜昌西陵峡口）的大将周罗睺连忙率军回防，驻在江夏（今湖北武汉武昌），严阵以待。

周罗睺是陈朝名将，曾因中流矢而一目失明，号称独眼将，他身经百战，智勇双全，指挥有方，防备严密得如同最优质的水管一样滴水不漏。

饶是杨俊麾下谋士如云，猛将如雨，也根本找不到渡江的机会，两军就这样隔江对峙。

与此同时，在东路，杨广、高颎等人也率军进到了长江北岸。

大敌当前，高颎心事重重，忧心忡忡。

他问行台吏部郎中薛道衡：江东必可克乎？君试言之。——江东我们肯定能攻下吗？您说说看。

薛道衡是当时著名的才子，曾担任内史舍人、散骑常侍等职，经常为杨坚起草文书，还曾多次出使陈朝，对陈朝局势颇为了解。

对这个问题，薛道衡早已胸有成竹：昔日晋郭璞曾预言，江东分王三百年，复与中国合，今时间已到，此必克一也；有德者昌，无德者亡，主上恭俭勤劳，叔宝荒淫骄侈，此必克二也；国之安危在所委任，叔宝以江总为相，唯事诗酒，拔小人施文庆，委以政事，此必克三也；我有道而大，陈无德而小，此必克四也。

薛道衡从运势、君主、用人、实力四个方面逐一条分缕析，最后得出了结论：席卷之势，事在不疑——我们一定会胜利，没什么可怀疑的！

听了他的分析，高颎感觉豁然开朗，就像便秘了几个月突然通畅一样：您的回答彻底解决了我心中的疑问。本以为您只是文章写得好，没想到您的韬略也这么强！

打响攻陈第一枪的是西路军主帅杨素。

杨素率水军从永安顺流而下，军至流头滩（今湖北宜昌西北），被驻防在下游狼尾滩的陈将戚昕挡住了去路。

狼尾滩水流湍急，易守难攻。

怎么办？

杨素有些犯难。

司马李安（唐高祖李渊的堂兄）建议说，陈人以水战见长，又占据地利，必轻我而无备。我军趁夜偷袭，定能破贼！

杨素遂依计而行，趁着夜色，亲自和李安等人率领水军突袭陈军战船，同时派出陆战队在南岸攻击陈军营垒，隋荆州刺史刘仁恩则从北岸配合进攻。

三箭齐发，声势浩大，陈军猝不及防，又顾此失彼，哪里抵挡得住！

最终陈军大败，主将戚昕狼狈逃走，部众大多被俘。

杨素对所有俘虏大加慰劳：你们辛苦了！

接着又把手一挥：大伙都回家吧！

俘虏们面面相觑，愣了一会儿，反应过来后立即一哄而散。

狼尾滩一战虽然规模不大，但却是隋军首胜，而且打破了陈军擅长水战的神话，意义十分重大，因此杨坚亲自下诏嘉奖，并晋封此战立下头功的李安为上大将军、郢州刺史。

顺利突破狼尾滩后，隋军舰队浩浩荡荡，继续沿江东进。

杨素高高地坐在旗舰的船头，目光炯炯，长髯飘飘，仪表堂堂，风度翩翩，威风凛凛，江边观看的陈朝百姓都看呆了，纷纷惊叹：真乃江神也！

耍帅有风险，出风头需谨慎。

其实杨素这么做非常冒险，如果陈军在江边设下狙击手，突施冷箭，他就很可能英年早逝！

但这样的举动，却正凸显了杨素的狂人本色！

一时间，长江中上游的陈军形势骤然吃紧，不断地向朝廷告急。

然而这些告急文书依然全部被中书舍人施文庆扣下了。

他觉得，马上就要过年了，就是得了癌症，医院过年都不动手术的，再急的事，也总得让皇帝开开心心过完年再说吧。

因此住在深宫的陈叔宝依然什么都不知道，还以为天下太平，国泰民安。

国家已经风雨飘摇，他依然在快活逍遥；江山已经危在旦夕，他依然在尽情嬉戏……

他不仅对隋军的大兵压境毫不设防，居然还下令把从江州（今江西九江）到南徐州（今江苏镇江）的所有战船都撤到京城建康。

长江下游的整个江面上，一条陈军的战船都没有。

这是搞的什么名堂呢？

难道陈叔宝要效仿诸葛亮的空城计，来一个空江计？

当然不是的。

陈叔宝哪有这样的头脑？

真正的原因是：

上一年，后梁宗室萧岩、萧瓛等人带着十万军民叛逃到了陈国，陈叔宝表面上非常欢迎，但实际上却非常不放心，他一方面任命萧岩为东扬州（今浙江绍兴）刺史、萧瓛为吴州（今江苏苏州）刺史，另一方面却又派了大将任忠率军驻守在吴兴（今浙江湖州），以监控二萧。

当时正值年底，由于陈叔宝打算在明年正月搞个盛大的阅兵式，向萧岩、萧瓛等后梁的降臣炫耀自己强大的实力，所以全部战船都被调到了建康。

这就跟现在某些人喜欢在网上炫富、秀恩爱、晒幸福……是差不多的心理。

小子我在这里偷偷说一句，其实结局也差不多——陈叔宝刚炫耀完实力就亡了国，有些明星刚秀完恩爱就离了婚。

当然，不是所有牛奶都叫特仑苏，不是所有人都像陈后主一样糊涂。

尚书仆射袁宪、大将萧摩诃、樊毅等人都认为这样不妥，他们联名上奏：现在形势紧张，京口（今江苏镇江）、采石（今安徽马鞍山西南）两地都是江防重地，必须加派精兵防守，这两处都至少要派两百艘战船在长江中来回巡查。

然而施文庆却对陈叔宝说，隋朝侵扰，这就和女人来大姨妈一样是很平常的事！有什么值得大惊小怪的。快过年了，这些船刚调回京城，又要把他们派出去，来回折腾，那不影响军心吗？不行。

陈叔宝听了连连点头：爱卿所言甚是。

此事就这样不了了之。

过了几天，看皇帝没有反应，袁宪等人急了，又联合群臣再次向陈后主请求。

施文庆还是极力反对：很快就要过年大阅兵了，把这么多的兵和船调走，那还阅个屁呀。

陈后主脑袋一拍，拍出了一个折中方案：现在离过年还有一段时间，京口、采石两地离建康也不算远。不如这样，先把兵、船派过去，如果没事的话，到正月阅兵时再调回来。

但施文庆却依然不同意：这事传出去不是让人笑话吗，笑话我们军队少。

为什么施文庆这么反对派兵去增强采石和京口的防守呢？

其实是他是有私心的。

前段时间他刚被陈叔宝提拔为湘州（治所今湖南长沙）刺史，野心勃勃的他想从建康带一批精锐部队去上任，当然不希望精兵被调走。

施文庆和宰相江总关系很好，因此江总也出来帮他说话。

江总到底是文坛大师，口才极佳，一套一套的歪理如滔滔江水连绵不绝，又如黄河泛滥一发不可收拾……

陈叔宝不仅被说服了，还被他鼓动得蠢血沸腾：是呀！怕个毛哇！王气在此！自立国以来，齐军三次来犯，周军也两次入侵，无不摧败。隋军又能有什么作为！

大敌当前，不做任何准备却居然指望王气，就和想发财不做任何努力却指望放屁放出几十万立方天然气一样，实在是太不靠谱了。

不过，在中国古代，领导说的话，即使再不靠谱，往往也有人附和。

听了陈叔宝的话，马屁精孔范也豪气万丈地说，长江天堑，敌军哪这么容易就打过来！这都是那些边将，立功心切，所以才谎报军情的。即使敌军真的渡江了，还有我这个天才呢，我只觉得浑身本事没地方用，憋着一肚子本事比憋尿还难受呢，隋军来了，正好让我好好地发泄一下！

陈叔宝听了不由得大笑：那你就一泻千里吧，不，一飞冲天吧……

从此，他再也不做任何防备，每天依旧歌舞升平。

葡萄美酒夜光杯，喝了一杯又一杯；倾国美女拥怀内，抱了一位又一位……

公元589年大年初一，就在陈国上下沉浸在节日的欢乐气氛中时，隋朝吴州总管贺若弼带着数万隋军从广陵（今江苏扬州）渡江了。

预则立，不预则废，贺若弼早就为此做了充分的准备。

他不敢大意，因为镇守对岸京口（今江苏镇江）的是威震天下的陈国名将萧摩诃。

萧摩诃号称南朝第一猛将，有万夫不当之勇，他十九岁就跟随陈朝开国皇帝陈霸先南征北战，经常担任先锋，百万军中取上将首级，易如反掌。

且看史书的记载：

十九岁出道第一战，“单骑出战，军中莫有当者”。

与北齐军战，“独骑大呼，直冲齐军，齐军披靡”、“率七骑先入，手夺齐军大旗，齐众大溃”。

与北周名将宇文忻战，“领十二骑深入周军，纵横奋击，斩首甚众”。

现在萧摩诃已经五十八岁了，与如今驻守吴兴的另一名老将任忠是陈军中最有威望的两大宿将。

如果说萧摩诃是勇猛的狮子，那么他的对手贺若弼就是狡猾的狐狸。

在所谓隋初四大名将（另外三位是杨素、韩擒虎和史万岁）中，贺若弼向来以足智多谋而著称。

他暗中购买了大量船只，隐藏起来，同时又故意把几十只破船停在港湾内。

萧摩诃派人过江侦察，发现隋军的船只都是又小又破。

他放心了：乘这样的破船过江，就跟乘风筝上天一样——完全是痴人说梦。

当然，萧摩诃毕竟经验丰富，警惕性还是有的，依然不怎么松懈。

但贺若弼还有下一着。

他经常让大部队在江边集结，刀枪如林，旌旗蔽日，锣鼓喧天，人喊马嘶……

陈军探子连忙向萧摩诃汇报：江北发现大批敌军，大有渡江之势！

萧摩诃赶紧召集部队，迅速跑到江边，占据有利地形，布好阵势，做好迎战准备。

没想到过了一会儿，隋军就散去了，原来他们居然是在换防！

萧摩诃不由得笑了：吃个麻辣烫还要穿个燕尾服，骑个三轮车还要印个宝马标，换个防还要弄个这么大动静，有些人就是爱摆谱，爱装B，什么贺若弼，我看不如改名叫贺装B好了！

就这样，一次，两次，三次，四次，五次……九百九十九次同样的事发生以后，萧摩诃和陈军士兵对此早已习以为常，再也不当回事。

现在正逢过年，萧摩诃回建康去参加新春庆典去了，其余的陈军也放松了准备，大家都忙着喝酒，庆祝新年。

这一天，风平浪静，大雾弥漫。

长江北岸，贺若弼披挂整齐，率所部将士万余人登上了渡船。

临行前，当着全军将士的面，他仰面痛饮了一杯酒，随后掷杯于地，慷慨激昂地说，我贺若弼亲承庙略，远振国威，伐罪吊民，除凶翦暴。朗朗晴天，浩浩长江，请为我作证，如果你们认为我是正义的，就保佑我顺利渡江；如果认为我做得不对，就让我葬身在鱼腹之中！

此时，江南的陈军巡逻士兵也发现了对岸又在集结部队，但却毫不在意：好你个贺装B，过年也不忘装B呀。

等到看见大量隋军船只鼓起风帆向江南驶来的时候，他这才如梦方醒，赶紧回去报告。

但哪里还来得及？

还没等陈军做出任何反应，贺若弼已经率大批隋军精锐登陆江南，迅速抢占了滩头阵地。

就在贺若弼过江的同一天半夜，隋朝庐州总管韩擒虎也率五百精兵从横江浦（今安徽和县东南）偷偷渡江了。

五百人？

有没搞错？这点人去抓个赌还能凑合，搞个拆迁都不够，要打仗怎么够？

但韩擒虎人如其名，他就是这么大胆。

也是他的运气好，南岸采石的陈军白天为庆祝新年喝了不少酒，这会儿都醉得不省人事，要么在打酒嗝，要么在打呼噜，居然没有一个人发现隋军的动向。

就这样，韩擒虎神不知鬼不觉地过了江，随即轻而易举地攻克了采石。

与此同时，隋军总指挥杨广也挥师南下，驻扎在与建康仅一江之隔的桃叶山（今南京浦口宝塔山）。

第二天，陈叔宝得知了隋军已过江的消息，顿时蒙了，就如突然遇到警察扫黄的嫖客一样惊慌失措。

他连忙任命大将萧摩诃、樊毅、鲁广达三人为大都督，负责建康防务；回建康参加庆典的南豫州刺史樊猛则率水军防守白下城，防止杨广率领的隋军主力渡江。

萧摩诃主动请战，要求率军赶赴京口，迎击刚过江立足未稳的贺若弼。

听说他要走，陈叔宝顿时有一种鱼儿离开了水、瓜儿离开了秧的感觉，便坚决不肯答应：不行啊。建康城不能没有你！

问题是，不让萧摩诃去，也该另派别人去援救京口哇！

可是，此时的陈叔宝早已乱了分寸，仿佛停止响应的电脑，光听见硬盘咔拉咔拉地响却什么也做不了——他居然什么人也没派。

也许正是这个决定导致了京口的失陷!

贺若弼渡江后，就立即率军猛攻京口。

陈军在守将黄恪的带领下苦苦坚守，但由于一直没有盼到援兵，在坚持了五天后终被隋军攻破。

正月初六，贺若弼率部进驻京口，军纪严明，秋毫无犯，不拿百姓一针一线，只送爱心一片一片。

有个隋军士兵到百姓家里拿了一壶酒，贺若弼立即将他斩首示众。

在京口稍作休整后，贺若弼分出少数兵力，占领曲阿（今江苏丹阳），以阻止敌方东面的援军，自己则亲率精锐直扑建康，一路势如破竹，所向披靡。

西面的韩擒虎也不甘示弱，正月初七，他率军进攻姑孰（今安徽当涂）。

姑孰是建康西南的重镇，陈朝南豫州的治所，但南豫州刺史樊猛此时却在建康!

樊猛不在，姑孰守军群龙无首，乱作一团。

仅仅用了半天时间，韩擒虎就攻下了姑孰。

随后他率军东进，与贺若弼一东一西，对建康形成了夹击之势。

建康城内早已人心惶惶。

大将樊猛的家人都在姑孰，如今全被隋军俘虏了，故而陈叔宝对樊猛不太放心，想让人取代他，但樊猛听说要撤换他当即面露不悦，陈叔宝不敢勉强，只好作罢。

另一大将鲁广达的两个儿子都在老家投降了隋军韩擒虎部，鲁广达深感不安，便找到了陈叔宝，自请治罪。

陈叔宝头脑还算清醒，对他大加安慰：公国之重臣，吾所恃赖，岂得自同嫌疑之间乎!

他还赐给鲁广达大量黄金，让其继续领军。

尽管稳住了鲁广达，但陈叔宝依然感到心乱如麻，心神不宁，心烦意乱，心力交瘁。

好在老将任忠及时从吴兴赶来赴援，算是给了他些许安慰。

任忠抵达建康的时候，建康的形势已经非常严峻。

此时韩擒虎已到了距离建康仅二十里的新林（今南京雨花台区西善桥），与另一名过江的隋军将领杜彦合军一处，共有两万人。

而贺若弼的进军速度则更快一筹，已经进至建康城东，占据了钟山（今南京紫金山）!

温室里长大的花朵经不起风霜，生于深宫之中、长于妇人之手、一直养尊处优的陈后主何时经历过这样的场面？

他两眼无光，四肢无力，六神无主，只知道在那里哭，眼泪如山间的小溪一样不停地流，身体如风中的树叶一样不停地抖。

但事实上，局势远没到不可收拾的地步。

当时建康城内的陈军还有十余万，而隋军贺若弼部只有八千，韩擒虎部两万，陈军在兵力上依然占有明显的优势。

萧摩诃极力请战：贺若弼孤军深入，营寨未坚，臣请求出兵突袭，定能一战破之。

但陈叔宝还在犹豫：让我再想想吧。

任忠则提出了和萧摩诃截然不同的意见：兵法云，客贵速战，主贵持重。我认为，咱们应该一方面固守台城，一方面派水军切断采石和京口的水路，断其粮道，时间一长，江南敌军必不战自乱。

陈叔宝面无表情，毫无反应，任忠的话进入他的耳朵就如小雨落入池塘一样了无痕迹，他的回答依然是：还是让我再想想吧。

除了萧摩诃和任忠，其余众将也纷纷发表了自己的看法。

然而，就像我家楼下炸油条的王老头无论遇到什么样的女顾客都只有一个称呼“美女”一样，陈叔宝无论别人提出什么建议都只有一个回答：还是让我再想想吧。

可是到了第二天，他却突然做出了决定：老是这样拖着，真让人心烦，还是痛痛快快打一仗吧！

任忠连连叩头，苦苦劝谏：陛下，千万别轻率出战！

但孔范却在旁边鼓动说，只要出战，我军必胜。我已经准备好为陛下刻石记功了。连颂词都想好了，壮哉，我大陈皇帝，文能提笔控萝莉，武能提枪讨贼逆。静能扮靓诱人妻，动能雷霆扫四方……

听了孔范的话，陈叔宝再也不犹豫了，随即对萧摩诃说，请你为我和隋军一决胜负！

萧摩诃回答，从来行阵，为国为身。今日之事，兼为妻子——打仗不仅是为了国家，也是为了自己和家里的妻儿。

言下之意很明显：此战关系重大，请陛下不要吝惜钱财！

陈叔宝倒并不小气，他马上拿出大量宫中的金银，分配给各军，作为胜利后的奖赏，命令诸将立即整军出战。

公元 589 年 1 月 20 日，在陈叔宝的催促下，十万陈军仓促出动，在白土冈（今南京城东的一处高地）以西摆出了长达二十里的一字长蛇阵，由南到北依次是鲁广达、任忠、樊毅、孔范、萧摩诃。

按照隋军指挥部战前的部署，贺若弼不能擅自出击，而应该要在钟山待命，等韩擒虎和隋军主力到来后再与陈军决战。

但立功心切的贺若弼实在是等不及了。

他觉得，陈军人数虽多，但其阵型却像胖子身上的肉一样松，像流水账的文章一样散，像早上起床时的头发一样乱，缺乏统一指挥，首尾不相顾，很容易被各个击破。

只要击垮了这支陈军主力，自己就可以赶在韩擒虎之前，率先攻入建康城，活捉陈后主，立下旷世奇功，赢得千古美名！

想到这里，他一声令下，亲自率八千将士冲下白土冈，直扑陈军最南面的鲁广达部。

之所以选择鲁广达为突破口，是有原因的。

因为他认为，鲁广达的两个儿子都已经投降了隋军，投鼠忌器，应该不会太卖力地抵抗。

然而出乎他意料的是，鲁广达率部死战，极为骁勇，连续四次击退了隋军的进攻。

隋军死伤惨重，却毫无进展。

在丢下几百具尸体后，贺若弼点燃了山下的灌木丛，在烟幕的掩护下仓皇撤退。

阵地上黑雾弥漫，黑烟蔽日，陈军根本看不清隋军的动向，便放弃了追击，抢着去割隋军的人头，好回去领赏。

一时间陈军乱成了一团。

这一切当然逃不过贺若弼如手术刀一般犀利的眼睛。

机会来了。

他立即下令再次向陈军发起猛攻。

经过仔细的观察，这次他把进攻的矛头对准了孔范。

靠假发包装成满头秀发的秃头，遇到八级大风就会露出秃头的真相；靠吹牛包装成文武全才的孬种孔范，到了紧急关头就会显出自己孬种的本色。

看到如狼似虎的隋军朝自己猛扑过来，孔范吓得心惊胆战、魂飞魄散、汗流浃背、尿湿裤裆，慌忙拨转马头，狼狈逃跑。

主将不战而逃，部下哪里还有战意？

在隋军的猛烈冲击下，孔范的部队很快就溃不成军。

一时间，陈军兵败如山倒，与孔范相邻的萧摩诃所部也被败兵和隋军冲乱，纷纷溃散，就连萧摩诃本人也被贺若弼麾下的部将员明生擒！

号称南朝第一猛将的老英雄萧摩诃，此战怎么会大失水准，败得这样窝囊？

《陈书》的记载非常简单：骑卒溃散，驻之弗止，摩诃无所用力焉，为隋军所执。——部众溃散，喝止不住，萧摩诃无力回天，故而被隋军俘虏。

而在《南史》中，则多了一句话：后主通于摩诃之妻，故摩诃初无战意——萧摩诃因为被陈叔宝戴了绿帽子，所以故意出工不出力，明明有考100分的能力，却故意交了白卷！

清人杜纲所写的《南史演义》中更是说得绘声绘色：

先是萧摩诃丧偶，续娶夫人任氏，年甚少。尝以命妇入朝，与丽华说得投机，结为姊妹。任氏生得容颜俏丽，体态轻盈，兼能吟诗作赋，自矜才色，颇慕风流，微嫌摩诃是一武夫，闺房中惜玉怜香之事，全不在行，故心常不足……

一日，正当后主临朝，丽华召夫人入内，留在结绮阁宴饮，你一盏，我一杯，殷勤相劝，丽华不觉酣醉，倚在绣榻之上，沉沉睡着。哪知事有凑巧，恰值后主亦独自走来，夫人回避不及，忙及俯伏在旁。后主便挽定玉手，携入密室，拉之并坐，夫人垂首含羞，轻轻俏语道："只恐此事不可。"然见了风流天子，态度温存，早已心动。于是后主拥抱求欢，夫人亦含笑相就，绝不作难。翻云覆雨，笑语盈盈，以为巫山之遇……

自此任氏常被召入宫，留宿过夜，调情纵乐，做长夜欢聚。在摩诃面前，只说被丽华留住，不肯放归。

萧摩诃是直性人，开始还信以为实，也不用心查问。后来风声渐露，才知妻子与后主有奸，不胜大怒，叹道："我为国家苦争恶战，立下无数功劳，才得打成天下。今嗣主不顾纲常名分，奸污我妻子，玷辱我门风，教我何颜立于朝廷！"

不过，《南史演义》中这个故事虽然写得非常生动逼真，细节翔实得足够拍成一部情色电影，但其我个人感觉其真实然值得怀疑——因为萧摩诃曾多次积极求战，根本不像对皇帝有意见、消极怠工的那种样子。

更重要的是，萧摩诃出征前还说过：从来行阵，为国为身。今日之事，兼为妻子。

如果他知道自己的妻子与皇帝私通，还会这么说吗？

很显然，除了智商为负的人，估计正常人都会觉得这个故事非常不合常理。

于是，此事在之后蔡东藩的《南北史演义》中又出了个2.0的新版本，概括来说是这样的：

话说在萧摩诃受命出征后，其妻子任氏入宫受封，陈叔宝看到任氏长得美艳绝伦，皮肤白白的，眼睛大大的，胸部挺挺的，屁股翘翘的，当时就把持不住，对任氏霸王硬上弓，将其留在宫中纵情淫乱……

就在萧摩诃布好阵势，准备迎敌的时候，家人来报：夫人被皇帝奸污了！

萧摩诃听后怒气冲天，便不愿尽力，观望不前，故而轻易为隋军所擒。

但这个新版本的故事，我依然觉得不太可信，毕竟里面的疑问实在太多了：陈叔宝是否会昏庸到在生死关头还不顾死活地搞自己手下主将的老婆？（从他对鲁广达释而不问和不惜钱财赏赐军队两件事来看，他多少还是有点脑子的。）

在短短几个小时的时间内怎么来得及发生这么多事？

怎么会那么巧其家人正好在萧摩诃发动进攻前告诉了他这个消息呢？

萧摩诃为什么不干脆冲冠一怒为红颜、宣布起义投诚而宁愿要束手被擒毁尽一世英名呢？

《陈书》对此为什么没有记载呢？……

除此以外，无论是《陈书》还是《南史》都记载了这样一件事：

陈叔宝被抓后，萧摩诃向贺若弼请求：愿得一见旧主，死无所恨。

贺若弼感其忠义，同意了他的要求。于是，萧摩诃入见陈叔宝，跪倒在地痛哭不已，还到厨房找东西给他吃，最后泪流满面，辞诀而出，守卫的隋兵见了都低下了头，不忍观看。

从这个记载来看，萧摩诃对陈后主的忠心简直到了愚忠的地步，一个因为被皇帝戴了绿帽子而心怀怨恨、一个为了报复皇帝故意怠工的人，怎么可能做出这样的举动？！

因此，我个人认为，《南史》所载“后主通于摩诃之妻，故摩诃初无战意”这个说法不是太可信。

那么，萧摩诃为什么会一战被擒呢？

其实也很容易理解。

就像一粒再甜的糖抛入大海也改变不了大海的苦涩，萧摩诃再勇猛，凭他一个人也难以抵挡如潮水般涌来的隋军！

当时他身边的部众大都已经溃散，他也被敌人团团围住，而且他此时已年近花甲，体力与壮年时已经不能同日而语，被敌军猛将员明生擒也绝非不可能。

当然了，这只是我个人的看法，信不信由你。

扯远了，回到战场。

吹牛大王孔范的临阵脱逃，百战名将萧摩诃的兵败被擒，让所有的陈军都失去了斗志，一时间四散奔逃，乱作一团。

只有鲁广达还在率部与贺若弼苦战不已。

败退下来的任忠第一时间逃入台城，拜见陈叔宝：陛下好自为之吧，臣已经无能为力了！

陈叔宝拿出两大把黄金，让他重整败兵，做最后一搏。

任忠慷慨激昂地说，陛下放心，臣马上就去准备船只，一定以死护送您去上游找周罗睺他们去！

陈后主连忙让他出去安排，同时赶紧令宫女为他准备行装。

然而，他等了很久，度秒如年，坐立不安，望眼欲穿，等到花儿也谢了，等到肚子也饿了，等到血糖也低了，等来的却是隋将韩擒虎。

这是怎么回事呢？

原来是任忠干的好事。

正如铅笔里没有铅、面包车里没有面包、老婆饼里没有老婆，任忠的心里根本没有“忠”这个字，眼见大势已去，他产生了投降隋军的念头，之所以在第一时间就赶到宫中，他的目的就是稳住皇帝，让他老老实实地待在宫中，哪儿也不要去。

他要卖主求荣——把陈后主献给隋军，为新主立一件大功。

这份大礼该给谁呢？

任忠决定给韩擒虎。

因为他知道贺若弼此时还在与鲁广达缠斗，一时半会到不了台城。

主意已定，他立即快马加鞭出了朱雀门，一路向南疾驰。

在石子冈（今南京雨花台），他遇到了正率军从新林赶来的韩擒虎。

随后任忠充当带路党，领着隋军杀向建康。

守卫朱雀门的陈军本来还想抵抗，任忠对他们挥挥手说，老夫我都投降了，你们还瞎起什么劲哪！

任忠和萧摩诃两人号称“大陈军界双璧”，在陈军中威望极高。

听任忠这么一说，守军全都放下了武器，纷纷作鸟兽散。

就这样，韩擒虎不费一兵一卒就进了朱雀门，随后他率两万隋军杀气腾腾直奔台城。

听说隋军来了，台城内所有的文武百官就像遇到秋风的树叶一样很快就一哄而散，只有尚书仆射袁宪一人还陪在陈叔宝身边。

陈叔宝长叹了一声：非唯朕无德，亦是江东衣冠道尽——这样的局面，不仅是朕无道失德，也是因为江东士大夫的气节都丧尽了！

接着他拍拍屁股就想溜。

袁宪赶紧拉住了他：事已至此，陛下您还能躲到哪里去？不如正衣冠，坐正殿，像当年梁武帝接见侯景一样。虽然我们败局已定，但您是一国之君，骨气不能丢，面子不能丢。

陈叔宝哪里肯听：你当我傻呀。要骨气就有可能断气，要面子就有可能失去命根子。隋军的刀枪可不长眼睛，我怎么能拿性命冒险哪？你别管我，我自有妙计。

随后他用力挣脱袁宪，跑了出去。

不多时，韩擒虎带着隋军进了台城，却根本找不到陈叔宝。

隋军拿着放大镜，仔仔细细认认真真来来回回搜索了八十八趟，最后终于在景阳殿后面的一口枯井里听见了悉悉索索的声音，发现了隐隐约约的人影。

有个隋军士兵大声问道：谁在下面？

没有回答。

他连问了几遍，下面依然一片寂静。

于是他恐吓说：再不回答我们就扔石头了！

只听井下传来一个带着哭腔的声音：别扔啊，我是陈叔宝……

隋军抛下绳索，想把井下的人拉上来，没想到却感觉沉重异常：这么重，怪不得皇帝要被称作万斤之躯！

等到拉上来一看，他们笑了——原来不是陈后主一个人在颤抖，里面有三个以1000赫兹的频率不停颤抖的人！

陈叔宝、张丽华和孔贵嫔！

这也许就是传说中的“在地愿做连理枝”？

陈叔宝就这样窝囊地成了隋军的阶下囚，在中国五千年历史上以这种可笑可耻的方式被抓的皇帝，他是绝无仅有的一个。

同一时间，鲁广达还在率部和贺若弼苦战，看到身边的部下越来越少，他流泪叹息道：我不能救国，负罪深矣！

在继续格杀了数名隋军士兵后，他力竭被擒。

整整厮杀了一天，贺若弼终于得以攻进建康城内。

随后他立即马不停蹄地烧掉北掖门，意气风发地杀入台城，四处寻找陈叔宝的身影。

众里寻他千百度，蓦然回首，那人却在——韩擒虎的手里！

韩擒虎竟然早已擒获了陈叔宝！

贺若弼心里不是个滋味。

自己打了无数恶战，韩擒虎却兵不血刃！

自己费了九牛二虎之力，韩擒虎却不费吹灰之力！

自己付出了这么大的代价好不容易娶来的新娘，韩擒虎却先他一步入了洞房！

这让贺若弼的心里怎能平衡！

他瞪着两只喷火的眼睛怒视着陈叔宝。

陈叔宝双膝一软，马上跪了下来。

贺若弼把手一挥：小国之君见大国上卿，跪拜是必须的。入隋朝后你不失为归命侯，不用怕。

随后他怒气冲天地和韩擒虎争了起来，两人拔刀相向，大闹一场，最终不欢而散。

两天后，高颎和晋王杨广也率隋军主力先后进入了建康。

据《隋书·高颎传》记载，这时还发生了这么个故事：

高颎先进城，杨广特意派人给高颎传话，说自己看上了张丽华，让他千万别杀。

但高颎却说，昔日姜太公蒙面以斩妲己，今岂可留丽华！

随后赶在杨广入城之前在青溪（今江苏南京东南）杀了张丽华。

杨广知道后咬牙切齿地说，我必有以报高公矣——我一定有办法报复高颎的！

不过，现在史学界大多认为这事不太可靠。

为了博取父母的欢心，杨广在登基以前一直“矫情饰行，以钓虚名”，一直装出一副勤俭节约、不好声色的样子，一直在精心打造自己“贤明”的形象，在万众瞩目的平陈关键时刻，功利性极强的他不大可能会做出这种自毁声誉的蠢事。

张丽华的结局，在《陈书·张贵妃传》上记载得非常清楚：晋王广命斩贵妃。

事实上，杨广在进城后的表现可谓可圈可点，他让高颎和元帅府记室裴矩等人，收图籍，封府库，资财一无所取，同时又下令把施文庆、沈客卿等五位臭名昭著的陈朝佞臣斩首示众，这一系列的举动博得了江南百姓的交口称赞，“天下皆称广，以为贤”。

几乎就在隋军攻入建康的同时，上游的杨素也终于抵达了汉口，与秦王杨俊顺利会师。

这一路，杨素打得非常辛苦。

他的水军刚出三峡就遇到了难题。

原来，奉命驻守岐亭（今长江西陵峡口）的陈朝南康内史吕忠肃在两岸岩石上凿孔，系了三条铁索，挡住了杨素军的战船。

两岸悬崖峭壁，中间铁索横江，怎么办？

只能强攻。

杨素下令弃舟登岸，亲自率军猛攻陈军设在岸边的营垒。

然而，岐亭地势险要，易守难攻，加上吕忠肃把自己的家财全都拿了出来赏赐将士，所以陈军士气很盛，竟然连续四十多次击败了隋军的进攻。

隋军伤亡惨重，战死的就有五千多人。

吕忠肃下令把隋军尸体的鼻子全部割下来，想以此来震慑隋军。

可是他错了。

这种恐怖主义行为根本恐吓不了杨素手下那支钢铁般的部队。

钢铁是怎样炼成的，我不知道；但杨素的部队是怎样炼成的，我是知道的。

杨素治军极为严酷，其部下只要违反军令，便立斩之，绝不宽赦。

每次战前，他总要找个理由杀一批人，少则十多个，多则数百人，即使血流成河，他依然谈笑自若，眉头都不皱一下，仿佛他看到的不是满地的鲜血，而是满地的鲜花。

而他的战法也与众不同。每次他都命几百人先发动进攻，取胜则矣，如败退下来，那么无论多少人全部斩首。然后再出动下一批，如依然不胜则照杀不误。

当然，他也不是只罚不赏。只要立有战功，不管多小，他都不会忘记封赏。总之，跟着他，只要作战足够勇敢，而且运气足够好没有战死，那么香车美女、别墅洋房、高官厚禄、特供食品……一切皆有可能。

这样一来，向前冲，等着你的有荣华富贵——虽然可能性也许只有百分之一；但向后退，等着你的只有死路一条——这个可能性却是百分之百！

天堂很远，在遥远的前方；地狱却很近，就在屁股的后面。所以杨素的部队每次打仗都非常拼命，每次都不要命地往前冲！

正所谓软的怕硬的，硬的怕横（第四声）的，横的怕不要命的，这样的部队，其战斗力可想而知有多么强悍！

因此在岐亭一战中，尽管时间一天又一天地过去，尽管进攻一次又一次地失败，尽管士兵一个又一个地倒下，但隋军依然前仆后继，依然不断地向岐亭发起猛烈的冲击。

抽刀断水水更流，拔剑杀敌敌更多！

就算吕忠肃挡得住隋军一百次猛攻，但无论如何也挡不住隋军总是猛攻！

最后他终于无法支撑，只得无奈撤退。

隋军付出了巨大的代价，终于攻占了岐亭。

他们费了好大的力气才解开了铁索，随后登上战船，继续东下。

不过，吕忠肃并没有走远，他早已率部在延洲（今湖北枝江附近长江中的一个沙洲）严阵以待，再一次挡住了杨素的大军！

又是一场恶战，最终杨素凭借实力上的绝对优势，再次击败了陈军，吕忠肃只身退走。

吕忠肃虽然败了，但他凭借数千人的兵力，以寡敌众，挡住了杨素大军数月之久，也可谓虽败犹荣！

尽管吕忠肃只是个小角色，史书上甚至根本没有他的传记，但在我的眼里，这个小角色却比很多大名鼎鼎的人物更值得尊敬！

可惜陈朝像吕忠肃这样的人实在是太少了。

驻在安蜀城（今湖北宜昌西南）的信州刺史顾觉、驻在公安（今湖北公安）的荆州刺史陈慧纪全都弃城而走。

在击败吕忠肃后，杨素就再也没有遇到过像样的抵抗，很快就抵达了汉口，与中路的杨俊大军顺利会师，对江南武昌的陈军周罗睺部形成了夹击之势。

周罗睺毫不畏惧，秣马厉兵，准备与隋军决战。

但这一战却并没有打起来——因为此时周罗睺见到了陈后主派人送来的招降书。

他这才知道，都城建康和皇帝陈叔宝都已经落入了隋军手中！

头已经被割掉，手脚再挣扎又有什么用处？

皇帝已经被抓，自己再抵抗还有什么价值？

周罗睺明白如今陈朝大势已去，再打下去已经毫无意义，便率麾下诸将大哭三日，随后解散部队，向杨俊投降。

长江上游宣告平定。

## 一统天下

之后，除了湘州刺史陈叔慎（陈叔宝之弟）、吴州刺史萧瓛等少数陈朝地方官员有一些很快就被平定的零星的反抗以外，其余江南各地大多传檄而定。

陈朝正式灭亡。

至此，自西晋灭亡以来分裂了近三百年的中国终于迎来了统一，中华民族的历史从此翻开了新的一页！

从公元 588 年 10 月 28 日出兵，仅仅用了两个多月的时间，杨坚就灭掉了陈国，完成了国家的统一，其行动之迅速，过程之顺利，在历史上极为罕见。

他为什么会创造这样的神话？

我觉得，有一句话可以解释：

你只有极其努力，才能看起来赢得毫不费力。

隋朝相对于南陈，无论面积、人口、实力都占有明显的优势，但杨坚依然没有贸然出手，轻易行动，而是战战兢兢，如履薄冰，反复思考，精心策划，其准备之充分，计划之完备，可以说到了登峰造极的地步！

正是因为付出了这样超人的努力，才让他的成功看起来似乎毫不费力！

在现实生活中，我们也会见到这样的人——他们看起来似乎并不是特别的聪明，并不是特别的出众，不显山不露水，但他们却一直顺风顺水，一直被幸运女神眷顾，甚至取得非凡的成就！

难道他们的成功真的是全靠运气吗？

不！

没有人能随随便便成功！

也许我们没有看到的是，他们在背后付出了多少超人的努力！

就像杨坚一样。

扯远了，回到现场。

平陈后，杨广带着陈叔宝等陈朝君臣，率南征大军胜利班师。

公元589年4月12日，三军将士凯旋，浩浩荡荡进入长安城，在太庙举行了盛大的献俘仪式。

杨坚豪情满怀，意气风发。

几百年来，多少英雄豪杰毕生追求的梦想，多少志士仁人没有实现的目标，在他的手里变成了现实！

统一中国，这样的功绩，足以使他名垂千古，光耀万世！

对有功之臣，他当然不吝重赏。

平陈主帅晋王杨广被加封为太尉；

杨素晋爵越国公，赐帛万段，不久又升任纳言，进入宰相的行列；

高颎加封为齐国公，赐帛九千段；

贺若弼和韩擒虎两人在杨坚面前争功。

贺若弼说：臣在钟山死战，破其锐卒，擒其骁将萧摩诃、鲁广达，震扬威武，遂平陈国；韩擒虎几乎没打什么仗，岂可与臣相提并论！

韩擒虎反驳道，本奉明旨，令臣与贺若弼同时合势以取伪都。然而贺若弼不听命令，竟与陈军先战，致令将士死伤甚多。臣以轻骑五百，兵不血刃，直取金陵，执陈叔宝，据其府库，倾其巢穴。贺若弼晚上才至北掖门，臣启关而纳之，贺若弼赎罪还不够呢，怎可与臣相比！

杨坚大笑：二将都有大功！

于是对他们各赐帛八千段，进位上柱国，贺若弼还晋爵宋国公。

此外，杨素和贺若弼还得到了一个额外的礼物——两人都被赐了一个陈叔宝的妹妹为妾。

其余众将也都各有封赏。

对原陈朝的大臣，杨坚根据其表现，甄别忠奸，加以区别对待。

袁宪在紧急关头依然忠心护主，杨坚专门下诏褒奖他，称赞他是江东士大夫的楷模，并任命其为昌州（今湖北枣阳）刺史；

萧摩诃在陈亡后还不忘旧主、主动求见，杨坚对此深表赞许：壮士也，此亦人之所难！随即授其为开府仪同三司；

周罗睺坚守长江上游，恪尽职守，不辱使命，杨坚对他非常欣赏，特意接见他，并许以富贵。

相比以上几人，杨坚对任忠的看法就差多了。

按理说，任忠主动投降并引导隋军入城，是隋朝的有功之臣，但杨坚对他却十分鄙视。

尽管任忠在入隋不久就死了，杨坚却依然不放过羞辱他的机会，他在朝堂上公开对朝臣们说，我后悔没有早杀任忠。这家伙受人荣禄，身居高位，却不思报效，反而吃里扒外，实在是太没有节操了！

对于那些佞臣，杨坚也没有忘记。

施文庆等人已被杨广在建康斩首，而孔范却侥幸漏网。但躲得了初一，躲不过十五，躲得了杨广，躲不过杨坚——他和王瑳等五个奸邪小人被杨坚下令流放到了边地。

陈朝旧臣中，我觉得最值得敬佩的是鲁广达。

鲁广达感于陈朝覆亡，一直忧愤不已，悲恸不已，自责不已，没几天就得了病，他拒绝任何治疗，很快就追随他热爱的王朝而去了另一个世界。

前陈朝宰相江总为他作了一首流传千古的挽诗（江总人品不怎么样，诗写得还是很好的）：黄泉虽抱恨，白日自流名。悲君感义死，不作负恩生！

陈朝战俘中，还有一个特殊的人物——司马消难。

冤家路窄。

九年前，司马消难起兵反抗杨坚执政，失败后南逃到了陈朝，现在他又作为俘虏被带到了杨坚的面前。

出人意料的是，杨坚没有杀他，只把他配为乐户。

在当时，乐户是专门从事音乐歌舞供人取乐的贱人，身份极低，受人轻视，且世代相袭，不能与常人通婚。

对于司马消难这样的豪门公子来说，这种处罚简直比处死还难受。

尽管杨坚在二十天后就下令取消了他的乐户身份，心高气傲的他还是无法承受这种侮辱，很快就被气死了。

毕竟他有自尊心。

没有自尊心的，那是猪——或者陈叔宝。

其实，杨坚待陈叔宝这个亡国之君还算不错，不仅多次接见他，而且每次宴会只要有他参加，就不让弹奏江南的音乐，生怕会引起他的思乡之情，让他伤感。

不过，陈叔宝这个奇葩的思想，常人就是想到脑梗都无法理解。

他大大咧咧地对杨坚说，我经常和大臣们一起参加朝会，却没有一官半职，像个编外的临时工，感觉怪不好意思的，希望陛下能给我一个正式的有编制的职位，好伐啦?

杨坚不由得大笑：叔宝全无心肝!

过了一段时间，负责监护陈叔宝的官员向杨坚报告：陈叔宝天天都喝得酩酊大醉，很少有酒醒的时候。

杨坚问，他一天要喝多少酒?

监者回答，他和他的子弟每天要饮酒一石（大约相当于现在的120斤）!

杨坚大吃一惊，瞬间石化，立即下令让陈叔宝节制饮酒。

不过他转念一想，很快又改变了主意：算了！就让他尽情地喝吧！他不喝酒，怎么打发日子呢?

平陈的胜利，天下的统一，让隋朝上下一片欢腾。

群臣纷纷要求杨坚登临泰山，举行封禅大典，将此丰功伟绩敬告上天，宣示神明。

在此之前，历史上举行过封禅仪式的只有秦始皇和汉武帝两人。

这说明，在群臣的眼里，杨坚已经可以和秦皇汉武齐名，他的功绩≥秦皇汉武>其他所有的皇帝!

不过，杨坚的头脑还是挺清醒的，他当即拒绝了这个提议：只不过是灭了一个小国而已，没什么大不了的。从今以后，希望大家不要再提封禅之事!

## 再平江南

公元589年年底，杨坚下诏要求修订礼乐。

《礼记》云：王者功成作乐。

显然，杨坚认为天下已经太平。

然而，他错了。

事实上，南方虽然并入了大隋的版图，但此时南北分治已有近三百年之久，两地在社会制度、生活习俗、文化传统等各个方面都截然不同。

要想把矛盾重重的南北两地不分彼此地融合在一起，就仿佛要把水和油不分彼此地溶解在一起一样，其难度非同小可。

然而，在巨大的成功面前，人总是容易过于乐观。

杨坚也是人，所以也犯了这样的错误。

平陈的极端顺利，让他把这一切看得过于简单了。

陈朝灭亡后，雷厉风行的杨坚立即对江南进行了暴风骤雨般的改造。

对陈朝原先的行政区划，他做了大刀阔斧的变革。

郡被废除了，和北方一样实行州县两级体制；

相当多的州县被撤并了，又有相当多的州县被增设了；

还有相当多的州县被改名了——比如原陈朝的吴州（治所今江苏苏州）被改为苏州，东扬州（治所今浙江绍兴）被改名为吴州，原隋朝的吴州（治所今江苏扬州）被改名为扬州……

命运最惨的是六朝古都建康，被杨坚下令彻底夷为平地，州治则移到了石头城（今南京城西），并更名为蒋州。

建康，这个曾经世界上最大最繁华的城市，从此成为一片荒野，杂草在那里盛茂，鸟雀在那里睡觉，野狗在那里撒尿，男女流氓在那里乱搞……

一直到三百多年后的五代十国，这块风水宝地才随着南唐的建都而重新繁荣起来。

伴随着行政区划的改变，陈朝原先的地方官员也大多被撤换，接替他们的几乎无一例外都是北方人。

杨坚之所以这么做是有他的理由的。

陈朝灭亡的时候，按照史籍记载，全国人口仅有200万。江南这么大，经济又非常发达，人口居然只有这么点儿！

你信吗？

这样的数据，肯定是失实，不可能是事实！

毫无疑问，陈朝真实的人口肯定远远大于200万。

原因是，有很多人口依附于世家大族，没有被列入户籍统计之中！

江南从东晋开始，世家大族的势力就极为庞大，他们占有大量土地，荫庇大批人丁，虽然经历多次改朝换代，但他们的特权却一点都没有变。

杨坚对此当然不能容忍，他决心要在江南推行和北方一样的户口检查措施。

这显然严重侵害了南方这些世家大族的利益，而原先陈朝的地方官大多出身于当地大族，让他们来清查人口，就相当于让人自己把自己掐死——完全是天方夜谭！

因此，杨坚干脆对他们来了个一窝端，把江南的地方官几乎全部都换成了北方人。

而之前陈朝任命的官员，除了一部分被免职回家外，大多都被强制迁移到了关中一带。

被迁到关中的除了各级官员，还有很多在江南有影响的士人。

这些士人离乡背井，境遇与在江南的时候有了天壤之别。

著名的“破镜重圆”的故事就发生在这样的背景下。

这个故事流传很广，记载于唐玄宗时的《两京新记》中，不见于正史，不过，我个人感觉此事的可信度应该还是挺高的。

故事的主人公是原陈朝太子舍人徐德言和他的妻子陈后主的妹妹乐昌公主。

徐德言家世显赫，出身于南朝官宦世家东海徐氏，是著名文学家、《玉台新咏》的编著者徐陵的孙子。

隋军攻进建康的时候，徐德言把一面镜子打破，自己把其中半面破镜收了起来，另外半面则给了乐昌公主：如今国破家亡，难以自保。以你的出身和才色，你一定会被富贵人家收为小妾。到正月十五的时候你派人到闹市叫卖这半面镜子，也许我还有可能会找到你。

陈亡后，夫妻二人果然失散了，徐德言被带到了关中，担任蒲州（今山西永济）司功，成了一个不入流的小官；而乐昌公主则被杨坚赐给了杨素，成为杨素的小妾。

杨素对乐昌公主百般宠爱，但公主却依然忘不了自己的结发丈夫徐德言。

正月十五那天，她按照约定让自己的家奴带着那半面破镜子到市场上去叫卖。

破镜子一出现，就吸引了赶集者的注意。

围观者议论纷纷：这么个破玩意儿，怎么可能有人要？

“我要！”

一个男子挤进了人群。

此人正是徐德言。

他掏出自己怀中的那半面镜子，与这个破镜拼在一起，果然严丝合缝，分毫不差。

他连忙问起卖镜子的家奴，镜子的主人现在哪里?

一番交谈后，徐德言悲喜交加。

喜的是终于找到了妻子的下落，悲的是妻子现在在隋朝炙手可热的宰相杨素手里，自己一个外地小官，根本不可能进入宰相府里，要想见到妻子，恐怕比见到上帝还难。

无奈，他只得在自己的破镜上题了一行诗：镜与人俱去，镜归人不归。无复姮娥影，空余明月辉。

随后他让家奴把这半面镜子带回去给乐昌公主。

乐昌公主得镜见诗，顿时悲从心来，从此茶饭不思，坐立不安，人也很快变得憔悴不堪。

杨素看到了，自然要问起原委。

乐昌公主泪如雨下，据实相告。

杨素被感动了。

他立刻派人把徐德言叫到自己府上，让他和公主相聚。

夫妻二人终于再次见面，虽然时间只过去了一年，却恍若隔世。

乐昌公主心里百感交集。

一切都变了——地点从江南的建康变成了关中的长安，身份从高贵的公主变成了卑微的小妾，丈夫从暖男徐德言变成了硬汉杨素……

她激动万分，却不敢直接面对徐德言，只好低着头，目光胡乱地在徐德言之外的任何地方胡乱地扫射。

杨素仿佛看出了爱妾的心思，便让她赋诗一首。

乐昌公主随口吟道：今日何迁次，新官对旧官。笑啼俱不敢，方验作人难。

一句“笑啼俱不敢”，道尽了公主内心的心酸，连杨素也不免为之动容。

于是他当场决定把公主还给徐德言，让其带着公主返回家乡，同时还给他们赠送了大量财物。

虽然这个故事最终是以喜剧收场的，但从一个侧面也可以看出，隋朝初年，很多江南的贵族豪门、名人雅士的生活都发生了剧变，和徐德言一样妻离子散颠沛流离的人有很多很多。

毫无疑问，这些士人被强制北迁，肯定会让江南各地人心惶惶。

而地方官员全部由北方人出任的事实也让他们内心感到自己是二等公民，心里极为不满。

这种不满的情绪在江南百姓中不断地蔓延，仿佛水库的水位在不断地升高，随时可能突破警戒水位，甚至冲垮堤坝。

然而，依然沉浸在巨大喜悦中的杨坚却并没有意识到这一点，反而在错误的道路上百尺竿头更进了一步。

公元 590 年，为了加强江南地区的精神文明建设，经苏威提议，杨坚决定在江南大力推行所谓《五教》，即“父义、母慈、兄友、弟恭、子孝”，苏威还亲自撰写了一大堆啰里啰嗦的注释，并且严格要求江南百姓无论长幼都必须要背诵出来。

这不是把人当小学生吗?

这不是把人的脑袋当萝卜洗吗?

自晋室南渡以来，江南士人一直视北方为蛮夷，自己是华夏文明的继承者，先进文化的代表，现在这些北方的野蛮人不仅在政治上欺凌自己，还要在文化上推行这种洗脑式的高压政策，这让他们怎么能接受!

一个杀猪的，竟然敢指导一个写诗的：什么是文化!

公元 590 年 11 月，江南突然出现了这样的谣言：朝廷要将江南所有百姓都迁到北方去。

谣言是怎么产生的，我们不得而知，但这个谣言引起的后果，我们不难想象得到。

几乎所有人都相信这个传言是真的，毕竟一年前江南士人全都被迁入关中的事实，由不得他们不信。

江南各地的百姓全都惶恐不安。

不安之后，便有人想不从；不从之后，便有人想不轨。

很快，婺州（今浙江金华）的汪文进、越州（今浙江绍兴）的高智慧、苏州（今江苏苏州）的沈玄懀等人率先举起了反旗。

接着，乐安的（今浙江仙居）蔡道人、蒋山的（今江苏南京）李棱、饶州的（今江西鄱阳）吴世华、永嘉（今浙江温州）的沈孝彻、泉州的（今福建泉州）王国庆、交州的（今越南北部）李春等人也纷纷响应。

叛军的首领大多是各地的豪强大族，对隋朝那些中央集权的政策极为反感——当年的陈朝有点像放纵型的父母，几乎什么都不管，他们可以为所欲为；而如今的隋朝却相当于严苛型的家长，几乎什么都要管，他们被强迫加上了各种约束，当然感到不舒服，感到受不了!

由于这些豪强在地方上大都有着很强的影响力和号召力，在他们的带动下，叛乱的规模和范围迅速扩大。

在这个冬天，叛乱就像肆虐的冷空气一样在江南各地四处蔓延，很快就席卷了陈朝故地的几乎全部地区。

叛军对隋朝任命的地方官尤为痛恨，只要抓到就将其虐杀泄愤，要么凌迟脔割，要么抽肠挖心，杀人之前还要骂一句：更能使侬诵《五教》邪！——你还能逼我背《五教》吗？

叛乱的消息很快传到长安，杨坚立即任命内史令杨素为行军总管，率崔弘度、史万岁等将领南下平叛。

杨素率军渡江，一路攻城拔寨，势如破竹，很快就扫平了苏南一带的叛军，来到了钱塘江的北岸。

对岸，是所有叛军中实力最强的高智慧（这名字真够高调的）。

高智慧自称天子，设置百官，手下兵多将广，听说杨素大军要来，早已在钱塘江南岸设好防线，严阵以待。

他连营数百里，江中战船无数，挡住了杨素的大军的去路。

正当杨素感到为难之际，有人献上了一策。

此人名叫来护儿（凡是看过《隋唐演义》的人一定听说过这个名字），广陵（今江苏扬州）人，从小就失去了父母，由伯母抚养长大，他少有大志，童年时在私塾读《诗经》读到“击鼓其镗，踊跃用兵”这句话时，他拍案叹道，大丈夫在世，当为国灭贼以取功名，安能区区专事笔砚也！

一个小孩儿说出这样慷慨激昂的话，周围的人都非常惊奇：这家伙将来一定非常人可比！

果然被他们说中，来护儿长大后的确非常人可比——他成了杀人逃犯。

来护儿的伯父被当地豪强陶某害死，他一直想为伯父报仇，然而陶家势力很大且戒备森严，他根本就找不到机会。

后来在陶家儿子结婚的那天，来护儿冒充贺喜的宾客，终于成功地混了进去，在众目睽睽之下将仇人陶某杀死，随后扬长而去，从此离乡背井，亡命江湖。

直到公元579年，北周夺取了江北土地，广陵从陈朝归属了北周，他这才回到了家乡。

隋朝建立后，他投奔镇守广陵的贺若弼，深受器重，被授为大都督，平陈时，他率领乡兵随同贺若弼出征江南，战功卓著，升为上开府。

现在来护儿在杨素麾下担任部将。

熟读兵书的来护儿对杨素说，浙人擅长水战，很难与他们在水上争锋。请您给我数千精兵，偷渡过江，突袭其营垒，则敌军进退无路，必败无疑。此韩信破赵之策也！

杨素同意了。

当天夜里，来护儿率敢死队乘坐数百艘小船，从下游偷渡到了南岸，随后悄悄潜入叛军大营，一边到处放火，一边大声呐喊。

一时间，杀声四起，火光冲天。

叛军猝不及防，顿时乱作一团。

杨素乘机率隋军主力渡江发起猛攻，叛军军心已失，哪里抵挡得住？

最终叛军全军溃散，高智慧率少数残余部队乘小船从杭州湾逃入海上。

杨素率水军紧追不舍，从余姚（今浙江余姚）一直追到温州，终于追上了高智慧。

（思考题：假设高智慧的船速度是每小时 50 里，杨素从距离他后面 3 里开始追，余姚到温州的水路是 700 里，请问杨素的船速度是每小时多少里？）

无奈，高智慧只得战战兢兢地再次接战，结果自然是结结实实地再次被揍，只好继续仓仓皇皇地南逃，前往投奔泉州叛军首领王国庆。

杨素则弃舟登岸，随后西进北上，连续消灭了温州的沈孝彻、婺州（今浙江金华）的汪文进等多路叛军，一路高歌猛进，连战连捷。

接着他又命史万岁从婺州深入浙西南山区，负责扫平那些逃进深山的叛军余部。

捷报传到长安，杨坚觉得杨素在外征战多时，劳苦功高，特召他入朝休养，对他大加慰劳，厚加赏赐。

但杨素却认为战事还没结束，在京城根本就坐不住，回京后没几天就又向杨坚请求再去前线。

返回军营后的杨素不顾鞍马劳顿，马上就集结水军，从温州渡海来到泉州，猛攻王国庆叛军。

之前，王国庆认为北方人不善舟楫，根本没想到杨素居然会从海路进攻，因此毫无防备，只得弃城而走，逃到海岛中躲藏起来。

杨素一面派出军队四处搜捕，一面暗中派人游说王国庆，说只要他肯交出高智慧，就可以免去其罪责。

一边大棒，一边胡萝卜；一手铁饼，一手馅饼，在杨素的软硬兼施下，王国庆的意志动摇了，他把高智慧捆了起来，交给了隋军，自己则向杨素投降。

东南的叛军自此基本被肃清。

然而，有一件事却令杨素非常担心。

距离史万岁出征，已经三个多月了，史万岁却音讯皆无。

所有人都认为史万岁凶多吉少，很可能已全军覆没。

于是，杨素打算为史万岁举办追悼会，连悼词都准备好了，此时却突然有人报告说，在河流中发现了一个竹筒，竹筒里竟然有一封史万岁给杨素的信。

原来，史万岁率两千人深入浙西南大山深处，翻山越岭，辗转一千多里，前后七百余战，攻破了无数溪洞，可是由于进军速度太快，加上山深林密，地形不熟，而且那个时候没有地图更没有GPS导航，史万岁迷了路，在大山中转了九百九十九圈儿，却始终转不出来。

怎么办？

史万岁绞尽脑汁，想了这么个在山间溪水中放竹筒的办法。

竹筒不负有心人，它们随着溪水顺流而下，流入江河，其中的一个被人发现，史万岁和他麾下的将士终于获救。

这大概是世界上最早的漂流瓶了吧。

之后，杨素率史万岁等将领班师回朝，来护儿则留在了泉州，出任泉州刺史。

既已凯旋，加官晋爵自然是不在话下，史万岁被加封为左领军大将军，杨素已经位居宰辅了，升无可升，那就封他的儿子吧——杨素的长子杨玄感被封为为上开府，另一个儿子杨玄奖被封为仪同三司……

叛乱虽然暂时被剿灭了，杨坚并没有掉以轻心——正如虽然手术可以暂时切除癌症的病灶，但之后针对病因的调理、避免癌症复发转移更加重要。

怎样才能避免叛乱的再次发生呢？

杨坚认真反思了自己之前在江南的失误。

任何人都不会不犯错，但聪明的人像导弹一样拥有随时修正的能力，不会两次犯同样的错误。

经过反复的考虑，针对江南的具体情况，杨坚决心调整自己对江南的政策，把原先的强势高压改为怀柔安抚。

政策的执行者，他选择了晋王杨广。

之所以选择杨广，也是有原因的。

杨广曾经当过平陈统帅，对江南情况较熟，在江南的所作所为也很得民心，声望不错，加上他的妻子萧氏又是出身于在南方影响颇大的兰陵萧氏，还有谁比他更适合这个任务呢？

很快，杨广出任扬州总管，驻于江都（今江苏扬州），主持江南大局。

杨广一上任，就废除了早已臭名昭著的《五教》，拉拢了一大批在江南有名望、有影响的儒生士人和佛教高僧，很快取得了广大百姓的信任。

江南大部分地区的形势逐渐安定下来。

然而，此时岭南的问题却依然相当严重。

正如提到如今的历史作者，必然会提到云淡心远一样，说到当时的岭南，就必须先讲到冼夫人。

冼夫人家世代为高凉（今广东阳江一带）俚人首领，后来嫁给了高凉太守冯宝。

冯宝本是北方人（据说是十六国时期北燕皇族的后代），在当地没有任何根基，基本属于三无——无实力无威望无军队，唯一拥有的就是皇帝任命的一个头衔；而冼夫人和她的家族呢，称得上是三高——实力高威望高能力高，唯一缺少的只有皇帝任命的一个头衔。

冯宝和冼夫人的结合，补上了各自的短板，就仿佛融 6.0V8 的动力和百公里 5 升的油耗于一体的发动机一样——那叫一个完美。

婚后，在他们的共同努力下，岭南被治理得井井有条，蒸蒸日上。两个人的人气也越来越高。

侯景乱梁的时候，时任西江督护的陈朝开国皇帝陈霸先从岭南起兵讨伐侯景，冼夫人给予了他很大的帮助，结下了很深的友情。

陈朝初建立的时候，各地依然纷乱不已，加上此时冯宝去世，岭南一带也人心不稳，暗潮涌动，冼夫人挺身而出，以她无人可比的声望，迅速稳定了局势。

之后，冼夫人又多次协助陈朝政府平定了多次叛乱，功勋卓著，被册封为中郎将、石龙太夫人。

公元 589 年，隋军攻入建康，南方各地乱成一团，陷入无政府状态，岭南各郡遂推举冼夫人为首领，保境自守，并尊她为“圣母”。

当时隋将韦洸（韦孝宽之侄）奉命进军岭南，为其所阻，无法前进。

杨广让人给冼夫人送去了陈后主的亲笔信，以及当初冼夫人进贡给皇帝的犀杖等物，冼夫人这才确认陈朝已经正式灭亡。

她召集手下数千名首领，恸哭多日，随后把悲痛转化为对国家统一的支持，派他的孙子迎接韦洸进入广州。

就这样，岭南地区宣告和平解放，并入了隋朝的版图。

不过仅仅一年多后，那场席卷陈朝故地的大叛乱发生了，岭南当然也未能幸免。

番禺（今广东广州）人王仲宣起兵造反，攻杀了隋朝广州总管韦洸，岭南很多地方都群起响应，一时间叛军声势极为浩大。

自然也有人来鼓动冼夫人。

冼夫人会参加叛军吗?

当然不会，要让她造反就相当于让柳下惠去嫖娼——根本没有可能。

她旗帜鲜明地站在了隋朝政府这边，派自己的孙子冯暄率军协助政府军讨伐叛军，没想到这个冯暄平叛意志很不坚定，竟然故意观望，逗留不进。

冼夫人大怒，马上把冯暄抓了起来，改派另一个孙子冯盎统兵。

正好此时隋朝派来增援广州的裴矩等人也到了岭南，于是冼夫人派冯盎与他会合，两军携手作战，终于讨平了叛乱。

随后，冼夫人不顾自己年老，亲自披甲骑马，英姿飒爽地陪同裴矩等人一起巡视岭南各地。

迫于她的威望，各地的首领都前来参拜，裴矩乘机对他们大加安抚，任命他们为当地的地方官，让他们依旧统领各自部落。

岭南从此宣告平定。

杨坚对冼夫人的所作所为非常赞赏，不仅亲自下诏嘉奖，还追封冯宝为广州总管、谯国公，同时册封冼夫人为谯国夫人，特许她开谯国夫人幕府，可以自行任命长史以下官员，自行调动岭南六州兵马。

冼夫人的孙子冯盎则被封为高州（今广东阳江西）刺史，冯暄也被赦免，并担任罗州（今广东廉江）刺史。

从这里我们可以看出，杨坚现在已经完全摒弃了之前在江南只用北方人为地方官的不合理政策，一定程度上改成了南人治南的模式，某些地方甚至还享有较大的自治权。

很显然，这次席卷整个江南的叛乱使杨坚充分认识到了南北社会的巨大差异，开始采取了类似“一国两制”的方式——在维护国家统一的前提下，允许南方地区保留其原有的较为宽松的社会生活方式，比如在北方实行的均田制，在南方就一直没有推行。

# 第八章　登上历史的巅峰

## 人事浮沉

杨坚的怀柔政策取得了良好的效果，南方的局势终于逐渐稳定下来了。

这两年中，先是伐陈，再是平叛，风波迭起，变局不断。

与此同时，隋朝政坛的高层人事也发生了翻天覆地的变动。

平陈后，杨素的地位像火箭一样迅速蹿升，出则为将（行军元帅），入则为相（纳言），风头很劲。

不过，在杨坚的心目中，最看重的还是高颎。

作为伐陈事实上的指挥者，高颎的贡献毋庸置疑。

回到长安后，杨坚亲自慰劳他，还有意无意地说了这么句话：公伐陈后，人言公反，朕已斩之。君臣道合，非青蝇所间也！——你伐陈的时候，有人说你谋反，我已经斩了他。咱们俩谁跟谁呀，哪里是这种苍蝇离间得了的？

聪明的高颎当然听出了这话的弦外之音。

几天后，他就上表请求辞职。

看到高颎如此识相，杨坚放心了，便下诏竭力挽留：公识鉴通远，器略优深……（此处省去若干字，反正全是高大上的褒义词）此则天降良辅，翊赞朕躬，幸无词费也。——你见识高远，谋略精深……真是上天赐给我的良臣，请千万不要再说辞职的话了。

于是，高颎依然担任首席宰相（尚书左仆射），只是从此做事更加谨慎。

有一次在宴席上，杨坚让他和贺若弼两人谈论自己在平陈时的功劳，高颎连忙推辞说，贺若弼先是献过平陈十策，后来又在钟山苦战破贼，而我只是一个文臣而已，怎么能和他相比！

然而，木秀于林，风必摧之；行高于众，人必非之。

尽管高颎如此低调，但由于他的地位太高，功劳太大，权力太重，得罪人太多，还是无法避免地会遭到别人的嫉妒甚至攻讦。

右卫将军庞晃是杨坚未发迹前的密友，居功自傲，性情骄横，对后来居上的高颎等人很是看不惯，多次在杨坚面前说高颎的坏话。

杨坚毫不犹豫地贬了他的官职，把他赶出京城，到外地去当刺史。

其实，庞晃能有这样的结局还算是好的——毕竟他和杨坚有着不错的私交，其他人可就没有这样的运气了。

楚州行参军李君才没有撒泡尿自己照照，竟然也不知深浅地上书批评皇帝对高颎过于宠爱，结果杨坚当场就大发雷霆，用马鞭将李君才活活打死。

总而言之，对于高颎，杨坚一直坚持“两个凡是”原则：

一、凡是诋毁高颎的言辞一律不信——无论是谁，只要说高颎不好，就是不识货，就是狗眼里看不出象牙；

二、凡是诋毁高颎的人员一律责罚——无论是谁，只要说高颎不好，轻则丢官，重则丢命！

为了让高颎更放心，杨坚还对他说，独孤公（高颎的父亲高宾曾是独孤信的僚佐，被赐姓独孤，所以杨坚称高颎为独孤公），你就如同镜子一样，每经过一次打磨（意指受到别人的攻击），就会更加明亮！

与此时如日中天的高颎形成鲜明对比的，是曾和他一起并称“隋初四贵”的广平王杨雄。

杨雄原名杨惠，是杨坚的堂侄，在北周末年杨坚执政的时候曾经为杨坚立下了大功，隋朝建立后，他担任右卫大将军，一直执掌禁军，并且参与朝政。

杨雄位高权重，而且性格宽容，很得人心，因而杨坚逐渐对他产生了猜忌，平陈后不久就用一纸诏书将杨雄改封为司空。

司空虽然位列三公，但在当时只是个有名无实的荣誉职务，就像为复绿而在荒山上涂的绿漆一样——没有任何用处，纯粹只是装点门面而已。

知趣的杨雄对杨坚的用意心知肚明，从此一直闭门在家，不见宾客。

比杨雄更惨的是隋初三大开国宰相之一的李德林。

李德林才华出众，足智多谋。

不过，就像泡妞高手并不一定是好老公一样，有智谋的人也并不一定会做人。

事实上，李德林恃才傲物，清高孤僻，非常不善于处理人际关系，是典型的高智商低情商，据说他和高颎、苏威等同僚，没一个合得来的。

前面说过，伐陈之前的关键时刻，李德林曾经给杨坚提过关键的建议，因此杨坚答应将来一定会重赏他。

平陈后，杨坚曾经打算履行承诺，没想到李德林平时人缘太差，竟然有很多人反对，甚至还有人说，若归功于李德林，诸将必当愤惋。

众怒难犯，对李德林的封赏只好不了了之。

李德林真是混得惨哪，从开国到现在近十年的时间，他的爵位就跟前些年的独生子女费一样一直都没升过，和他资历相当的人大都已经是国公，如高颎是齐国公，苏威是邳国公，杨素是越国公……而他却依然只是个微不足道的子爵。

和高颎等人一起站在朝堂上，感觉就跟武大郎站在一群高大威猛的男模身边一样——让人简直抬不起头。

不过让他聊以自慰的是，好歹他还有个内史令的头衔可以充充门面。

可是没过多久，内史令也做不成了。

事情的经过是这样的：

苏威曾经奏请每五百户人家设一个乡正，专门负责处理民间纠纷和诉讼。

李德林却坚决反对，说这样的乡正和他管理的人之间都是乡里乡亲，沾亲带故的，不可能公正处事。

两个人争论良久，最后杨坚还是批准了苏威的提议。

后来，虞庆则等人奉命到地方上视察，发现果然如李德林说的那样，这些新设的乡正经常徇私枉法，甚至公报私仇，对地方上有害无益。

听了虞庆则的汇报，杨坚决定下令废掉乡正。

照理，这回李德林该满意了吧。

偏不，他又站出来反对了：这事我本来就认为不行，可是现在既然已经定了，就不可以再随便更改，否则政令不一，朝成暮毁，岂不是让人无所适从，造成社会的混乱？

杨坚听了顿时勃然大怒：你这是想把我当成王莽吗？——当年王莽就是以朝令夕改而著称的。

苏威等人见有机可乘，便赶紧落井下石，翻起了李德林的陈年老账。

当初隋朝建国的时候，李德林因为有佐命之功，杨坚答应赏给他一座宅子，叫他自己任意挑选。

李德林选了卫国县（今河南清丰）的八十间商铺，这些房子原先的主人是北齐佞臣高阿那肱，高阿那肱后来跟随王谦造反被杀，房子就充了公。

可是后来当地的老百姓上告，说这些商铺的土地是高阿那肱强占的民田，杨坚只得下令有关部门付钱给这些百姓。

如今苏威旧事重提，说李德林明知这些房产是不合法的，故意欺骗皇帝。

墙倒众人推，接着又有人提起了另一件事。

说李德林为了替自己的父亲获取皇帝的追赠，虚报他父亲生前的官职，实在是欺君之罪。

杨坚更加恼火：李德林，你作为内史，掌管我的机密大事，却毫无自知之明，屡屡与我作对，我忍你已经很久了！

十年前他初执政时当作无价之宝请来的李德林，此时在他的眼里，已经从珍贵变成了鸡肋，从鸡肋变成了拖累！

时间真是个魔术师，它能让物件变成古董，它能让树木变成石油，它也能让无比的信任变成无比的厌烦！

盛怒之下的杨坚当场就颁布命令，免去李德林内史令一职，贬任湖州（今浙江湖州）刺史。

李德林再三求情，申请留在京师任职。

但杨坚还是坚决不许，只是改任其为怀州（今河南沁阳）刺史。

李德林只好死心了。

心已经被腰斩，躯体又能存活多久呢？

到怀州还不到一年，他就郁郁而死。

李德林倒台不久，苏威也步了他的后尘。

这事与苏威的儿子苏夔有关。

当时杨坚决定修订音乐，苏夔也参与了此事，他年轻气盛，很快就在修乐的问题上与国子博士（国家最高学府的学院院长）何妥产生了严重的冲突。

两人各执一词，互不相让。

因为苏威的原因，朝臣们大多趋炎附势，支持苏夔。

这下把何妥给惹恼了：老夫我当了四十多年的官，如今反倒不如一个乳臭未干的小屁孩儿！

何妥也不是好欺负的——他是当时著名的才子，博闻强辩，思维敏捷，年少时就以神童著称。

我很小的时候就在《中国古代聪明少年》之类的儿童书上多次看到过他的故事。

据说，何妥八岁的时候去国子监玩，有位叫顾良的老教授跟他开玩笑说，你姓何，是河水的河，还是荷花的荷？

何妥想都不想，张口就反驳道：先生姓顾，是眷顾的顾，还是新故的故？

周围的人全都感到非常惊奇：这小孩儿有前途！

后来何妥果然成了名扬天下的大学者，北周时就担任了太学博士，入隋后又出任散骑常侍、国子博士等职。

对于苏威，何妥本来就看不大惯，两人一直不和——都是文人，不相轻实在是太没有职业精神了！

这次连苏威的儿子竟然都敢欺负到他的头上了，他怎么能咽得下这口气！

经过一番策划，何妥对苏威开炮了。

他向杨坚上书，实名举报尚书右仆射苏威和礼部尚书卢恺、吏部侍郎薛道衡、尚书右丞（尚书省仅次于仆射的副手）王弘、考功侍郎（吏部负责考核官吏的副手）李同和等人互为朋党。

举报书中还罗列了一大堆翔实的证据，说苏威凭借皇帝的信任，大肆在尚书省里面发展自己的势力，甚至公然称王弘为世子，李同和为叔，把他们当成自己的子弟来看待；还说苏威以权谋私，以不正当手段帮自己的多个亲戚谋求官职，涉嫌严重违纪违法……

这封上书就像经过 640 层螺旋 CT 引导下的穿刺一样，精确无比地击中了杨坚心中最忌讳的地方。

杨坚本人是以政变手段上台的，为了防止别人仿效自己当年的作为，他最恨的，就是大臣结党。

此时苏威已经担任了多年宰相，身兼多个要职，在朝中的势力越来越大，追随者越来越多，杨坚对他也有些不满，便决心趁此机会敲打他一下。

他立即命蜀王杨秀（杨坚第四子）、上柱国虞庆则担任专案组组长，负责调查苏威，要求一查到底，决不姑息。

杨秀当时不到二十岁，少不更事，只是挂名而已，真正主导调查的是虞庆则。

虞庆则也是老江湖，当然知道杨坚的意图。

很快，调查结果就出来了，说苏威确有结党的嫌疑。

杨坚马上下令免去苏威一切职务，让他卷铺盖回家。

不过，对于苏威，杨坚也知道他不是个有野心的人，因而只是想警告他一下而已，所以没过多久，他又公开在朝堂说，苏威的德行还是不错的，只是被别人所误罢了！

随后他召回了苏威，让他参加朝会宴请。

一年多后，苏威又再次被起用，重新拜相，出任纳言，但他的权势和之前已经不能同日而语了——杨素已经取代了他当初的地位。

苏威被罢免后，杨素就被任命为尚书右仆射，和左仆射高颎一起执掌朝政。

看到杨素如今权倾天下，时任右领军大将军的贺若弼感觉非常不爽。

他自认为无论功劳还是才干都在朝臣中都首屈一指，向来以宰相自许。

然而，理想很无敌，现实很无奈。

当年跟他地位相当的杨素，就像强势股一样，连续拉出多个大阳线，不断地封涨停板，现在已是大权在握的宰相；而他这支冷门股却一直在弱势整理，原地踏步，如今依然只是个不能过问政事的军人！

难道自己满腹的才华就这样被埋没？

这岂不是把白金当白铁，把玉石当岩石！

贺若弼越想越火，越想越气，越想越不满，越想越不甘心，越想心里越不平衡。

营养不平衡会失去健康，身体不平衡会失去重心，心里不平衡会失去理智——当年其父贺若敦临死前用锥子刺他舌头、嘱咐他慎言的那一幕，早已经从他的脑袋里被删除得干干净净，然后再格式化到毫无痕迹！

怨气像热锅中烧开了的水，不停地在贺若弼的心中沸腾，沸腾。

遇见不平一声吼，该出口时就出口！

贺若弼到处宣扬：高颎、杨素这两个废物只会吃饭不会干事，算什么宰相？

其实他这话说得很不厚道——先不说杨素，高颎对贺若弼可是有知遇之恩的，隋初他之所以能担任吴州总管这一要职，就是来自高颎的推荐。

这样的言辞显然极其不利于隋朝官场的和谐，因此杨坚听说后立即将他免职。

贺若弼更加愤愤不平，说话也更加无礼。

杨坚干脆将他抓了起来。

由于贺若弼一向狂妄自大，目中无人，因此人缘很差，很多公卿大臣都说他怨恨朝廷，该当死罪。

杨坚亲自审问他：我以高颎和杨素为宰相，你竟然这样诋毁他们，是什么意思？

没想到贺若弼依然毫无悔意：高颎是我的老朋友，杨素是我的小舅子，我对他们太熟悉了，不要说用两眼看，就是用肚脐眼看，我都能看得出他们是什么货色！

杨坚脸色顿时变了：大家都说你有死罪，你给我一个能让你活命的理由！

贺若弼说，我凭借陛下的信任，率八千精兵渡江，擒获陈叔宝，希望能以此功劳换我性命！

杨坚连连摇头，不行！这个我已经格外重赏过了，怎么还能再提呢？

贺若弼的反应很快：虽然已蒙陛下格外重赏，现在还望陛下格外开恩！

杨坚没有回答，拂袖而去。

该如何处理贺若弼？

杀，还是不杀？

这是个问题。

犹豫了几天后，想到贺若弼为自己立下的赫赫战功，最终杨坚还是赦免了他，只是免去了他所有的官爵，将他除名为民。

过了一段时间，杨坚又恢复了贺若弼的爵位，但却并没有任用他担任任何具体职务。不过，每次宴会或赏赐，对他依然非常礼遇。

其实，杨坚对贺若弼的态度，从他和高颎说的一句话中可以看出来：功臣正宜授勋官，不可预朝政。

对像贺若弼这样的功臣，给勋位，可以；给赏赐，可以；给参与朝政的实权，对不起，这个绝对不可以！——治国的能力和打仗的能力完全是两回事，如果因为战功大就让他掌握治国大权的话，那和让鲨鱼去爬树、让雄鹰去潜水有什么区别！

看完了贺若弼的遭遇，也许有人会问，和贺若弼齐名的韩擒虎的命运又是如何的呢？

平陈后，韩擒虎曾被杨坚任命为凉州总管，以防备突厥，但没过多长时间，就被重新召回京城。

可惜回到长安不久，他就去世了。

据说，他临死前还发生了两件怪事。

先是韩擒虎的邻居看到韩家门口突然出现了规格堪比帝王的豪华仪仗队，觉得非常奇怪，便忍不住问道：你们是干什么的？

这些人回答：我们是来迎接大王的。

说完就不见了。

接着，又有一个人得了重病，垂死之际竟然恍恍惚惚地跑到了韩擒虎家的门口，开口就说，我要见大王！

韩家门口的警卫们很好奇，连忙问：什么王？

这人回答，阎罗王！

警卫们听了不由得大怒，拔出拳头就要打他。

韩擒虎却制止了他们：生为上柱国，死作阎罗王。此亦足矣！

几天后，韩擒虎就生病去世了。

这个听起来像聊斋一样神神鬼鬼的故事，却居然被堂而皇之地记载进了《隋书》《北史》等正史，可见这个传说在当时有多么盛行！

这个传说的真实性当然值得质疑，但韩擒虎作为平陈最大的功臣之一，其名将地位肯定是不容置疑的。

宋代曾追封古代名将七十二人，整个隋朝入选的只有四个，其中就有韩擒虎，另三人是杨素、贺若弼和史万岁。

顺便说一下，韩擒虎的外甥也在这个榜单上——唐初名将李靖。

## 偃武修文

总之，平陈后数年间隋朝的高层人事，可以用一句话来总结：

高颎红透了，杨素崛起了，杨雄回家了，贺若弼赋闲了，韩擒虎去世了，苏威贬职又再起了，李德林贬职又去世了……

不过，和任何一个治理规范、制度完备的公司一样，频繁的人事变动对隋朝这家公司的正常运营并没有造成多大的影响——这两年杨坚在治国上的表现，依然可圈可点。

平定江南、完成统一以后，杨坚立即果断决策，要求把国家的中心任务从军事建设转移到经济建设和文化建设上来。

公元 589 年 4 月，平陈的战争刚一结束，他就马上下了一道宣布偃武修文的诏书：今率土大同，含生遂性；太平之法，方可流行。世路既夷，群方无事，武力之子，俱可学经；民间甲伏，悉皆除毁。颁告天下，咸悉此意。——如今四海一统，百姓安居乐业。太平盛世的法律制度，终于可以得以实行。四方无事，军人武将之徒，都应该学习经书；民间兵器甲仗，一律要予以销毁。特此颁告天下，让大家都知道朕的心意。

随后，他又对府兵制进行了大刀阔斧的改革。

府兵制始于西魏时期，由西魏实际控制者宇文泰所创，之后被北周、隋所沿袭。

自建立以来，府兵制实行的一直是兵农分离的制度——府兵负责行军打仗，农民负责垦田种地，两者互不相干。府兵可免赋税，属于军户，由军府管理，地方政府不得过问。

正是这样的制度极大地调动了广大百姓加入府兵的热情，正是这样的制度为西魏、北周乃至隋朝军力的壮大做出了极大的贡献，但也正是这样的制度给国家的财政造成了极大的损失。

过去，战乱频仍，经济利益只能服从军事战争的需要，但如今天下统一，战争已经成为历史，和平已经成为现实，再继续维持军队的特权，显然是有害无益。

公元 590 年 5 月，杨坚下了一道影响深远的诏书：凡是军人，可悉属州县，垦田、籍账，一与民同。军府统领，宜依旧式。——所有军人，都隶属于各州县，无论种地还是户籍，都和普通百姓一样。但军府的各项制度，还是按照原先的标准执行。

这道命令可以归纳为四个字——兵农合一。

从此，府兵不再归属军府，而必须在当地入籍，成为地方居民，由地方政府管理。平时，府兵和当地农民一样务农种地，只是在农闲时训练，战时从军打仗。

而府兵的训练、战备、武器等各项与军事有关的事务，则仍然由军府按原先的方法管理，因此这一举措并不会影响到军队的战斗力。

社会上从此不再存在军户这一特殊的阶层。

这不仅有利于国家对人口的控制，也大大增加了国家掌握的户口和财税。

除此以外，原先的军户之中有很多人是鲜卑、敕勒等少数民族，之前他们归属军府，和地方上的百姓格格不入，但自此之后，他们自己也变成了地方百姓，和本地的汉人混为一体，不分彼此，因而这一措施也极大地促进了民族融合。

这道仅仅几十个字的诏书，就如“随风潜入夜，润物细无声”的春雨一样，在不知不觉中改变了社会的很多方面，也在不知不觉中改变了历史——他对府兵制的这些改革，后来都被唐朝全盘沿用。

在对府兵制进行变革的同时，杨坚还裁撤了很多山东、河南以及北方边境新设的军府。

山东、河南的军府大多是为了平陈而建立的，而北方边界的军府则是为了抵御突厥，如今陈国已灭亡、突厥已安分，这些军府自然没有了存在的必要性，而且由于新设军府时曾经大量吸收了乡兵等地方豪族的武装，如今裁撤这些军府，无形中也消除了很多地方豪强势力，对维护社会的稳定大有裨益。

和裁军相对应的，是杨坚在文教方面的不断投入。

隋继承的是北周，而北朝的传统一向是尚武轻文，但杨坚却不一样，他深知“马上可以得天下，不能治天下”的道理，所以他自立国以来就非常注重文化教育。

在他刚当上皇帝的第二年，他就专门下了一道劝学的诏书：建国重道，莫先于学，尊主庇民，莫先于礼。始自京师，爰及州郡，宜祗朕意，劝学行礼。

除了诏书，当然还有具体措施——杨坚下令全国各州县都设置专门的学官，负责教授文化。

宣传工作也紧紧跟上，很多大街小巷都贴上了各种各样劝学的标语：“不做读书人，枉为世上人”、“养子不读书，不如养头猪”……

要读书，书当然是最重要的。

然而，由于之前几百年的战乱和分裂，当时的图书典籍十分缺乏，隋朝建立的时候，整个国家馆藏的图书仅有一万五千卷——还不如现在某些人的个人藏书多。

怎么办呢？

秘书监牛弘想了个办法，请求面向全国百姓征集各类书籍。

杨坚立即同意，并马上颁布诏令：任何人只要献书一卷，就赏绢一匹。

一匹绢相当于当时一户农民一年的赋税——杨坚的出价之高，大有如今亿万富翁征婚的架势！

重赏之下，必有图书。

就像20世纪80年代改革开放的政策极大地调动了广大百姓致富的积极性一样，这个政策极大地调动了广大百姓捐书的热情，很快，民间的各种珍本、奇书纷纷被送到了朝廷，仅仅用了一两年的时间，国库里的图书就大大增加。

之后，南北的统一又为图书事业带来了新的契机。

平陈后，陈朝的典籍都被尽数运到长安——南朝崇文，原先南朝的图书数量颇多，梁元帝萧绎时有藏书七万余卷，可惜这些书被萧绎临死前全部付之一炬烧光了，因此陈朝的书籍多为之后的抄本，有价值的并不是很多。

杨坚召集众多学者，将这些书补残续缺，认真整理。

经过这样一番努力，隋朝的图书总算是初具规模——达到了三万多卷，比立国之初增加了一倍多！

有了书，还要有人。

对陈朝的文人，杨坚也悉心延揽。

许善心（唐初宰相许敬宗之父）是江南名儒，在陈朝曾担任散骑常侍，杨坚对他非常重视，甚至说出了这样的话：我平陈国，唯获此人！

随后杨坚任命他为秘书丞，让他掌管全国文籍。

许善心果然不负所托，他把所有文籍分门别类，同时考订校正了各种经史图书上的很多错谬之处，为隋朝的文化发展做出了很大的贡献。

此外，在学制上，杨坚也做出了开创性的变革。

自汉朝以来，主管文化教育的国子监一直都是隶属于太常寺（掌管宗庙礼仪的最高行政机关）的二级部门。

公元593年，杨坚下令把国子监独立出来，自成系统，和太常寺并列，大大提高了国子监的地位，也大大提高了教育的地位。

史书上对杨坚开皇年间在文化上的成就评价很高：

四海九州强学待问之士，靡不毕集焉……学者……负笈追师，不远千里，讲诵之声，道路不绝。中州儒雅之盛，自汉、魏以来，一时而已。——全国各地博学多才的学者，全都汇集到了京城。人们为了求学，不远千里；讲课的声音，不绝于耳。文化的繁盛，是自汉、魏以来从来没有过的。

## 科举的创立

杨坚之所以如此重视文教事业，最重要的原因是要培养人才。

自从公元 583 年杨坚进行了地方行政制度改革以来，地方的人事任免权就全部被收归了中央。这样一来，吏部要考选任命大量的地方官，需要大量的后备人才。

这么多的人才从哪里来呢？该怎样选拔呢？

经过深思熟虑，杨坚决定对之前的选官制度——也就是九品中正制，进行大刀阔斧的改革。

九品中正制始于曹魏，盛行于两晋南北朝，就是在各州郡设立负责品评士人品级的中正官，把士人按照门第、德才分为上上、上中、上下、中上、中中、中下、下上、下中、下下九个品级，以达到察举人才的目的。

由于担任中正官的大都是世家大族，九品中正制出台后，官吏的选拔权便自然而然地被门阀士族所控制，门第也就理所当然地成了最重要的甚至是唯一的标准，而德才则和如今的固定电话一样成了可有可无的东西。

从此，考察人才变成了审查家谱，唯才是举变成了唯出身是举，很快就出现了这样的局面：

只要出身大族，你就是再腿残再脑残，也肯定是上品；

只要出身寒门，你就是再多才再天才，也必须是下品。

这种现象，史书上称之为“上品无寒门，下品无士族”。

用现在的话来说，九品中正制就是拼爹制。

实施了近四百年的九品中正制到南北朝的后期，弊端已经越来越明显：

一方面，这样选拔出来的官员，门第虽然高但能力往往并不高，难堪大用；另一方面，门阀士族垄断了官吏的选拔权，势力越来越大，对皇权形成了严重的威胁。

可以说，这一制度不但不利于选拔人才，反而成了选拔人才的绊脚石。

杨坚一直想彻底搬掉这块绊脚石。

早在公元582年，他就专门下诏求贤，要求各州的刺史向中央推荐人才。

第二年他又再次下诏：如有文武才用，未为时知，宜以礼发遣，朕将铨擢——如有文武才能突出的，但并不知名的，应按规定举荐，我会亲自挑选录用。

地方长官推荐，吏部选拔，皇帝亲自选定，这完全跳过了原先的中正官，预示着九品中正制的基础已经开始动摇。

不过，这两次下诏毕竟只是临时措施，正如偶尔一两次成绩好并不能证明你就是好学生一样，这样的临时措施说明不了什么问题。

但到了公元587年，这一切发生了根本的变化。

这一年，杨坚下令：制诸州岁贡三人——规定每个州每年举荐三人。

这也意味着，这种跳过中正官的选拔人才方式成了正式的制度，故而很多人把它视为科举制的发端。

从此，各州举荐的贡士每年都会云集在京城，参加朝廷举行的分科考试，当时具体有哪几科，由于史料不详，我们不得而知，比较明确的是有明经科和秀才科。

明经科意指通晓经学，只要熟读经学就可以了，相对难度较低。

而秀才科的难度就大得多了。

公元595年，杜正玄投考秀才，宰相杨素就曾呵斥他说，周、孔更生，尚不得为秀才！刺史何妄举此人！——就是周公、孔子重生，也不一定考得到秀才！刺史怎么会推举这样的人来考！

由此可见，在当时，要考中秀才不是很难，也不是非常难，而是比登天还难！一般人想考中秀才不是梦想，也不是幻想，而是臆想！

也正因为难度太高，所以整个隋朝，有据可查的秀才竟然只有十余人——比当今国宝大熊猫的数量还要少得多得多！

这种国家主持的考选确立以后，由士族把持的九品中正制自然也就名存实亡了。

公元595年，杨坚下诏宣布废除各地的中正官，九品中正制正式寿终正寝，科举制则成了历史长河中不可阻挡的洪流。

当然，开皇年间的科举制还只是个刚出生的婴儿，很多地方都并不成熟，比如当时的科举考试不能自己报名而是需要地方长官推荐，仍没有完全摆脱类似官僚特权的影子……

但无论如何，客观的考试总比主观的评定要公正得多，从国家所有百姓中挑选人才总比从少数世家大族中挑选人才选择范围要大得多，因此科举制刚一产生就显示出强大的生命力，被后来的历朝历代所继承和发扬光大，一直沿用到了一千三百多年后的清末……

## 开皇之治

杨坚的努力很快就得到了回报。

公元 592 年年底，负责府库的官员向杨坚汇报说，国家所有的府库都已经堆满了，财物没地方堆放，只好放在走廊上。怎么办？

有时候，幸福来得太快，总是会让人难以相信。

就跟我上中学时第一次收到心仪女生情书时的感觉一样，杨坚感到非常震惊：朕收的赋税并不重，而且还经常大手笔地赏赐功臣，怎么还会有这么多呢？

这个官员回答说，如今我们即使每年用掉数百万段帛，账上都不会出现赤字。每年的收入都大于支出，府库中的财物怎么能不越来越多呢？

杨坚喜出望外，当即下令另外开设府库以储存新入库的布帛。

随后他又下诏减税：河东、河北地区田租（粮食）减免三分之一，军人在此基础上再减半征收，全国的调（布帛）全免！

当时国家财政之丰饶，由此可见一斑。

这一时期，隋朝的社会和谐稳定，经济迅速发展，人口迅速增加，饱经战乱的中国得到了久违的和平，饱经磨难的百姓得到了久违的太平。

这就是历史上著名的“开皇之治”。

面对如此巨大的成就，向来谦虚谨慎的杨坚不免也有些志得意满，官员们更是纷纷再次请求杨坚封禅泰山。

首先提出来的居然是亡国之君陈叔宝。

那一天，杨坚带着群臣去洛阳视察，途中登上了洛阳城北的邙山。

在邙山，俯瞰着滔滔的黄河，呼吸着清新的空气，杨坚的心情无比舒畅。

这时，有人突然从陪同的队伍中走了出来，跪倒在地：陛下，臣要献诗一首！

不是别人，正是亡国之君陈叔宝。

仿佛画龙点睛，仿佛锦上添花，仿佛浑身痒的时候有人帮你挠背，陈叔宝很应景很适时地送上了一首诗：日月光天德，山河壮帝居。太平无以报，愿上东封书。

这种歌功颂德拍马屁的诗和几百年后另一位后主李煜写的“故国不堪回首月明中”、“四十年来家国，三千里地山河”形成了鲜明的对比，两人的结局不同似乎也在情理之中。

回到现场。

随后陈叔宝又献上了自己撰写的表文，竭力恳请杨坚封禅。

杨坚听了什么反应呢？

史书的记载是：帝优诏答之。——杨坚很客气地回答了他。

这样的场景当然逃不过群臣的眼睛，更逃不过一直在揣摩父皇心意的杨广的眼睛。

回到长安后，晋王杨广立即率众多大臣联名上书，强烈要求封禅。

杨坚这才看起来极不情愿地答应了：此事非同小可，朕何德以堪之！不过，既然你们都这么说，我也只好从命。那就东巡一趟，顺便祭泰山！

随后他命礼部尚书牛弘等人设计封禅仪礼。

公元595年正月11日，杨坚率文武百官登临泰山，在山顶设坛，祭拜上天。

站在高耸入云的泰山之巅，仰望一望无际的朗朗青天，杨坚心潮起伏，豪情满怀。

自从他登基以来，仅仅用了十余年的时间，就大展宏图大获成功——外则北平突厥、南灭陈朝，内则昌盛繁荣、天下大治，这样的文治武功，历史上有谁能和他相比呢？

千古一帝，舍我其谁！

杨坚一出，谁与争锋！

这是泰山的巅峰！

这也是杨坚生命中的巅峰！

世上无难事，只要敢攀登。可是，攀登到顶了，又该往何处去？

杨坚忽然感到了一丝寂寞，一丝茫然，甚至还有一丝失落——失去对手的寂寞，失去目标的茫然，抵达终点的失落。

当年激励他全力以赴的对手全都趴下了，当年激励他努力拼搏的目标全都实现了，当年激励他奋力前行的终点全都提前抵达了……

但这无比巨大的成功，却让此时此刻的他反而感觉有些失去了方向，失去了动力！

他已经五十多岁。

他已经太累太累。

接下来自己该追求什么呢？

# 第九章　水满则溢，月盈则亏

## 仁寿宫

杨坚此时的心态从他一生中唯一留存的一首诗可以看出来。

那是他在前不久巡幸并州（治所今山西太原），与秦王杨俊（杨坚第三子，时任并州总管）在一起吃饭时即兴所作，诗是这么写的：

红颜讵几，玉貌须臾。一朝花落，白发难除。明年后岁，谁有谁无。

是呀，人生苦短，世事无常，活着活着就老了，毫无征兆就死了，无论是红颜、玉貌还是鲜花，一切都稍纵即逝，即使你创造了再大的功业，又能怎么样呢？

这首诗看起来似乎颇有些消极，和曹操所写“老骥伏枥，志在千里；烈士暮年，壮心不已”那种催人奋进的味道形成了鲜明的对比。

不过，细想一下，杨坚有这种想法似乎也并非不可理解。

人在钱多得没处花的时候往往容易把钱看淡，感情经历得多了往往容易把感情看淡，冠军拿得太多了往往容易把冠军的头衔看淡，而像杨坚这样，功业建立得太多了，也往往很容易把功业看淡——在杨坚皇帝生涯的后期，他身上那股雄心勃勃、锐意进取的劲头逐渐消失了。

另外，杨坚的心态从他新建的那座行宫的名字也可以看出来——仁寿宫。

“仁寿”意为仁爱长寿，看到这样的字眼，我眼中就立刻浮现出一个面容慈祥的老爷爷的形象。

很显然，如今杨坚最重要的心声就是：我真的好想再活五百年！

仁寿宫是公元 593 年开始修建的。

当时杨坚来到岐州（今陕西凤翔）一带视察，看到那里山川秀美，景色宜人，便决定在此处修建一座用于避暑的行宫，命令尚书右仆射杨素全权负责此事。

杨素向来注重享受，用现在的话说就是“生活作风糜烂”——据说他有家僮数千，婢女歌妓都身穿锦缎，家中的装饰豪华程度堪比皇宫。

让吃惯豪餐的人去组织聚餐，饭菜的标准肯定不会差；由奢靡无度的杨素来主持修建行宫，仁寿宫的档次当然会很高、规模当然会很大。

由于仁寿宫建在深山之中，需要削山填谷，工程量极大，因此杨素征用了大量的民工，不分昼夜地催他们加紧施工。

由于活太重、休息太少，很多民工都承受不了劳累而死，杨素竟然命令把尸体丢入山谷，上面用砂石覆盖，把这些可怜的民工作为填平山谷的建材！

在杨素极其残暴而又高效的管理下，仅仅两年的时间，气势恢宏的仁寿宫就顺利建成了——付出的代价是数万民工的生命！

得知仁寿宫建成了，杨坚派尚书左仆射高颎前去验收。

和杨素不同，高颎爱惜民力，与百姓感情很深，他对仁寿宫的奢华浪费、对杨素的草菅人命很有意见，回去后便向杨坚汇报了这么一句话：颇伤绮丽，大损人丁——造得太过华丽，估计死了不少人！

杨坚一向节俭，一向爱民，听了高颎的话，当然对杨素也颇为不满。

随后他亲自前往仁寿宫视察。

到了那里，只见无数连绵不绝的宫殿和亭台楼阁拔地而起，巧夺天工，美轮美奂，仿佛人间仙境，然而杨坚却没有一丝笑意，脸色比南极还冷，恨恨地对左右说，杨素花这么大的代价帮我修行宫，这是让我跟天下百姓结怨哪！

这话很快传到了杨素的耳朵里。

杨素感到非常不安，马屁拍到马脚上了，怎么办？

正在他感到无比犯愁的时候，有人给他出了个主意。

此人名叫封德彝，出身于河北大族渤海封氏，是北齐开国元勋封隆之之孙，也是杨素的侄女婿，此时年仅二十八岁，在杨素的手下担任仁寿宫项目的土木监（土木工程监工）。

封德彝说，您不必担忧。咱们可以去找皇后哇。

如同在迷路时突然见到了指引方向的路牌，杨素顿时感觉豁然开朗：是呀，皇帝听皇后的，只要皇后认可，还有什么可怕的？

的确，独孤皇后对杨坚有着莫大的影响力。

如果说，每一个成功的男人背后都有一个伟大的女人，那么毫无疑问，独孤皇后就是杨坚背后的那个女人。

她高贵典雅，外柔内刚，是杨坚事业上的帮手，生活上的助手，甚至还是杨坚遇到困难时强有力的抓手。

每天早上，她都会和丈夫同坐一辆车，把杨坚送到朝堂门口，然后在殿外等候。等到杨坚退朝后，她再和杨坚两人夫妻双双把家还——同车返回后宫。

杨坚上朝的时候，她虽然待在外面，但总会让侍奉杨坚的宦官向她汇报皇帝的所作所为。如果她觉得丈夫做得不妥，就会及时规劝。对她的意见，杨坚几乎是言听计从。

不过独孤皇后对自己的定位却十分明确，那就是：不直接参与政事。

当时有人上表，说按照《周礼》，百官的妻子应该要由皇后出面封赏，但独孤皇后坚决不答应，理由很干脆：牝鸡不可司晨，妇人不可干政。

为了避免产生外戚专权的恶果，她对自己的家人和亲戚也特别严苛——在她当皇后的时候，她的几个兄弟没有一个是身居高位的，更没有一个是手握重权的。

她的表兄崔长仁犯了死罪，本来杨坚看在皇后的分上想要赦免他，但独孤皇后却不同意：不行，怎么可以徇私枉法呢？

崔长仁因此被杀。

和杨坚一样，独孤皇后也十分节俭。

当时突厥和隋朝互有贸易往来，有一次突厥向隋朝出售一筐极其名贵的明珠，价值八百万，很多人都劝独孤皇后把这个稀世珍宝买下来。

但独孤皇后却严词拒绝了：明珠饥不能食，寒不能穿，用这么多钱买它干什么？我觉得不如把这八百万赏赐有功的将士。

这样一个识大体顾大局而又深明大义的贤内助，杨坚怎么能不喜欢呢？

除了喜欢之外，还有一点怕——按照《隋书》的记载就是：高祖甚宠惮之。

独孤皇后性格刚毅，作风强势，嫉妒心也特别重，禁止杨坚接近除她以外宫里所有的女人——弱水三千，杨坚只能取一瓢饮；美女如云，杨坚只能和她一人睡。

当然，杨坚也做到了这一点——至于是不是自愿的，我不知道。

我只知道，如果怕老婆是一种病的话，那么杨坚和我一样，都是重症患者。

总之，独孤皇后这个人上得了厅堂，下得了厨房，做得了大事，补得了衣裳，斗得过二奶，打得过流氓……

虽然她一直躲在幕后，很少抛头露面，但毫无疑问，杨坚的军功章里也有她一半的功劳。

她在宫中在朝中在国中的威信都很高，以至于很多人甚至把她和杨坚并称为“二圣”。

显然，这次杨素找她是找对人了。

杨素对独孤皇后说，自古以来，历朝历代的帝王都应该是有行宫的。如今天下太平，咱们就造了这么一个宫殿，怎么能算浪费呢？只有生活的环境好了，皇帝和您的身体才会好，才会有更好的精力来领导我们这些臣民……

杨素号称才辩无双，既善于豪言壮语，也善于甜言蜜语，他的口才足以让公鸡下蛋、母鸡打鸣、癞蛤蟆直立行走，当然也能把独孤皇后说得芳心大悦，连连点头。

第二天，杨坚宣布召见杨素。

杨素怀着忐忑不安的心情去了。

等到进宫后看见坐在殿中的不只有正襟危坐的杨坚，还有面带笑容的独孤皇后，他七上八下的心这才落了地。

独孤皇后对杨素的赞美之情溢于言表：你知道我们夫妇年老，没有休闲的地方，所以才把这里修得这样华丽，真乃忠孝之臣！

就这样，杨素不仅没有受到任何惩罚，反而得到了大量的赏赐。

## 有权就是任性

从这里可以看出，随着时代的改变，随着国家的强盛，杨坚和独孤皇后这对曾经以勤政节俭著称的夫妇现在已经变了——开始注重物质享受了。

以前他自己非常节俭，对大臣和百姓非常大方，而现在却有些不一样了。

公元 594 年发生的一件事充分说明了这一点。

以下引用的是 SBTV（隋朝大电视台）的相关报道：

今年入春以来，首都长安所在的关中地区遭到了百年不遇的旱灾，百姓生活遇到了暂时的困难，由于食品短缺，有些地方甚至不得不以豆屑杂糠充饥。

灾情牵动着皇帝陛下的心，他的心情非常沉重，决心一年内不喝一滴酒，不吃一块肉，与广大人民共渡难关。

今年八月，由于灾情继续扩大，皇帝陛下审时度势，果断决策，与广大百姓一起离开关中，去洛阳一带就食。

一路上，皇帝陛下平易近人，对百姓关怀备至，扶老携幼，每到路途艰难的地方，就让卫兵主动帮助困难群众。

（接下来镜头对准了一个老大娘和一个孕妇）

大娘：我今年六十八岁了，过一条河的时候不幸摔倒了，是皇帝陛下派人把我给扶起来的。

孕妇：我已经怀孕八个月了，走路比较累，皇帝陛下看到了，让人把我扶上皇家的马，还派卫兵给我牵马。

下面播送本台评论：

……我们有理由相信，有皇帝陛下的英明领导，我们一定能夺得抗旱救灾的伟大胜利！

从隋朝官方的这段描述来看，杨坚不愧是关心民生、爱民如子的好皇帝。

不过，也有人对此有不同的看法。

唐太宗李世民就是其中的一个。

在《贞观政要》中，记录了李世民对这件事的评论：隋开皇十四年大旱，人多饥乏。是时仓库盈溢，竟不许赈给，乃令百姓逐粮。隋文不怜百姓而惜仓库，比至末年，计天下储积，得供五六十年。炀帝恃此富饶，所以奢华无道，遂致灭亡。炀帝失国，亦此之由。

如果李世民这种说法成立的话，那么其实当时国库中存有大量的粮食，只要杨坚允许开仓赈灾，完全可以让百姓平安地度过饥荒，免去百姓的奔波之苦。

其实在这之前，杨坚曾经有过多次开仓放粮的记录，如“高祖乃命苏威等，分道开仓赈给”、“又命司农丞王亶，发广通之粟三百余万石，以拯关中”……

而这次，杨坚却没有这么干。

他变了。

以前的节俭变成了现在的吝啬，虽然他曾经宣称“宁积于人，无藏府库”，但现在他执行的却是“藏富于国”的政策。

在他的这种方针指引下，隋朝的国库越来越丰饶，而百姓所得到的实惠却并不多。

除此以外，巨大的成功也让他的自我感觉越来越好，越来越自大，越来越喜欢别人的吹捧。

他一直是个迷信的人，现在则更是如此。

散骑常侍王劭上表称杨坚有龙颜戴干之表（脸长得像龙，头部有肉突起像动物的角，据说上古帝王黄帝、颛顼就是这样的长相），并且还在朝堂上亲手指给群臣看。

杨坚听了大喜，当场就提升王劭为著作郎。

于是王劭更加起劲，后来又征引各种谶纬图书和佛经中的记载，并将这些内容附会到杨坚身上，撰写了一本《皇隋灵感志》的书，进献给杨坚。

杨坚更加高兴，对他大加赏赐。

上有所好，下必甚焉。

很快，术士成了当时最有前途的职业，拍马屁成了当时最有价值的技术，各种关于杨坚的传说也纷纷出炉。

有人说他是月光童子的化身，有人说他是转轮圣王转世（月光童子和转轮圣王都是佛教中的神话人物），还有个天竺（印度的古称）来的僧人说，前几年，他们那里突然地震，一块石碑因此露出地面，上面写着这样一句话：东方震旦，国名大隋。城名大兴。王名坚意。建立三宝……

一场轰轰烈烈的造神运动由此展开。

不过，这些肉麻的吹捧似乎并没有让杨坚感受到自己“君权神授，天命所归”的那种踏实，随着年龄的增长，晚年的他变得越来越多疑。

事实上，因为极度恐惧失去权力，很多权力欲望强烈的独裁者都极度缺乏安全感。

杨坚也是这样。

他几乎对任何人都不放心。

他经常派自己的亲信近臣去暗中调查文武百官，一旦发现官员有过失，就立即治以重罪。

他甚至还发明了钓鱼执法。

有时他会故意派手下人向某些官员行贿，只要有人收受这些财物，就会立即被处死。

杨坚的执法也越来越严苛。

他在朝堂上放置了大杖，官员们犯了错往往会被公开执行杖刑，而且为了立威，当时的廷杖做得特别大，打一下相当于以前的三下，而且他要求行杖时下手必须要重，故而经常有人被活活打死。

杨坚对廷杖的兴趣不亚于西门庆对女色的兴趣，有时他一时性起，不甘心做观众，还要亲自动手行刑。

神圣的殿堂居然成了血腥的刑场，高颎等很多大臣都看不下去了，便联名上书劝谏：朝堂非杀人之所，殿廷非决罚之地。

杨坚这才勉强从朝堂上撤掉了大杖。

但没过多久，他的手又痒了，由于手头找不到杖具，他就用马鞭在殿上把一个大臣当场打死。也许是马鞭用着觉得不够顺手，不久他又重新在殿内设置了杖具。

正如癌症一旦复发往往会更加严重一样，杨坚这次故态复萌，也更加变本加厉。

这次，他居然通过诏令的形式把廷杖的行为推广到了全国各地：诸司论属官罪，有律轻情重者，听于律外斟酌决杖。——各部门给属官定罪的时候，如果按律可以从轻发落但情理上感觉又是比较严重的，可以在法律规定以外酌情处以杖刑。

除了廷杖以外，杨坚杀起人来也是毫不手软，为了一丁点小事，他往往就大开杀戒。

中央官员们有收受地方财物的，哪怕是一条马鞭或者一只鹦鹉，一旦被发现，往往都要被处以极刑，绝不宽贷。

有一次过年庆典的时候，当值的御史没有对衣着不整的武官提出弹劾，杨坚立即命令把御史处死，理由是没有履行职责。

谏议大夫毛思祖连忙进谏，劝杨坚不要杀御史——毕竟他是谏议大夫，如果不进谏的话，也是和御史一样没有履行职责。

但杨坚不但不听，反而更加恼火：你小子真是浴缸里玩潜水——不知深浅！既然你同情他，那就和他一起去做伴吧！

于是他干脆把毛思祖也杀了。

右仆射杨素和鸿胪寺少卿（主掌外交接待的官员）陈延不和，有一次他无意中看到鸿胪寺下属的一家涉外宾馆地上有少许马粪，还有几个服务员上班时间聚在一起赌博，便马上将此事向杨坚报告。

杨坚闻言大怒，立即命令把鸿胪寺负责接待事务的主客令以及所有参与赌博的人全部杖杀，陈延作为鸿胪寺的主要领导，当然也难逃责罚，他也被杖打得奄奄一息。

在杨坚的眼里，这些平日高高在上的官员根本不是什么天之骄子，而是千只饺子——他想吃哪个，就可以随随便便让哪个消失！

有权，就是这么任性！

对官员都如此苛刻，对百姓当然更不可能宽容。

公元597年，杨坚下了一道令人匪夷所思的命令：盗一钱以上皆弃市——只要盗窃一文钱以上，都要在闹市中处决！

有三个人因口渴在路边的田地里偷了一个西瓜，被抓到后三人都被斩首示众。

一时间，全国的百姓都人心惶惶。

也许杨坚的本意是想通过严惩来维护治安，但事与愿违，这样的苛政反而让社会更乱了——自此以后，各种群体性事件屡出不穷，各种大案要案层出不穷。

是啊，既然一点点小罪就要死，那还不如干脆干一票大案！

有人还劫持了执法官员，要其转告皇帝：自古以来，未有盗一钱而死者也！

迫于各方面的压力，杨坚最后只好废除了这条不得人心的法令。

这一时期的杨坚朝令夕改，把法律当手纸，把治国当儿戏，几乎和以前的他判若两人。

当年的谦虚、谨慎和睿智已经一去不复返，就像逝去的岁月一样。

他这样肆意妄为，难道就没有人劝谏吗？

当然有。

大理寺少卿（相当于最高法院副院长）赵绰就是其中最著名的一个。

有一次刑部侍郎辛亶上班的时候穿了条鲜艳的红裤子——这家伙比较迷信，因为他听说这样穿有利于升官。

没想到一条红裤子竟然引得杨坚大发雷霆，他认为这是妖术，命赵绰将辛亶处死。

赵绰却坚决不同意：辛亶法不当死，臣不敢奉诏！

杨坚勃然大怒（大概他正处于更年期，总是特别容易发火）：你可惜辛亶的命，难道就不惜自己的命吗？

随后下令把赵绰斩首。

然而赵绰毫不畏惧，依然坚持己见：陛下可以杀臣，但绝对不可以杀辛亶！

很快赵绰被五花大绑，押到杨坚的面前。

杨坚又问他：你还有什么要说的吗？

赵绰宁死不屈：执法一心，不敢惜死！

杨坚不再多言，立即拂袖而去。

过了一段时间，他又下令赦免了赵绰。

还有一次，有两个百姓因使用假币被抓获，杨坚要求将他们判处死刑。

赵绰反对说，按照有关律令，这种罪应该判杖刑，不应该杀！

杨坚很不耐烦：又不是杀你，关你什么事！

赵绰却不依不饶：既然陛下让我执掌司法部门，这事怎么能和我无关！

杨坚又说，撼大木，不动者当退！——摇大树，如果树摇不动就要知难而退！识相点！

赵绰的回答还是那么强硬：臣望感天心，何论动木！——我希望能感动天子的心意，别跟我说什么摇大树的事！

这下杨坚更火了，赤裸裸地威胁道，你想威胁天子的权威吗？

但赵绰却依然不肯让步。

杨坚不再理他，径直回宫去了。

不过后来经过再三考虑，杨坚还是听从了赵绰的建议，没有把这两人处死。

当然，任何一个时代都有像赵绰这样为了公正不惜违背上意的人，任何一个时代也都会有为了迎合上意而昧良心的人。

赵绰的下属、大理寺掌固（官名，负责府库陈设）来旷就是这样的人。

来旷看见赵绰屡屡和皇帝对着干，觉得自己的机会来了，便试探着向杨坚上书，说赵绰量刑太宽。

这话很合杨坚的心意，因为杨坚也是这么认为的——好几次他想杀人，赵绰都不同意，这不是量刑太宽是什么？

于是他龙颜大悦，当即把来旷升了官。

来旷自以为摸准了杨坚的脉搏——看来皇帝一定是对赵绰不满，便再接再厉，又上表告发赵绰徇私舞弊违法释放囚徒。

杨坚虽然觉得赵绰办事不顺他的心，但对赵绰的人品还是很认可的，因此对来旷的上表非常怀疑，便派人去调查此事。

调查结果很快出来了，这事子虚乌有，纯属污蔑。

杨坚大怒，下令将来旷斩首。

结果赵绰又不同意，坚持认为来旷罪不该死。

杨坚知道赵绰的倔脾气——让这家伙改变主意比让河流改变走向还难，便不跟他废话，袖子一甩气呼呼地回宫去了。

没想到赵绰又再次奏报：陛下，来旷的事我不说了，但我还有别的要紧事必须面奏！

杨坚信以为真，便在内宫接见了赵绰：你到底还有什么事？

赵绰说，我犯了三条死罪，第一，身为大理寺少卿，没能管好自己的手下来旷；第二，依法来旷不应该判死刑，我没能据理力争；第三，臣本来没别的事，是为了进宫见您而随便瞎说的。

这番话以退为进，极为巧妙——显然，赵绰不仅有超出常人的勇气，更有超出常人的才气！

杨坚听了不由得哑然失笑，不知不觉怒也就消了。

一旁的独孤皇后听了更是大笑不已，当场赐给赵绰两杯酒。

就这样，来旷被免去死罪，改成流放。

然而，毕竟杨坚才是说一不二的皇帝，赵绰能做的其实还是非常有限的。

如果说杨坚是天的话，那么赵绰只是一把伞，天要下雨，再大的伞也只能遮住方寸之地，其他地方照样大雨滂沱。

因此，不管赵绰怎么依法办事、怎么公正不阿，都改变不了杨坚和当时的隋朝政府整体上不讲法治的现状。

总而言之，晚年的杨坚是越来越专制，越来越专横，越来越高压。

上行下效，这种粗暴的作风像疯长的野草一样迅速蔓延，很快就传遍了全国各地。

按照史书的说法，此时隋朝官场上的风气是这样的：

上下相驱，迭行捶楚，以残暴为干能，以守法为懦弱。——上级惩治下级，下级再惩治自己的下级，暴力行为一级一级传递下去，随意用刑，任意拷打，把残酷暴虐当作有能力，把遵纪守法当作懦弱！

毫无疑问，这样的做法大大加剧了社会矛盾，也引发了开皇末年的一系列动荡。

自公元597年开始，西南各地又开始不稳定了。

先是桂州（今广西桂林）的俚人李光仕起兵叛乱，被上柱国王世积和前桂州总管周法尚平定。

接着南宁州（今云南曲靖）的少数民族首领爨（cuàn）玩也造反了。

爨氏世代为当地酋长，侯景乱梁的时候，爨氏趁机崛起，割据一方，当时的南梁政府自顾不暇，根本没有精力去征讨他，只好承认现实，授其为刺史，传至爨玩已历三代。

由于爨氏家族在南宁州一带经营多年，树大根深，因此这次叛乱规模很大。

杨坚命左领军大将军史万岁为行军总管，率军讨伐爨玩。

史万岁沿着当年诸葛亮南征孟获的路线南下。

爨玩早已严阵以待，在各要害之处屯兵驻守，但都被史万岁一一轻松击破。

史万岁一路过关斩将，势如破竹，辗转千余里，攻破叛军三十多个部落，俘敌两万余人。

爨玩屡战屡败，无奈之下，只得遣使请降。

随后史万岁遣使向杨坚告捷，请求带爨玩一起入朝，杨坚下诏允许。

爨玩当然不愿意离开自己的老巢去长安仰人鼻息，便拿出大量稀世珍宝贿赂史万岁。

史万岁见宝眼开，也就放过了爨玩，率军班师回京。

然而，世间没有不透风的墙，这事被时任益州（治所今四川成都）总管的蜀王杨秀知道了，便立即派人向史万岁索要珍宝。

古代很多贪官都知道利益均沾的原则，这样才能与自己的上级形成牵一发而动全身的利益共同体，保证自己的安全；但史万岁这个莽夫却根本不懂这个道理，他只知道“我得不到的，别人也休想得到”——他想都没想，就把所有的珍宝都沉于江中！

也许这对他来说是很自然的事，但正是这样的自然，差点让他自燃！

第二年，爨玩又反了。

怀恨在心的杨秀乘机弹劾史万岁，说他收受贿赂，纵容叛贼，致生边患。

杨坚命令彻查此事，很快就查明属实。

史万岁还不承认，为自己辩解说，臣之所以没带爨玩入朝，是因为生怕他走了南宁州会有变故，所以留他在那里镇抚。臣一心为公，绝对没有受贿。

杨坚勃然大怒，扬言要将他斩首。

到了黄河才死心，撞了南墙才回头，见了棺材才落泪，史万岁这才低头认罪。

尚书左仆射高颎、左卫大将军元旻等人也纷纷为他求情：史万岁雄略过人，每行兵用师之处，未尝不身先士卒，尤善抚御，将士乐为致力，虽古名将未能过也。

在他们的极力劝说下，史万岁才逃过一死，被削职为民。

不过仅仅一年后，他就再次被重新起用，出任河州（今甘肃临夏）刺史。

他之所以这么快就能东山再起，与当时的时势是分不开的。

因为时隔多年以后，隋朝和突厥之间又重新燃起了战火！

# 第十章　前无古人的圣人可汗

## 再战突厥

这些年，突厥也发生了很多事情。

公元 588 年，在位仅一年多的莫何可汗在一次西征中中流矢而死，沙钵略的儿子雍虞闾继立，是为都蓝可汗。

都蓝可汗精明强干，颇有心计，他一边每年都向隋朝遣使朝贡，显得颇为忠心；一边则凭借隋朝的支持，不断向西扩张。

公元 590 年，他率军击破高昌（西域古国，位于今新疆吐鲁番一带），并逼迫高昌人改依突厥习俗，使其沦为自己的附庸，威震西域，声势大振。

春风得意的都蓝特意派人把西征时获得的战利品——一根价值连城的于阗（西域古国，位于今新疆和田一带）玉杖送给了杨坚。

不料这却引起了杨坚的警惕——都蓝如今已经做大了，不容小觑！

于是，他把平陈时获得的陈叔宝宫中的一个屏风赐给了突厥的可贺敦大义公主（即原北周赵王宇文招之女千金公主，沙钵略之妻，沙钵略死后按照突厥风俗，又先后嫁给了莫何、都蓝），作为还礼。

这个举动看起来似乎平淡无奇，其实却暗藏玄机——一方面这是在向突厥和大义公主示好，你看我有了好东西也没忘记你；另一方面也是向突厥示威，你看如此强大的陈朝都被我轻松灭掉了，如果你们有异心，这也是你们的下场！

很快，屏风就送到了大义公主那里。

看着这个制作精美的屏风，看着这个陈朝亡国的遗物，大义公主想起了自己那早已灭亡的祖国——北周，一时间悲从中来，思绪万千。

往事如风，风干了她的记忆；时光似水，模糊了她的双眼。

故国的那些事不会忘记，故国的那些人不会再来。

唉！无限江山，别时容易见时难。故国不堪回首月明中！

情不自禁地，她提起笔来在屏风上题了这样一首诗：

盛衰等朝露，世道若浮萍。荣华实难守，池台终自平。

富贵今何在？空事写丹青。杯酒恒无乐，弦歌讵有声。

余本皇家子，漂流入虏廷。一朝睹成败，怀抱忽纵横。

古来共如此，非我独申名。惟有明君曲，偏伤远嫁情。

在一千多年后的我们看来，这首诗感情真挚，感人至深，毫无疑问是一首好诗。

但在当时的杨坚看来，这首诗却说明大义公主始终不忘北周的亡国之痛，始终不忘隋朝的灭国之仇。

不久发生的事证实了杨坚的担心。

有个名叫杨钦的隋朝人流亡到了突厥，谎称自己是大义公主的姑父刘昶的特使，说刘昶打算起兵造反，要请突厥发兵响应。

刘昶曾是北周的驸马，娶宇文泰女西河公主，但因为他与杨坚有旧交，故在隋朝并没受到牵连，依然颇受信任，不仅保留了原先的爵位彭国公，还曾担任左武卫大将军、庆州（今甘肃庆阳）总管等要职。

刘昶要造反的消息也并非完全是空穴来风，因为他有一个不安分的儿子刘居士，这家伙成天喜欢和自己的一帮党羽胡闹，据说还曾在原北周废弃的宫殿上南面而坐，让那些党羽对自己跪拜，大有称孤道寡的味道。

这事闹得沸沸扬扬，杨坚知不知道我不知道，反正杨钦是知道了，还把这个传闻添油加醋地告诉了大义公主。

其实杨钦的所作所为非常蹊跷。

刘昶为什么要造反？他有多大的实力？杨钦到底是什么人？他这么干的目的是什么呢？——尽管史书没有记载，但小子我还是怀疑这也许根本就是杨坚安排的一个圈套。

不过，也许被急于复仇的心态冲昏了头脑，听了杨钦的话，大义公主的IQ、EQ直线下降，见当就上，见圈套就钻，根本没有核实这件事的真实性，就对杨钦深信不疑。

之后她经常给都蓝吹枕边风，劝都蓝背叛隋朝，说我姑父要起兵造隋朝的反，机不可失，咱们应该和他里应外合。

不仅如此，她还发动了都蓝最铁的亲信——一个叫安遂迦的胡人，让他也经常帮自己怂恿都蓝。

安遂迦为什么会听大义公主的安排呢？

很简单，因为他是大义公主的秘密情人。

就这样，大义公主不停地煽风点火，安遂迦不停地火上浇油，很快，都蓝的头脑就被他们烧热了，野心也被他们激发出来了——是呀，想当年我大突厥多么威风，凭什么现在我要臣服于你隋朝啊？

从此他不仅对隋朝不再那么恭敬，还经常派兵骚扰隋朝边境。

都蓝态度的转变，杨坚当然感觉到了——这到底是怎么回事呢？

他立即派突厥问题专家长孙晟出使突厥，了解都蓝的最新动向。

没过多久，长孙晟就把情况全部摸清楚了——这一切都是大义公主和杨钦捣的鬼，而且还和彭国公刘昶有关！

回去后，他立即向杨坚汇报。

杨坚感到了问题的严重，便马上把刘昶找来，没头没脑地说，今日之事，当复如何？

刘昶对此莫名其妙，加上他自恃和杨坚关系不错，回答便也不太礼貌：黑白在于至尊——是黑是白都由皇帝你说了算。

杨坚大怒，立即把刘昶和其子刘居士下狱，后又将其赐死。

其实刘昶死得挺冤枉，此时他年事已高，早已退休在家颐养天年，无权无兵，人畜无害，怎么可能造反？

当然，真正令杨坚头疼的不是刘昶，而是大义公主。

如果说，上次屏风题诗说明她还只是内心不满的话，现在已有确凿的证据说明她已经开始行动了。

怎么办？

内史侍郎裴矩建议：叛我大隋，虽远必诛。不如除掉大义公主，永绝后患。

可是，大义公主在突厥当了十几年的可贺敦，父子叔侄三人通吃，用自己的身体历事三夫，用自己的智慧历辅三主，根基深厚，人脉广泛，而且如今与都蓝的感情也还不错，要想杀掉她，谈何容易？

杨坚把这个艰巨的任务交给了长孙晟。

长孙晟再次出访突厥，要求引渡跨国逃犯杨钦。

都蓝自然不肯——他还要留着杨钦当特使呢。不过表面功夫还是要做的，便装模作样地派人查了一通，然后把两手一摊，两肩一耸，对长孙晟说，你看，我已经很认真地查过了，我这里根本就没这个人哪。

长孙晟没有回答，嘴角却露出了蒙娜丽莎般的诡秘微笑——其实他私底下早就查到了杨钦的藏身之地。

当天夜里他就带人来到了杨钦的住处，像从鸡笼里拎一只鸡一样把杨钦抓了起来，带到了都蓝面前。

都蓝非常尴尬——恨不得找个地洞躲起来，可惜没有找到，只好在那里呆呆地站着。

更尴尬的还在后头。

随后长孙晟又爆出了一个猛料，向都蓝揭发了大义公主和安遂迦私通之事——很显然，他就是要挑拨都蓝和大义公主之间的关系！

当然，长孙晟也不是口说无凭，接着又出示了一系列证据，画图、情书、定情信物……

有图有真相，铁证如山，由不得都蓝不信。

对一个男人来说，什么帽子都能戴，就是绿帽子不能戴；什么仇恨都能忍，就是夺妻之恨不能忍，更何况这个给他戴绿帽的人还是你最最信任的亲信！

都蓝顿时怒不可遏，当场就把安遂迦抓了起来，交给长孙晟：你把这个淫贼带走吧，我不想再见到这个人！

就这样，长孙晟圆满完成任务，带着杨钦、安遂迦回到了长安。

离间计也初见成效，大义公主和都蓝之间的关系出现了难以磨灭的裂痕。

但这当然还不够，接下来杨坚想做的是继续加大他们之间的裂痕，直到让大义公主在地球上彻底消失。

很快，他又派出使者前往突厥，以不守妇道为名，废掉了大义公主的名号。

这个举动发出的信号很明确：大义公主如今已经不是大隋的公主了，从此不再受大隋的保护！

与此同时，杨坚又使出美人计，给都蓝送去了四位天使面孔、魔鬼身材的美女嫩模。

和很多男人一样，都蓝根本受不了这样的诱惑，从此天天和那四个美女厮混在一起，对红杏出墙且人老珠黄的大义公主也越来越冷漠。

然而，尽管大义公主和都蓝之间的夫妻关系已经名存实亡，但大义公主依然还是名义上的可贺敦，依然可以发挥她的影响力。

怎样才能促使都蓝杀掉大义公主呢？

就在杨坚绞尽脑汁却苦无良策的时候，事情突然有了转机。

统领突厥北部地区的小可汗突利派来了一个密使，请求迎娶隋朝的公主。

突利可汗名叫染干，是莫何可汗处罗侯的儿子。

得知这个消息，杨坚灵机一动，顿时有了主意。

他立即让裴矩出使突厥，对突利开出了条件：求婚没问题，但你必须帮我杀掉大义公主!

于是，突利多次在自己的堂兄都蓝面前大说特说大义公主的坏话，劝他杀掉这个惹是生非的女人。

突利的口才很好，他从大义公主的个人品质一直说到她对国家利益的损害，从留着公主带来的坏处一直说到杀掉公主的好处,时而循循善诱,时而大义凛然，时而冷静分析，时而慷慨激昂，把都蓝说得连连点头。

这些说辞如果从隋朝使臣的口中说出来，都蓝也许不会相信，甚至可能还会产生反作用；但从突利口中说出来，效果就大不一样了——毕竟突利是自己人，是他的兄弟，他当然不会怀疑突利的用意，当然不会怀疑突利说的话。

都蓝对大义公主仅有的一点点感情就像一小碟菜，被突利一会儿一筷子，一会儿一勺子，很快消失殆尽。

从此，大义公主在都蓝的眼里从爱人变成了路人，从路人变成了敌人，从敌人变成了不共戴天不杀不足以泄愤的仇人!

终于有一天，在突利的怂恿下，都蓝再也按耐不住，拔出佩刀，刺向了大义公主的胸膛!

大义公主就这样香消玉殒——带着她永远忘不了的故国，带着她永远触不到的梦想，带着她永远解决不了的遗憾，死不瞑目地长眠在了冰天雪地的塞北。

大义公主死后，都蓝马上又遣使向隋朝请求继续和亲——毕竟，他还要继续和西突厥的达头对抗，隋朝的支持还是极其重要的!

那么问题来了：现在都蓝和突利都向隋朝求婚，到底该答应哪一个呢?

杨坚召集群臣讨论。

朝臣们大多倾向于都蓝，毕竟他才是突厥名正言顺的大可汗。

长孙晟却力排众议：都蓝这个人阴险狡诈，反复无常，不值得信任。他现在只是因为和达头有矛盾，所以才不得不依赖我朝。凭我对他的了解，这个人将来迟早会背叛我们。现在都蓝兵强马壮，实力雄厚，如果再让他娶了我们的公主，那么他一定会如虎添翼，很可能会一统突厥。这个时候他再和我们作对，我们要对付他就难了。相比之下，突利有依附的诚意，而且力量不强，容易控制，不如我们答应突利，再让他南迁，以牵制都蓝。这才是长久之计!

杨坚同意了：好！就这么办!

不过，虽然答应了突利的求亲，杨坚却并没有急于行动。

突利几次三番派人来迎亲，杨坚都让他们去太常寺学习文化，以增加他们的文化认同，但对亲事，却一拖再拖。

显然，他还在待价而沽，静观其变。

对于都蓝，杨坚则越来越冷淡，给他的物资也越来越少，而失去了隋朝的支持，都蓝在和达头旷日持久的战争中也逐渐丧失了优势。

公元597年，杨坚觉得时间差不多了，便把宗室女子封为安义公主，嫁给突利。

婚事前所未有的隆重。

护送安义公主前往突厥成亲的，有纳言苏威、太常卿牛弘、民部尚书斛律孝卿等一大批隋朝的重量级人物，各种陪嫁、礼物更是应有尽有，极其丰厚。

婚后，突利在长孙晟的劝说下，率部南迁到了都斤山（今蒙古杭爱山）一带。

得知这个消息，都蓝嘴巴都气歪了——仿佛中风早期一样：我是突厥的大可汗，现在反而不如染干！太过分了！

现在他终于彻底明白了，自己已经被隋朝所彻底抛弃！

你不仁，就别怪我不义！

血性十足的都蓝决心与隋朝彻底决裂。

不过，都蓝也深知凭自己的实力不足以支持两线作战，便决定与西突厥的达头和好，结成同盟，共同对付隋朝。

公元598年春，都蓝和达头联手，对隋朝边境发起了猛烈的进攻。

杨坚任命蜀王杨秀（杨坚第四子）挂帅迎敌。

当然，和以前一样，杨秀只是挂名，隋军实际上的统帅是宰相杨素。

杨素率军从灵州（今宁夏灵武）道出塞，不久就遇到了达头统帅的十余万突厥大军。

突厥人是马背民族，擅长野战；隋朝人属于农耕民族，擅长防守，因此之前每次隋军遇到突厥，采用的都是意大利队的传统战术——链式防守，也就是用战车、鹿角等围成方阵，以抵御突厥骑兵的冲击。

但这次杨素却不打算这么干：这不是我的方式！

他下令诸军以骑兵在前，摆出一个进攻的阵势。

看见隋军居然敢跟自己玩对攻，达头不由仰天大笑：天赐我也！

随后他一声令下，无数突厥骑兵立即如水库泄洪般向隋军猛扑过来。

咱们前面说过，杨素治军极为严苛，他的部队战斗力极为强悍，面对突厥的疯狂进攻，他们人人都置生死于度外，前仆后继，一往无前，有进无退，有死无生！

是的，对他们来说，往前冲，运气好，是黄金和美女；运气差，是胸口上痛快的一刀。无论如何，总比做逃兵窝窝囊囊地死在自己人手里好！

这大大出乎达头和所有突厥人的意料——怎么会遇到这样不要命的对手？

突厥人打仗一般是为了掳掠，狠是够狠，但不够持久，用小广告上的词语来形容就是坚而不久；而杨素军不仅拼劲十足而且韧劲十足，既坚又久，久战不疲。

如果说突厥人是赌博，那么，杨素军就是拼搏；如果说突厥人是阵风，那么杨素军就是持续多日的台风；如果说突厥人是烈马，那么杨素军就是动力无穷的超级跑车……

最终这一战以隋军的大胜而告终，突厥人伤亡惨重，狼狈逃走，连达头本人也受了重伤。

达头一败，都蓝独木难支，自然也只得退兵。

公元598年对隋朝来说真是多事之秋，几乎就在突厥进犯的同时，隋朝的东北边境也出了问题。

这回挑事的是高句丽。

高句丽在公元前37年由夫馀国（位于今吉林、辽宁北部）王子朱蒙所建，最初的都城设在纥升骨城（今辽宁桓仁），之后又迁到国内城（今吉林集安），两晋南北朝时期趁中原王朝内乱，无力他顾，高句丽西进南下，不断扩张，到南北朝时期已经拥有今中国东北辽河以东和朝鲜中北部的广大地区，都城也迁到了平壤（今朝鲜平壤）。

隋朝的强盛尤其是南陈的灭亡，让当时的高句丽国王高汤非常紧张，表面上他不断遣使朝贡，向隋示好；暗中则偷偷制造武器，整军备战，随时准备与隋朝决裂。

对高汤的阳奉阴违，杨坚了如指掌。

公元597年，他给高汤下了一道诏书，对高汤的行为大加斥责，在诏书的最后他写道：

王谓辽水之广，何如长江？高丽之人，多少陈国？朕若不存含育，责王前愆，命一将军，何待多力！——大王你觉得辽河有没有长江宽？高句丽人有没有陈国多？朕如果不是这么宽大，想要惩罚你的话，只要派一个将军就可以了，根本不需要费多大力气！

这真是赤裸裸的威胁，赤裸裸的恃强凌弱，赤裸裸的霸权主义！

看了这封诏书，高汤的心脏仿佛患了帕金森病一样抖个不停，没过多长时间就一命呜呼——小子我觉得，99%的可能是吓死的。

高汤死后，其子高元继立。

初生牛犊不怕虎，欲与天公试比高，年轻气盛的高元趁着隋朝忙于应付突厥，竟然也来趁火打劫，率军入侵隋朝的辽西（辽河以西地区）。

尽管这次攻击很快就被隋朝营州总管韦冲击退了，但杨坚还是大为恼火：高元，你也太不识好歹了！

杨坚立即任命汉王杨谅（杨坚第五子）、上柱国王世积为行军元帅，周罗睺为水军总管，督率水陆大军三十万征伐高句丽，当然按照杨坚的惯例，杨谅依然有名无实，真正掌握实权的是元帅府长史高颎。

老成持重的高颎认为，高句丽虽然实力不算太强，但辽东路途遥远，运输不便，又没有经过周密准备。如此仓促地进行大规模的军事行动，并非明智之举。

但杨坚却一意孤行，铁了心坚决要打。

无奈，高颎只得率军出征。

如他所料，隋军这次可谓出师不利，大军刚到临渝关（今河北秦皇岛东山海关）的时候，就遇到了连日大雨，道路泥泞不堪，难以行军，而粮草也因水患根本无法运输，难以为继，加上时值盛夏，又遇到了疫病流行，导致隋军还没作战就大量减员。

水军的情况则更加糟糕，周罗睺原计划从东莱（今山东龙口）渡海直捣平壤，没想到出海不久就遭遇到了强台风，船只大多沉没，损失惨重。

敌人还没见到影子，水陆两军就折损过半，这仗还怎么打？

好在高元还算识时务，看到隋军来真格的，他吓坏了，慌忙遣使向杨坚谢罪。

这家伙不仅变脸比洗脸还快，而且极端不要脸，或者说，脸皮之于他来说就仿佛卫生巾之于男人——根本就不需要。

他在上表中极为无耻地把自己贬成了大粪一个级别，居然自称“辽东粪土臣元”，表示愿意诚心悔过自新。

见他这个样子，杨坚也就顺势借坡下驴，宣布撤军——毕竟他还有更麻烦的突厥要对付。

## 圣人可汗

果然，几个月后的公元 599 年 2 月，突利向杨坚报告：都蓝正在制作攻城器具，准备进攻大同城（今内蒙古额济纳旗）。

杨坚马上命左仆射高颎、右仆射杨素、上柱国燕荣各统大军分道迎击，以汉王杨谅为行军元帅。

消息传到突厥，都蓝震惊了。

自己还没开始动手，对手就已经提前做好了迎战准备，这就像自己还没跟女友发生身体接触，女友就已经提前怀孕一样，肯定有问题！

都蓝马上就意识到，这一定是突利捣的鬼！

原来，突利这个内奸一直潜伏在他的身边，时时刻刻都通过秘密渠道向杨坚转播自己的一举一动，一言一行，一五一十！

攘外必先安内，很显然，突利不除，他就别想有战胜隋朝的企图！

他立即与达头联兵，合力猛攻突利。

突利本来实力就比较弱，怎么可能挡得住都蓝和达头两头饿狼！

一场恶战下来，突利全军覆没，兄弟子侄被杀，自己侥幸逃出重围，狼狈向南逃窜，身边只剩下了五个随从——长孙晟也在其中，他是奉命前来访问的，没想到正好遇上了这场大战。

突利一路逃，一路收集散兵，然而走了百余里，身边依然才百余骑。

何去何从？

突利与身边几个亲信商量。

亲信们的意见非常一致：虽然以前隋朝对我们还算不错，但那是因为当初我们有一定实力，隋朝要让我们牵制都蓝，而如今咱们就只有这一百多人，显然已经没有了任何利用价值，如果去隋朝，恐怕不会有好果子吃，而且到那里人生地不熟的，话也听不懂，吃也吃不惯，怪没劲的。不如去投奔达头，毕竟咱们和达头无冤无仇，而且同文同种，容易沟通，各种习惯都差不多，就是泡妞也容易上手些。

突利思来想去，也觉得只能这样了：好吧，就依你们说的干！

这事当然瞒不过神通广大的长孙晟。

听说这个消息，他顿时惊出了一身冷汗——不行！绝不能让突利背叛隋朝，否则的话，以前所做的一切努力就都付之流水了！

可是，怎么才能留住突利呢？

看到此地已经靠近隋朝边境，他灵机一动，马上就有了主意。

他立即派随从迅速赶到附近的蔚州（今山西灵丘）伏远镇，让当地驻军四处点起烽火——古代按惯例在边境建有烽火台，遇到敌情即点火报警。“烽火戏诸侯”的故事大家应该都听说过吧。

惊魂未定的突利突然看见到处是烽火，几乎要吓尿了，慌忙问旁边的长孙晟：这，这，这……这到底是怎么回事？

长孙晟耐心地向他解释：烽火台都建在高处，所以看得很远。点烽火必然是发现了敌军。按照我们大隋的规定，如果敌军不多的话，点两处烽火；如果敌军很多，就点三处；只有敌军多到不计其数，情况万分危急的时候才会点四处烽火。

听了这话，突利更慌了，不仅浑身哆嗦，连说话都哆嗦了：这个，这个……肯定是都蓝……都蓝率大军追过来了！事态紧急，长孙将军，求求您快带我们进城躲避一下吧！求您了，快！

就这样，长孙晟带着突利等人进了伏远镇。

我的地盘我做主，到了隋朝的地盘，可就再也由不得突利了。长孙晟下令把其他突厥人全部留在城内，自己则带着突利日夜兼程直奔长安。

突利的到来，让杨坚十分高兴。

他决心好好利用这个机会，彻底分化瓦解突厥。

他册封突利为“意利珍豆启民可汗”，译成汉语就是“又聪明又智慧又强壮”的意思，总之全是好词，肉麻死人不偿命，并发表声明，宣布突利是隋朝承认的唯一突厥可汗，他的政府是隋朝承认的唯一合法政府，从此，突利在史书上的称呼也就成了启民可汗。

接着，杨坚又命长孙晟在朔州修建了大利城（今内蒙古清水河县），作为启民可汗的汗庭。

此外，由于安义公主已经去世（估计是在都蓝攻击的时候死在乱兵之中了），杨坚又重新在宗室中找了一个女子，封其为义成公主，嫁给了启民。

同时杨坚还给启民无偿援助了大量金银珠宝以及军需物资，让他有足够的资金来招徕突厥流民。

这大大出乎了启民的意料。

如今的他仿佛进了传说中阿里巴巴的山洞，应有尽有，要什么有什么——要钱，杨坚给钱；要封号，杨坚给封号；要地盘，杨坚给地盘；要老婆，杨坚给老婆……

就这样，在隋朝的大力扶持下，启民的日子越来越滋润，实力越来越强，号召力也越来越强，主动归附他的突厥人也越来越多。

世界总是公平的，有人妻妾成群，就有人孤独终老；有人捡到钱，就有人丢失钱；有人走大运，就有人倒大霉。

就在启民尽情享受天上人间的同时，他的堂兄都蓝却大踏步地迈向了地狱鬼门！

打败突利后，都蓝乘胜南下，很快就遇到了高颎率领的隋朝大军。

连续几场大战，都蓝都战败了，只好仓皇北逃。

高颎则率军紧紧追击，从白道（位于今内蒙古武川）越过秦山（今内蒙古大青山），一口气追了七百余里才返回。

仅仅几个月后的公元599年年底，没等都蓝缓过气来，杨坚又派出宰相杨素、太平公史万岁、行军总管韩僧寿（韩擒虎之弟）、大将军姚辩四路大军，打算对都蓝实施新一轮的打击。

重压之下，必有变故。

没等隋军出塞，四面楚歌的都蓝已经被部下所杀，国内乱成一团。

杨坚命启民可汗乘机招抚，一时间降者甚众。

东突厥可汗都蓝的覆灭，也为野心勃勃的达头带来了扩充的良机。

一向期望重新统一突厥的他趁机自封为步伽大可汗，宣布自己是整个突厥的共主，大肆兼并原属都蓝的部落。

如此一来，达头实力大增。

人一阔，胆就壮，他不仅率军频频攻击启民的地盘，还多次骚扰隋朝边境。

杨坚对此当然不能容忍：开个两张桌子的包子铺就敢挑战肯德基，实在是太不识好歹了！

公元 600 年 4 月，杨坚派出两路大军，反击达头。

西路以晋王杨广和宰相杨素担任统帅，自灵武道（今宁夏灵武）出塞；东路则是汉王杨谅和柱国史万岁率军出马邑道（今山西朔州）。

长孙晟当时在杨广麾下担任行军总管，他对突厥人的生活习性了如指掌，便向杨广献上一条毒计——在突厥人常饮用的河水上游下毒。

杨广依计而行。

突厥军还没打仗，就有很多人马中毒而死，其他的人也大多上吐下泻，失去了战斗力。

迷信的突厥人非常惊恐：天降恶水，这难道是上天要灭亡我们吗？

他们不敢在那里停留，连夜拔营逃走。

长孙晟趁机率军掩杀，大获全胜。

相比西路军，东路军的取胜则更是顺利得让人不敢相信。

史万岁的大军在大斤山（今内蒙古大青山）遇到了达头率领的突厥军。

两军对阵前，达头派人问道：隋将为谁？

隋军回报：史万岁也！

达头闻言大惊，连忙再问：莫非是当年那个敦煌戍卒？

隋军的回答掷地有声：是也！

听了这句话，达头心慌了，手抖了，腿软了，冷汗也答答滴滴流下来了，恐惧像毒蛇一样啮咬着他的心，让他根本不敢迎战，只好夹着尾巴落荒而逃。

史万岁率军紧紧追击，深入大漠数百里，斩首数千级。

如果把薛仁贵的“三箭定天山”称为不可复制的传奇，那么史万岁的“名号退突厥”则简直堪称不可思议的神话！

在隋朝面前，达头的表现可谓是丢人丢到姥姥家了，但他觉得，尽管打不过隋朝这只老虎，对付启民这只老鼠还是绰绰有余的。

他又派侄子俟利伐率军攻打启民。

启民招架不住，赶紧祭出倚天屠龙排山倒海宇宙无敌的超级大招——向杨坚求救。

杨坚立即派兵支援，很快就打跑了俟利伐。

第二年，消息灵通的长孙晟得知达头由于扩张过快，内部不稳，便上表说：臣夜登城楼，见漠北一片赤红之气，此天象称为洒血，其下之国必亡。欲灭匈奴，宜在今日！

毫无疑问，他是以这样的话来鼓动此时正沉迷于符瑞的杨坚，对达头发动致命的一击！

杨坚欣然接受了他的建议，随后任命杨素为行军元帅，长孙晟为受降使者，带着启民可汗一起北伐。

达头抵挡不住隋军的凌厉攻势，仓皇撤退。

胆大包天的杨素居然亲自率两名亲兵穿上突厥衣服，混在突厥军中，与他们并行。

突厥人毫无察觉。

等到突厥人晚上休整的时候，杨素传话让后面的隋军赶来，向睡梦中的突厥人发起猛攻。

突厥军猝不及防，伤亡惨重，从此再也不敢骚扰漠南。

与此同时，在长孙晟的策划下，启民大展金钱外交，不断派遣使者携带厚礼去招抚跟随达头的漠北各部。

跟着达头要挨打，跟着启民有钱拿。

谁再跟着达头，谁就是冤大头！

铁勒、仆骨、阿拔等十几个部落纷纷背弃达头，投奔启民。

很快，达头就众叛亲离，成了孤家寡人，就连他的老巢西部突厥故地也被阿波可汗的侄子泥利可汗占据！

一切都已过去，一切都已失去，进退失据的达头已经无处可去，只好一路西逃投奔了吐谷浑，从此不知所终，其部众则大多归于启民。

就这样，启民终于成了东部突厥名正言顺的大可汗。

他对杨坚感激涕零，特意上表致谢，还给杨坚送上了一顶“圣人可汗”的大帽子：大隋圣人可汗，怜养百姓，像天一样无所不覆，像地一样无所不载，我染干就如枯木长出叶、枯骨长出肉一样获得了重生，愿意千秋万代都为陛下牧羊养马……

“圣人可汗”这个头衔意义重大——这意味着杨坚不仅是大隋帝国的皇帝，还是突厥的最高领袖。

“圣人可汗”这个头衔前无古人却后有来者——之前从来没有一个中原王朝的皇帝被草原游牧民族尊为可汗；而几十年后的唐太宗李世民也有一个类似的称呼：天可汗。

启民对隋朝一直恭敬有加，隋朝的北方边境终于彻底得到了安宁。

# 第十一章　夺嫡上位，全靠演技

## 功臣之殇

边境的争斗平息了，但隋朝内部的争斗却越演越烈！

这几年，隋朝政坛，尤其是高层经历了翻天覆地的大变动，血雨腥风的大清洗！

这几年，杨坚接二连三地按下了 Delete 键，一个又一个功臣被他从朝中甚至是从地球上被删除了！

众所周知，杨坚是从权臣政变上台的。由于害怕这样的历史重演，因此他在隋朝初年便大肆打压前朝老臣，大量提拔高颎、虞庆则、苏威等新人。

然而，正如河流在源头的时候清澈见底，到了下游就变得越来越浑浊一样，杨坚对他重用的那些新人，尽管在开始的时候无比信任，到了后来也变得越来越猜忌。

眼看着这些新人的威望也高起来了，杨坚对他们也不放心了。

最先倒下的重量级人物是隋朝开国首任宰相之一的虞庆则。

隋朝建立以来，虞庆则先后担任内史监、吏部尚书、京兆尹、尚书右仆射等要职，之后又进入军界，执掌禁军，出任右卫大将军、右武候大将军，爵位是上柱国、鲁国公，出将入相，位高权重，是杨坚最倚重的亲信之一，但在开皇后期，他却逐渐边缘化了。

这很可能与一次酒局有关。

平陈后，杨坚与几个心腹重臣一起喝酒，喝到高兴时情不自禁地说，高颎平江南，虞庆则降突厥，真可谓立了大功啊！

杨素赶紧拍马屁说，这都是仰仗着陛下的威德所致！

虞庆则听了有些不爽，反言相讥说，杨素之前出兵武牢、硖石（杨素在平尉迟迥时打的胜仗），若不是靠皇上威德，也不可能取胜。

杨素听他话里带刺，也不甘示弱，当场就与他争辩起来。

两个人谁都不让，越吵越凶。

最后还是杨坚出面制止了他们：今天大家一起论功，应该高兴才是。

接着他举起一杯酒，对在座的大臣们说道，饮此酒，愿我与诸公等子孙常如今日，世守富贵。——不过，这样的话当不得真。守信？如同子宫一样，那根本就不是杨坚身上的零件！

这起争功事件中虞庆则的表现，让杨坚十分不满。

事实上，无论平江南还是降突厥，都是隋朝君臣一心、共同努力的结果，绝非一人之功。

杨素很聪明地把功劳归功于皇帝杨坚，既拍了马屁，又表了忠心；高颎不说话，也表示他默认了杨素的说法；而虞庆则与杨素争执，给人的印象就是贪功，就是“突厥是我收拾的，跟皇帝的威德没有任何关系”，这让杨坚心里怎么会舒服？

从此之后，虞庆则渐渐受到了冷落——仿佛有一条看不见的河横在他和杨坚之间。这条河始终不断，而且越来越宽，越来越宽，把他们两人的距离隔得越来越远，越来越远……

公元597年7月，桂州（今广西桂林）人李世贤造反，占据了州城，声势颇大。

杨坚和群臣一起商议平叛人选，其间好几位将领主动请缨，杨坚都不许，却冷冷地对虞庆则说，位居宰相，爵乃上公，国家有贼，却无行意，何也？

虞庆则听了大惊失色，赶紧表态愿意出征。

随后他被任命为桂州道行军总管，率军征讨李世贤。

虞庆则毕竟是身经百战的一代骁将，对付南方那些蟊贼相当于杀鸡用牛刀、梅西踢中超——轻松之极，没过多长时间他就扫平了叛乱，胜利凯旋。

然而，等着他的不是奖励，却是人头落地！

这是怎么回事呢？

这事其实挺老套，基本就是明清小说里最常见的套路——“奸夫淫妇，谋害亲夫”。

话说虞庆则有个小舅子叫赵什柱，此人一直深受他的关照，担任他的随府长史（相当于秘书长）。但这家伙却凭借职务之便，给自己的姐夫戴了顶绿帽子——和虞庆则的小妾私通。

赵什柱很害怕——以虞庆则的火爆脾气，这事如果被他知道，自己肯定就没命了！

思来想去，他决定想办法把姐夫干掉。

现在听说杨坚对虞庆则不满，赵什柱觉得自己的机会来了，便故意对外放出风声，说虞庆则不愿意出征。

很快这话就传到了杨坚的耳朵里。

按照惯例，朝臣出征，皇帝总要设宴送别，可是这次由于杨坚对虞庆则有了看法，因此对他非常冷淡。

虞庆则自然也感觉到了，却根本不知道原因。

一路上他都闷闷不乐，直到平叛胜利后，他的心情才逐渐开心起来。

也许是出于武将的职业习惯，他走到哪里都喜欢观察地形。

回军途中经过潭州（今湖南长沙）的临桂岭时，虞庆则登上高峰，眺望山川形势，随口对身边的随从说道，此处险固，加以足粮，若守得其人，攻不可拔！

一直挖空心思想要陷害虞庆则却苦无良策的赵什柱听了这句话，就仿佛守候多时的钓鱼者看见浮子突然下沉——终于有了收获！

他找了个机会对虞庆则说，上次咱们来的时候，看上去皇帝对您好像不太满意，我觉得这里边一定有原因。要不，您先不要急着回去，在这稍微等一段时间，我先回去帮你打探一下消息。

虞庆则本来就为这事伤脑筋呢，当然不会不同意。

赵什柱立即快马加鞭赶回京城，一进京就马上向杨坚告状，说虞庆则看中了潭州的险要地形，故意逗留不进，意图谋反。

杨坚大怒，马上派人把虞庆则抓了回来，根本不给他任何辩解的机会，就将其处死。

表面上看，虞庆则是死于赵什柱的陷害，但实际上，杨坚的责任也不容推卸——因为这事其实并不复杂，很容易查明真相。

然而杨坚却没有这么做——这说明他对虞庆则本来就已经十分猜忌，甚至可以说是必欲除之而后快！

也许对他来说，只要有个理由，不管是真是假，虞庆则总是要死的，就好像考试时遇到不会做的题目，只要有个想法，不管对与不对，总是要写上去一样。

虞庆则的死同时也是一个信号，表明杨坚对他新提拔的那批功臣的清洗开始了。

第二年，另一个功臣上柱国、夏州（今陕西靖边）总管王景又被诛杀，连罪名也没有留下。

唇亡齿寒，这也让其他的功臣们感到了危机。

上柱国王世积在平陈时曾担任蕲州（今湖北蕲春）总管，渡江攻取了江州（今江西九江）、豫章（今江西南昌）、庐陵（今江西吉安）等地，为统一江南立下了大功，之后他又多次讨平叛乱，征辽东时还和汉王杨谅并为行军元帅，威望颇高。

王世积生性谨慎，见杨坚对功臣如此忌刻，便故意装出沉迷酒色的样子，对于政事，几乎从不多言，想以此来避祸。

可是，世上的事经常事与愿违，有时候越是期待，结果越是混蛋；有时候越想躲避，结果越是难以躲避——仿佛开车时看到一个障碍物，你越是眼睛盯得紧紧地想要避开它，往往越是会直直地撞上去一样。

尽管王世积不问世事，闭门家中坐，顽强的死神却依然敲响了他的大门。

他有个多年的老友叫皇甫孝谐，这小子不知怎么犯了法，四处逃亡，逃到了王世积那里，王世积怕惹上麻烦，便拒而不纳，皇甫孝谐无处可逃，后来终于被抓获，发配到了桂州（今广西桂林）。

皇甫孝谐因此对王世积怀恨在心。

敌人一旦变成朋友，比朋友更可靠。朋友一旦变成敌人，比敌人更凶残。

发配的日子不好过，为了立功减刑，皇甫孝谐毫不犹豫地决定卖友求荣，用昔日老友的命来换取自己的前程——举报王世积谋反。

在举报信中，皇甫孝谐提出了两个证据。

一是说王世积曾请人看相，看相的说他贵为国主。

二是说在王世积在担任凉州总管的时候，曾经有人劝他造反：河西天下精兵处，可图大事。而王世积不但没有责怪这个人，反而回答说，凉州地旷人稀，非用武之地。可见其确有反意，只是没有合适的机会。

接到举报信后，杨坚非常重视，立即成立专案组，将王世积抓起来审查。

很快，审查结果就出来了，不仅王世积被证实有罪，而且还有了一个“意外”的发现，说：左卫大将军元旻、右卫大将军元胄、左仆射高颎，并与王世积交通，受其名马之赠。

这里边最值得注意的是：这个案子竟然牵出了隐藏在背后的一只大老虎——官居首席宰相近二十年、堪称隋朝开国第一功臣第一重臣第一谋臣的高颎！

其实，王世积的罪名几乎全是口说无凭的东西，根本就经不起推敲。

他获罪的真正原因很可能只是因为他和高颎两人私交甚好，过从甚密，杨坚想从他那里打开缺口，拉高颎下马！

因为功高望重的高颎此时早已成了杨坚的一块心病！

公元 599 年 8 月，这起所谓的谋反案正式结案——王世积被处死，元旻、元胄都被免职。

该怎么处理高颎呢？

上柱国贺若弼、吴州总管宇文弥、刑部尚书薛胄、民部尚书斛律孝卿、兵部尚书柳述等人都挺身站了出来，力证高颎无罪。

然而，这却相当于给低血压病人吃降压药——完全是帮倒忙！

看到这么多人都为高颎求情，杨坚更加恼火，当场下令把贺若弼等人全都拿下，交给执法部门讯问。

这下终于没人敢为高颎说话了。

就这样，高颎被免去了所有官职回家，仅保留齐国公的爵位。

高颎被罢免的内情不仅仅是“功高震主”这么简单。

他的失势，最重要的原因是因为他牵扯到了一件对后来的历史影响深远的大事——废立太子！

## 大隋第一家庭

就和介绍房子势必要先介绍周边环境一样，要说清这一事件，就必须先介绍杨坚的家庭。

正所谓豪门多恩怨，高高在上的隋朝第一家庭其实根本不像一般人想象的那样光鲜，里面阴风阵阵，矛盾重重，悲剧连连！

这在很大程度上与杨坚和独孤皇后的性格有关。

夫妇两人有着共同的特点——作风强势，冷酷无情，家长制作风严重。

这样的人当然不好相处。

杨坚夫妇与杨家几个兄弟关系大多不佳。

杨坚在家中是长子，下面有四个弟弟，老二是蔡王杨整，老三滕王杨瓒，老四道王杨嵩，老五卫王杨爽。

五兄弟中，老二杨整在北周平齐时不幸战死沙场，隋朝建立后被追封为蔡王。

不过他生前就一直与大哥杨坚不和，妻子尉迟氏（北周吴国公尉迟纲之女）和嫂子独孤皇后更是视若仇敌，杨整夫妇甚至还曾多次在当时执政的北周大冢宰宇文护面前说过杨坚的坏话。

杨坚当上皇帝后，由于害怕伯父会记仇报复，杨整的儿子杨智积可吓坏了。

他感觉自己仿佛是一座违章建筑——随时都有可能被铲平，因此有生之年一直过得战战兢兢——吃不好，睡不香，话不多，忧不断，愁眉不展，心神不宁，坐立不安，闷闷不乐，萎靡不振，痛苦不堪，直到临终前，他才终于长舒了一口气，如释重负地说：吾今日始知得保首领没于地矣！

老三杨瓒是北周的驸马，娶周武帝宇文邕之妹为妻。

杨瓒人长得帅，又娶了公主，在当时名气挺大，人称杨三郎，周武帝对这个妹夫也非常看重，出征北齐的时候曾特意让他留守长安，还亲切地说，有你在，我就没有后顾之忧了。

也许凭借公主的关系，杨瓒在北周时期混得相当不错，春风得意，年轻气盛，大哥杨坚当时根本就不在他眼里，和杨坚夫妇的关系当然也不融洽。

北周末年杨坚矫诏执政的时候，急需人手，想让杨瓒帮忙。

然而杨瓒却非但不肯参与，反而冷冷地说，就凭他那点水平，做随国公都不一定能保得住，居然还敢做这种灭族的事情?

杨坚当上皇帝后，按惯例封杨瓒为滕王，同时要求他和北周皇族划清界限，把宇文氏休了另娶。

但杨瓒坚决不肯。

杨坚干脆除去宇文氏的属籍，不承认其为皇室成员。

从此，兄弟两人的关系更加冷淡。

公元591年，杨瓒在陪杨坚游园的时候猝死。

由于他死得毫无征兆，故而外界议论纷纷，传言说他是被毒死的。

不过我个人感觉这事挺蹊跷，杨瓒只是一个闲居多年的亲王，没有任何实际职务，没有任何实际权力，对杨坚没有任何威胁，而且是当时杨坚唯一还活着的兄弟，杨坚照道理根本没有必要杀他呀。

当然，我毕竟不是专业人士。

我能做的，也许依然只能是史书的搬运工——《隋书》记载的是：人皆言其遇鸩以毙。

老四杨嵩早死，后追封为道王。

五兄弟中唯一得到杨坚信任的是老五杨爽。

杨爽曾先后担任右领军大将军、凉州总管、纳言等要职，出将入相，荣耀非凡，可惜杨爽有福没寿，早在公元587年就英年早逝，年仅二十五岁。

说完了杨坚的兄弟，再来看他的儿子。

杨坚有五个儿子，长子杨勇，是名正言顺的皇位继承人——太子；次子杨广，封晋王；三子杨俊，封秦王；四子杨秀，封蜀王；幼子杨谅，封汉王。

五人都是独孤皇后一人所生，这在古代的皇家是非常罕见的，因此杨坚曾无比自豪地说，前世皇王，溺于嬖幸，废立之所由生。朕傍无姬侍，五子同母，可谓真兄弟也。岂若前代多诸内宠，孽子忿诤，为亡国之道邪！——以前的皇帝大多后妃众多，往往因为宠幸某个妃子而立其所生的为太子，导致废立之事，但我别无姬妾，五个儿子全是同母所生，可谓是真兄弟。怎么可能发生和前代一样因为诸子争位而亡国的事呢！

可是，杨坚错了。

权力的诱惑实在太大了——为了权力，吴起可以杀妻；为了权力，易牙可以烹子；为了权力，刘劭可以弑父……

在无所不能的权力面前，什么血浓于水的亲情，什么一母所生的兄弟，全都像鸡蛋在无坚不摧的坦克面前一样——无比的脆弱，无比的不堪一击！

隋朝刚建的时候，几个儿子年纪尚小，关系尚算融洽。但后来随着他们年龄的增长，兄弟之间的矛盾从无到有，从小到大，从微弱到磅礴，从浅薄到尖锐，从小小的炎症到癌症晚期，最终一发而不可收拾，引发了一个个触目惊心的重大变故，导致了一幕幕同室操戈的家庭惨剧！

矛盾的焦点是万众瞩目的太子之位。

## 率性太子杨勇

太子杨勇聪明好学，性格仁厚，杨坚对他也曾寄予厚望，在辅政的时候就让他出任洛州（今河南洛阳）总管、东京小冢宰，统领原北齐故地，当上太子后对他更是尽力培养，军国大事都让他参与决策。

隋朝初年，山东一带（崤山以东地区）商业比较发达，有很多百姓不务农，四处做生意，一向重农抑商的杨坚对此很是看不惯，便打算把这些人都迁到北方边塞去戍边。

杨勇劝谏他说，您想让百姓安顿下来，这个用意自然是好的，可是移风易俗不是一朝一夕的事，只能慢慢地引导。而且前不久山东地区刚发生过三方叛乱，本来就人心惶惶，如果再这样做，必定会导致人心不安，不利于社会的稳定。

听了他的分析，杨坚觉得挺有道理，便停止了这一计划。

从杨勇这次的发言可以看出，他还是颇有政治头脑的，而且与父亲相比，他更注重怀柔，更体谅百姓。

杨坚最初对他也是很欣赏的，朝政上遇到什么问题，杨坚都要征求他的意见，杨勇提出的建议也大多得到采纳。

不过，随着时间的推移，杨坚对杨勇逐渐有了看法。

杨坚这个人严谨刻板，稳重得近乎沉重，冷静得近乎冷酷，但杨勇却完全不一样。

他是个标准的文艺青年，爱与文士交往，行事率性洒脱——按照史书的说法是：率意任情，无矫饰之行；用现在的话来说，就是：活得很真实，不装。

他喜欢美酒，也喜欢美女；他喜欢吹吹牛，也喜欢出风头；他喜欢琴棋书画，也喜欢风花雪月；他喜欢明月松间照，也喜欢春眠不觉晓；他喜欢说走就走的旅行，也喜欢奋不顾身的爱情……

有一次，杨勇得到了一副铠甲，十分喜欢，兴之所至，便花大价钱将其装饰了一番，弄得十分华丽。

杨坚看到了很不高兴，忍不住教训他说：历观前代帝王，未有奢华而得长久者。你这个样子，怎么能担当重任？我当年穿过的旧衣服，我都保留着，经常看看，以提醒自己不要忘本。现在我赐给你一把我当年常用的旧佩刀，一盒你小时候常吃的腌菜，希望你知道我的用意。

后来发生的另一件事又进一步加深了杨坚的不满。

按照南北朝以来的惯例，当时在每年的冬至，百官不仅要去朝拜天子，还要去太子居住的东宫朝贺。

杨勇年轻任性，爱炫耀，喜摆谱，所以每到这个时候，他就带着庞大的随从，奏起宏大的乐曲，穿上盛大的礼服，大模大样地坐在大殿上，大张旗鼓地接受百官的朝拜。

这让一向低调内敛的杨坚心里很不舒服——龟儿子你这排场是搞得比老子我还大呀！

到了598年，他对此终于忍无可忍了。

在朝会上，他责问大臣们：我听说冬至那天你们都去朝拜太子了，这是什么礼数哇？

太常少卿（官职名，掌管宗庙礼仪）辛亶慌忙回答：去东宫叫贺，不能叫朝……

没等他说完，杨坚就粗暴地打断了他的话：贺，不就是祝贺的意思吗？既然是贺，那就只是自发的，愿去的就去，不愿去的就不去，三五成群的去就可以了，为什么要百官列着队全都去呢？这么做，根本就不合礼制呀！

接着他马上下了一个诏令，宣布禁止百官在冬至去东宫朝贺。

从此，他对杨勇愈加不爽。

而独孤皇后对杨勇也很有意见。

独孤皇后称得上是世界女权主义者的先驱，极力推崇一夫一妻的原则。

正是己所欲，施于人，因此她不仅对自己的老公管得很紧——除了她自己以外，不准杨坚和其他的后妃发生关系，而且对大臣纳妾也极为痛恨。

比如说，上柱国长孙览（长孙晟的堂叔）曾经娶了一个小妾，非常宠爱，冷落了妻子郑氏。郑氏一怒之下，向皇后告状，独孤皇后立即为她做主，棒打鸳鸯，逼迫长孙览休了这个小妾。

可想而知，对于自己的儿子，她的要求肯定也是如此。

然而杨勇却偏偏不肯这样做。

他喜好美色，姬妾众多，年纪轻轻，儿子就已经生了十个！——如果他后来能顺利即位的话，估计帝王中的生子冠军非他莫属！

最得杨勇宠爱的是云昭训（昭训为后宫名号）。

云氏家世寒微，其父云定兴虽然地位低贱，但却多才多艺，不仅精通音乐，还有一手服饰设计的绝活，也许是受家庭环境的影响，云氏也是心灵手巧，温柔可人，很对文艺青年杨勇的胃口。

她是杨勇在宫外私下认识的，两人一见倾心，两情相悦，很快就如胶似漆，没过多久，云氏就为他生了一个儿子。

杨勇是一个敢做敢爱也敢负责任的男人，他不忍心让自己心爱的女人在外面做未婚妈妈，被人指指点点，硬是顶着巨大的压力把云氏接进宫中，并封为昭训。

进宫后，云氏又再接再厉，连着为杨勇生了两个儿子。

然而，独孤皇后却非常看不起云昭训，认为她不仅出身低，而且风流风骚风尘味重，这种人怎么配得上血统高贵的太子？

七星级酒店的国宴，怎么能让胡同口饭摊的大勺来主厨？

在独孤皇后的眼里，只有太子妃元氏才是自己最理想的媳妇。

元氏出自北魏皇族，是寿州总管元孝矩之女，不仅门第高贵，而且知书达礼，端庄大方，是标准的大家闺秀，很得独孤皇后的欢心。

但杨勇却不喜欢元氏，还直言不讳地在外宣扬：阿娘不与我一好妇女，亦是可恨！

他对元氏非常冷淡，我甚至怀疑两人根本就没有正常的夫妻生活——因为他那十个儿子中，竟然没有一个是元氏生的！

可怜的元氏一直备受冷落，经常以泪洗面，以至于郁闷成疾，香消玉殒。

由于她死得太过突然——从发病到去世只有短短两天时间，独孤皇后怀疑元氏是被杨勇毒死的，因此对杨勇越发看不惯。

就这样，杨勇与父母的分歧越来越大，距离越来越远……

大大咧咧的杨勇对此却毫不在意，依然像刚出港的“泰坦尼克”号一样意气风发。

## 一代影帝杨广

这一切，一直在觊觎太子之位的晋王杨广全都看在了眼里。

他知道，自己的机会来了！

杨广是杨坚夫妇的次子，也是他们最钟爱的儿子。

此人我们之前曾多次提到过，他不仅人长得很帅，而且从小就聪颖过人，能力很强。

公元588年年底，年仅二十岁的杨广就作为主帅统军平陈，为统一中国立下了大功，之后又长期担任扬州（治所今江苏扬州）总管，主政江南，很得人心。

他无论是对大臣还是下属都非常礼貌和谦虚，从不摆架子，因此赢得了礼贤下士的美名。

据说有一次他和部下一起出外打猎，正好遇到下雨，左右连忙给他披上雨衣，杨广却厉声拒绝了：士兵都淋湿了，我怎么能独穿雨衣呢！

杨广的全身都湿透了，很多士兵的眼睛也湿透了——跟着这样的领导干，值！

当然，雄心勃勃的杨广也知道，在那样的人治社会，光得到下属的好评是远远不够的，更重要的是要得到领导的好评——如今最大的领导是天子和皇后，自己的父母！

为了博取父母的欢心，他可谓煞费苦心。

公元594年，杨坚的文治武功已达鼎盛，沉浸在一片欢呼声中，杨广恰到好处地率群臣上表请求封禅，让杨坚非常满意，忍不住对他刮目相看。

杨广知道父母崇尚俭朴，因此每次入宫奏事，都轻车简从，从不铺张。

他还刻意把王府布置得非常简单，房间里的屏帐用的都是素色的粗布，同时他还把家中所有乐器的琴弦全都弄断，并且不让人打扫，任灰尘布满琴房和乐器，看上去仿佛已经荒废好久了。

有一次杨坚夫妇驾临晋王府的时候看到了这一切，不由得对杨广大加赞赏，认为他不好声色，继承了父母艰苦奋斗的作风。

除此以外，每次只要宫中有使者到晋王府，无论对方地位有多低微，他都和王妃萧氏亲自出门迎接，盛情款待，同时还赠以厚礼，令这些使者受宠若惊，回去以后自然少不得在杨坚和独孤皇后面前夸奖杨广。

对母亲独孤皇后的心理，杨广研究得尤为透彻。

他知道独孤皇后最痛恨男人好色，便专门把身边所有的丫鬟、仆人，全部换成年老的或者貌丑的或者又老又丑的，总之全是颜值为负数的超级大恐龙，如此一来，自然就给独孤皇后留下了不近女色甚至厌恶女色的良好印象。

他知道独孤皇后最推崇一夫一妻，便把漂亮的姬妾都藏在密室之中，在人前只与王妃萧氏秀恩爱，给人留下夫妻情深的印象。

他知道独孤皇后最讨厌小妾生子，便把姬妾所生的孩子全都偷偷弄死（不予抚养致其夭折），因而在当时的人看来，他的子女很少——在当上太子之前，他只有两子一女（另有一子早夭），且全是萧妃所生。

萧妃的经历颇为坎坷，她是后梁明帝萧岿之女，但由于生在二月，当时江南风俗认为二月出生的人不祥，萧岿对此非常忌讳，便把她送出了宫，后来她一直在舅舅家长大，但在那里，她依然姥姥不疼，舅舅不爱，高兴了没人分享，委屈了自己消化，日子过得非常不容易。

开皇初年，杨坚在后梁皇室中为杨广选妃，皇宫里所有年龄相当的公主都看过了，看相的都认为不合适。

眼看这门亲事就要黄了，萧岿一拍脑袋，猛然想起自己在外面还有个女儿，赶紧把萧妃接了过来，没想到看下来的结果却是大吉，就这样，她一下子从丑小鸭变成了白天鹅——从寄人篱下的弃女变成了晋王杨广的王妃。

生活的坎坷塑造了萧妃温婉可亲、善解人意的性格，杨广对她非常满意，两人一直夫唱妇随，形影不离，感情很好。

她也是当之无愧的贤内助，对丈夫的帮助很大。

据说每当独孤皇后派身边的宫女前往扬州探视晋王夫妇的时候，萧妃总是与她们在同一张桌子上吃饭，在同一张床上睡觉（必须说明的是，目前没有任何证据表明萧妃的性取向不正常），和她们结下了深厚的感情，很多宫里的绝密信息都是萧妃从这些宫女那里得来的。

对杨广来说，萧妃还有一个很大的优点是她从来都不会吃醋，杨广有时难免忍不住要偷腥，但无论是婚外恋还是宫外孕，每次萧妃都能帮老公掩盖得滴水不漏。

独孤皇后对杨广和萧妃的表现非常欣赏，觉得杨广和杨勇相比，简直是一个天上，一个地下；一个是珠穆朗玛峰，一个是马里亚纳海沟；一个是洁白的丝绸，一个是厕所里的抹布！

皇后的态度也深深地影响到了杨坚，杨坚对杨广也是越看越欢喜，觉得他静如处子动如脱兔，无论干什么都是那么可爱；对杨勇则越来越讨厌，觉得他静如瘫痪动如癫痫，无论干什么都是那么可恨……

于是，便发生了下面这件事。

当时有个著名的术士韦鼎，此人原在南陈担任太府卿，十几年前他在奉命出使北周时偶遇杨坚，大为惊奇，偷偷地对杨坚说，观公容貌，故非常人，不久必大贵，贵则天下一家。公相不可言，愿深自爱。

后来韦鼎的预言竟然全部实现了。

实践是检验术士的唯一标准，因而杨坚对他极为信服，在平陈后特意把他召到长安，与其来往密切，奉为上宾。

这次，为了给寡居的小女儿兰陵公主择婿，杨坚专门找韦鼎来给她看相。

很快，正事就办完了，他又装着漫不经心地问了韦鼎一个问题：诸儿谁得嗣——我那几个儿子谁可以继位？

其实，这个问题只要稍微有点脑子的人都会觉得非常奇怪：皇太子已经立了十几年了，谁可以继位，难道不是长颈鹿站在一群癞蛤蟆中间——明显之极？

韦鼎是何等聪明的人，马上就听出了杨坚的弦外之音。

他的回答非常有水平：至尊、皇后所最爱者，即当与之，非臣敢预知也。——皇上、皇后最爱的那个儿子，就应该继位呀，这不是臣能预知的。

杨坚听了大笑：看来你是不愿明说啊。哈哈。

从这件事可以清楚地看出，此时杨坚对杨勇已经不仅是不满！

杨勇的太子之位已经岌岌可危！

这一点，嗅觉敏锐的杨广当然也看出来了。

恰逢他回京城省亲，假期结束准备返回扬州治所。

这一天，他入宫向母亲辞行。

人生如戏，全靠演技，杨广就是个一流的演员，今天他扮演的角色是林妹妹。

一见母亲，他就噙着眼泪，动情地说了这么一段他早已练习过无数次的台词：儿臣镇守在远方，就要与您道别了，心里真是万分舍不得。这次分别后，下次相见，不知……不知要在什么时候了……

话还没说完，他已经泪如雨下，泣不成声了。

女人总是感性的，即使贵为皇后，也不例外。

看到儿子如此伤感，独孤皇后被深深地打动了，她也情不自禁地潸然泪下：你在方镇，我又年老，今日一别，真的像永别一样。

母子两人就这样相对而泣。

过了一会儿，杨广觉得气氛酝酿得差不多了，便摆出一副可怜兮兮的样子，哽咽着对母亲说，我性识愚下，平日常常顾念着兄弟之情，可是不知什么原因得罪了太子，他对我总是没有好脸色，只要一见到我，他的脸就黑得伸手不见五指，还拉得比法棍还长，一副要吃人的样子，我好害怕，我真的好害怕，我怕他会在我离开京城后到您和父皇面前来诬陷我，甚至干脆派人给我投毒，一想到这些，我就真的好怕，我只怕以后是再也看不到您了，呜呜呜……

独孤皇后对杨勇本来就憋了一肚子火——她一直都认为太子妃元氏是被杨勇毒死的，现在一听杨勇竟然还要害亲弟弟杨广，马上就爆发了。

她咬牙切齿地说，晛地伐（杨勇的小名）现在是越来越不像话了！我为她娶元氏，本来希望他们能兴家立业，他却对元氏不理不睬，反而专宠那个贱货阿云（指云昭训），还跟她生了那么多的猪崽子！元氏本来没病，莫名其妙就死了，还不是他杨勇派人下的毒！事已至此，我也没有追究。没想到他竟然还想害死你！现在我还在呢，他就敢如此猖狂，以后要是我不在了，他岂不是更要把你当鱼肉了！

接着她又伤感起来：每次只要我一想到东宫没有一个嫡子，将来你们的父皇百年之后，你们兄弟几个要对着那个贱货阿云生的猪崽子跪拜，我的心里就无比地难过！呜呜呜呜呜呜……

她再也控制不住，号啕大哭起来。

所有想说的都已经说过了，所有想听的都已经听到了，所有想要的都已经得到了，杨广也就不再多言，只是在那里不停地默默流泪。

母子两人就这样哭成了一团，泪水如砂轮和工件摩擦溅出的火花一样四处飞舞。

这样一来，杨广终于一丝不挂地彻底明白了母亲的心意，他本来还有些犹豫的心，现在仿佛成功降落的飞机一样彻底踏实了。

看来，母亲对杨勇已经忍无可忍，杨勇太子宝座的基础已经动摇，只要轻轻一推，就可以把他推倒，自己就可取而代之！

但他依然不敢大意——毕竟太子号称国本，废立太子不仅是家事，更是国事！

要想确保自己能登上太子大位，他觉得自己还必须在朝中找到有分量的支持者。

毫无疑问，朝中地位最高权力最大的是执掌朝政的两个宰相：左仆射高颎和右仆射杨素。

找谁呢？

高颎是首席宰相，杨广和他曾在平陈时共事过一段时间，深知其品性。

此人为人正派，向来以国事为重，不太可能支持废长立幼这样不合法理的事，而且他和杨勇关系匪浅——两人是儿女亲家，他的儿子高表仁娶杨勇之女为妻。

很显然，不管是论公还是论私，高颎都绝不可能支持杨广的夺嫡计划。

现在，杨广只剩下一个选择，那就是杨素。

怎样才能搞定杨素呢?

杨广陷入了思考。

回到扬州后，杨广立即与他的亲信下属——扬州总管司马（总管府主管军事的属官）张衡碰头，商量此事。

经张衡点拨，杨广又找到了自己的老友——时任寿州总管的上柱国宇文述。

宇文述这个名字之前我们曾多次提到过，此人资格很老，北周末年杨坚执政讨伐尉迟迥的时候，他就是韦孝宽麾下和宇文忻、杨素等人齐名的七总管之一，隋朝建立后他被任命为右卫大将军。平陈时，他担任行军总管，与总指挥杨广一起从六合（今江苏六合）渡江，并率军平定了长江下游的吴、会（吴郡、会稽，即今苏南浙北一带），战后他出任安州（今湖北安陆）总管。

因为有过这么一段共事关系，杨广和他私交甚好，后来为了方便来往，还专门奏请皇帝，把宇文述调到了离自己距离较近的寿州（今安徽寿县），让他担任寿州总管。

宇文述为杨广分析说，大王向来以仁孝著称，皇帝和皇后都对您非常钟爱，四海之内名声也很好，您担任太子堪称众望所归。不过，废立毕竟是国之大事，非同寻常。如今杨素圣眷正隆，我觉得能让皇帝改变主意的人只有他，而杨素最信赖的是其弟杨约，正好我和杨约是老朋友，我愿意去京城找杨约，促成此事。

杨广大喜过望。

接下来，两个人又继续探讨一个技术问题：如何把杨约拉下水?

杨约时任大理少卿（相当于最高法院副院长），据说他童年时非常淘气，喜欢爬树，不幸的是有一次失手从树上摔了下来，更不幸的是在掉落的过程中居然被树杈扯到蛋，一阵蛋疼之后，他就成了太监——彻底失去了性功能。

通常男人有两大追求：金钱和美女，杨约没有能力追求女色，只能化性趣为财趣，化情欲为贪欲，因而贪财到了变态的程度，钱字不离口，金银不离手。

既然这么爱财，那就好办了。

杨广马上拿出大量价值连城的金银珍宝，让宇文述去搞定杨约。

到了长安后，宇文述立即找到了杨约，约他一起喝酒。

酒足饭饱后，两个老友意犹未尽，又玩起了赌博。

宇文述似乎是喝多了，昏招频出，错误屡犯，杨约每一把都大赢特赢。

几次下来，宇文述所带的珍宝居然输了个一干二净。

也许是赢得实在是太多，杨约也感到有些过意不去了，便向宇文述聊表谢意。

宇文述直截了当地说，您可不要谢我呀，要谢就谢晋王吧。这些都是他赐给我的，让我与您一起玩乐。

杨约大惊失色，连忙问道：晋王这么干，到底是为了什么？

宇文述早已胸有成竹，侃侃而谈：您的尊兄功名盖世，执掌大权多年，可是干的事多了，难免得罪人。恨他的人恐怕不在少数吧。虽然如今他深受皇帝信任，可是皇帝已经年老，一旦皇帝不在了，他又何以自保呢？

接着宇文述又说，太子失宠于皇后，皇帝也早有废黜之心，这些您应该都知道。如果尊兄能在皇帝面前请立晋王为太子，对他来说只是动动口而已，对晋王来说却是大功一件，他一定不会忘记你们兄弟的恩德，如此一来，你们自然就安如泰山了。

杨约对此深以为然，回去后就把宇文述的说辞原原本本告知了杨素。

皇帝杨坚年近六旬，按照当时的平均寿命来算显然已经属于高龄了，这样一个风烛残年的老人就仿佛一颗早已松动的牙齿——随时都有可能倒下。

毫无疑问，他的去世只是个时间问题。

一方水土一方人，一朝天子一朝臣，皇位的更迭必然会带来人事的大洗牌！

自己将来该如何自保？

杨素其实也一直在考虑这个问题。

杨约这番话对此时的杨素来说，就像格列卫对于慢性髓性白血病——完全对症，因此他听完后立即爽快地答应了：好！还是老弟你想得深远！

而杨素之所以有如此积极的反应，实际上还有一个原因，那就是他的野心。

如今他虽然贵为宰相——尚书右仆射，但一直屈居于左仆射高颎之下。如果杨勇将来继位，高颎作为杨勇的亲家，其地位必然更加坚不可摧，那样的话，杨素最多也只能是千年老二的地位，这当然是野心勃勃的杨素不愿意面对的。

见大哥动了心，杨约又提出了进一步的建议：晋王倾身礼士，声名日盛，有当今皇帝之风，必能安天下。如今皇帝对皇后言听计从，我觉得大哥您应该从皇后那里着手比较好。这事大哥你千万不能迟疑，一定要抓紧去办，否则如果让太子执掌朝政的话，我们恐怕就要灾祸临头了！

杨素连连点头。

不过，杨素毕竟老谋深算，对于皇后是否支持杨广这个重大问题不敢只听一面之词，在没有确认这点之前，他绝对不会冒昧行动，押下这个事关自己身家性命的超级赌注！

事有凑巧，几天后，他奉命入宫赴宴，遇到了独孤皇后。

席间，杨素趁旁边没人，装着不经意的样子对皇后说：晋王孝悌恭俭，有类至尊。——晋王孝顺友爱恭敬节俭，跟他父亲挺像的。

应该说，杨素说得相当有水平，既隐约含有试探之意——别的王子都不提，单单只提杨广一人；而又完全不露痕迹——说王子好，说儿子像父亲，这都是很正常的呀，无论如何你也抓不到他的任何把柄。

这样的话，独孤皇后太爱听了。

就和熟透的石榴稍微一碰就会自己裂开一样，杨素稍微这么一提，她就自动滔滔不绝地打开了话匣子：你说得太对了！我这个儿子确实是大孝子！每次只要皇帝和我派人去他那儿，他必定要亲自到城外来迎接；每次他和我们道别的时候，都忍不住要落泪。还有他的媳妇也很让人怜爱，我派婢女去，她都与她们同寝共食。哪像睍地伐，一天到晚只知道和阿云两个人饮酒作乐，这倒也算了，最可气的是他竟然还亲近小人，猜忌骨肉兄弟！所以我现在更加可怜阿㧐（读 chuāng，杨广的小名），常常怕他被睍地伐暗害！

这样一来，杨素完全明白了皇后的意思，于是他也就顺着她的话，痛斥太子不成器。

接下来，两人在亲切友好的气氛中，对双方共同关心的有关废立太子的问题进行了深入细致的探讨，取得了广泛的共识，口头签订了倒杨勇、挺杨广的合作协议。

之后，独孤皇后暗中在东宫布下了各种耳目，只要发现杨勇有一点点小的过失，都要告知杨坚；而杨素也让人在朝中煽风点火，一时间，各种对杨勇不利的消息就像四月的柳絮——到处飞舞。

从此，杨坚几乎再也听不到一句关于杨勇的好话，对杨勇自然也越来越反感。

杨勇不傻，当然也感到了自己的危机。

怎么办呢？

杨勇思来想去，却毫无办法——脑子里依然是一团乱麻，心里依然是一片茫然，感觉依然是一塌糊涂。

冻极乱穿衣，病急乱投医，他随便找了个术士来给他指点迷津。

这个术士叫他用铜铁等五种兵器制作符像，又要他在宫里建一个庶人村，让他常在那里穿粗布衣服、睡稻草铺子，企图以此来避灾。

杨勇依此而行。

没想到他的反常行为引起了杨坚的注意。

这一天，杨坚特意派杨素到东宫去，了解一下杨勇到底在搞什么名堂。

让色狼去检查美女的身体，美女肯定会遭殃；让杨素去观察杨勇的行为，杨勇当然会倒霉！

到了东宫后，杨素耍了个花招——一面派人郑重地通知杨勇接待，一面故意在门外磨磨蹭蹭，拖延了很久才进去。

杨勇带着家人穿戴整齐，在会客厅等到肚子都饿了，腿肚子都酸了，好不容易才等到了姗姗来迟的杨素。

性情直爽的杨勇心中极其不快，忍不住对杨素大发雷霆，说了不少气话。

杨素没有多言，只是微微一笑——你说的一切我都记下了，呵呵。

回去后，杨素把杨勇所说的那些过头话一字不漏地全部汇报给了杨坚，末了还添了一句：杨勇心怀怨恨，恐怕会有变故，希望陛下多多防备！

杨坚随即下令把东宫的一批得力属官陆续调往地方任职，杨勇几乎成了孤家寡人。

很显然，此时杨坚的内心已经有了决定，那就是：废掉杨勇，改立杨广！

## 高颎罢相

不过，在正式动手之前，杨坚还想听听一个关键人物的表态，那就是首席宰相高颎的态度。

他找了个机会，故意装着不经意的样子对高颎说，有神仙告诉晋王妃，说晋王必有天下，你说该怎么办？

高颎听了立即跪倒在地，斩钉截铁地表明了自己的态度：长幼有序，岂可废乎？

他提出的是自古以来继承制度的原则问题，几乎无可辩驳，杨坚一时也无言以对，只好默然而止。

高颎的不配合让独孤皇后非常不满。

不久发生的一件事更加深了她对高颎的愤恨。

这事和一起桃色事件有关。

前面说过，杨坚对独孤皇后可谓是一往情深，但正如脾气再好的女人也有更年期一样，杨坚也有犯花心的时候。

这年夏天，他在仁寿宫避暑，无意中看见了一个漂亮的宫女。

这个宫女并非寻常女子，她是尉迟迥的孙女，因祖父当年反对杨坚执政兵败被杀，她还在襁褓中就被籍没入宫，转眼近二十年过去了，也许是得自尉迟家的遗传，如今的她出落成了一个面如美玉、腰如杨柳、肤如凝脂、嫩如新竹的绝代佳人。

时值酷暑，豆蔻年华的尉迟氏衣衫单薄，曲线毕露，浑身洋溢着青春的活力和性感的魅力。

也许是她实在太美了，一见到她，一向理性、年近花甲的杨坚竟恍然如梦，怦然心动。

这感觉就仿佛一声春雷滚过头顶，浑身的细胞都忍不住战栗；仿佛枯萎已久的老树突然被春风唤醒，发出嫩绿的新枝……

他再也控制不住，他再也不想控制，猛猛地扑了上去，紧紧地抱住了尉迟氏，急急地褪去了她的衣服……（此处省略三千字）

这一幕很快就被耳目众多的独孤皇后知道了。

她顿时妒火中烧，便趁杨坚上朝的时候，带人找到了尉迟氏，将其残忍杀害。

杨坚退朝后，立即兴冲冲地去找小美女尉迟氏共度良宵。

然而，他得到的消息却让他大为震惊——绝代佳人尉迟氏已经成了绝命死人，惨死在了皇后的手里！

就像准备观察深海美景的潜水员突然发现失去了氧气，杨坚难受得几乎透不过气来，一气之下，他单骑出宫，沿着小路直往山中疾驰而去。

皇帝居然离家出走了，这还了得！

高颎、杨素两个宰相慌忙策马追赶，一直追了二十多里，才追上了杨坚，拦住了他：陛下，你不回去，天下怎么办？

沉默了半天后，杨坚无奈地长叹了一声：我贵为天子，竟然不得自由！你们看看，皇后把我管成什么样子了！

高颎顺着他的话，劝他说，陛下您怎能因一妇人而轻天下！

就这样，他和杨素整整劝了半夜，杨坚才答应和他们一起回宫。

此时独孤皇后早已在宫中等候，见杨坚回来，连忙拜谢请罪。

高颎、杨素等人又费尽口舌，做了半天和事佬，杨坚夫妇才重归于好。

也许这件事对于他们来说，就像用刀在水面上划线，无论当时划得有多深，只要一转眼就没了，一点痕迹也不会留下。

之后，杨坚夫妇的感情依然一如既往的好。

但对高颎来说，这事的影响可就大了。

因为他劝杨坚时说的那句话很快就被人传到了独孤皇后的耳朵里！

虽然史书上没有留下任何证据，但小子我用脚指头想都知道：传话的人不会是别人，一定是杨素！

独孤皇后心里那个气呀：好你个高颎，居然敢如此看不起我，说我是“一妇人”！

我一定要让你尝尝“一妇人”的厉害！

偏巧这时高颎的妾生了一个儿子，独孤皇后立即找到杨坚告状。

她之所以这么做是有原因的。

就在不久前，高颎的夫人去世了，那时独孤皇后对高颎还是挺关心的，便对杨坚说，高仆射已经年老，夫人又没了，身边没有个照应的人，陛下您何不为他再物色一个继室！

杨坚把独孤皇后的意思转告高颎，高颎却婉言谢绝了：臣今已老，退朝之后，只要吃斋念佛读读经书就可以了。感谢陛下和皇后对臣的关心，不过要让臣再娶一个妻子，实在是非臣所愿。

其实高颎家里是有侍妾的，他这么说也许有他自己的想法——如果再娶正妻，就会在家中引起嫡庶之分，很容易引起家庭矛盾，不如将就着就和侍妾就这么过下去。

当时独孤皇后听了高颎的回答挺满意——高颎不忘亡妻，真是个专情的好男人！

现在的情况就大不一样了。

独孤皇后对高颎已是恨之入骨，必欲除之而后快，这次听说高颎的妾生子，她就像狗看到了肉骨头一样眼睛发亮，连忙对杨坚说，当初您想为高颎再娶，他不愿意，还说年纪大了要清心寡欲什么的，但实际上却是因为他有爱妾，这不是欺骗您吗？这样心口不一的人，陛下您怎么能信任！

本来这是件小事，她却硬要上纲上线，把它上升到人品问题、忠诚问题！

在皇后的挑唆下，杨坚对高颎也有了看法—— 一滴血可以验出身体的健康，一件小事可以看出人品的好坏。既然高颎在这样无关紧要的小事上私事上会骗我，在至关重要的大事上国事上他也有可能会骗我！

从此他对高颎的信任度便大打折扣。

初战告捷，独孤皇后信心倍增。没过多久，她又找到了高颎的一个小辫子。

这一年正好发生了高句丽侵犯隋朝边境的事件（这事前面咱们说过），杨坚决定讨伐高句丽，高颎以为不可，竭力劝谏，但杨坚不听，遂任命汉王杨谅（杨坚的幼子）为行军元帅、高颎为元帅长史，实际主持军务，结果由于遇到天灾和疾疫，无功而返。

就在这次出征的过程中，杨谅和高颎也产生了矛盾。

杨谅是个毛手毛脚的毛头小伙子，之前从没上过战场，却自以为无所不能。

他每天都有 100 个主意，其中 101 个都是不切实际不着边际的馊主意，务实的高颎当然不可能听他的，故而杨谅的这些意见大多被他否决。

自视甚高的杨谅，此时的感觉就跟嫁给武大郎的潘金莲一样——空负一身技艺却无处施展，因此他对高颎非常不满，回去后便立马到母后那里去告状。

独孤皇后随即带着杨谅找到了杨坚，说，这次高颎本来就不愿意去，是你硬要他去的。所以我早就料定这仗肯定打不赢！

言下之意是：只有顺着高颎，高颎才肯认真办事，否则他就故意把事搞砸！

而杨谅也在一旁帮腔，哭诉高颎骄横狂妄，完全不把自己这个王子看在眼里，最后还夸张地说，儿差点为高颎所杀！

最信任的妻子和儿子全都异口同声地说高颎的坏话，杨坚当然不能不信。

如果说之前在他的眼中，高颎是他的心腹重臣，那么现在高颎就成了他眼中的心腹大患！

如果说之前在他的眼中，高颎是他的亲密战友，那么现在高颎就成了他眼中的头号毒瘤！

他下定决心，务必要尽早割掉这颗毒瘤！

对宫里发生的这些变化，高颎并不十分清楚，他只清楚一件事，那就是：在其位，谋其政。为君主尽忠心，为天下谋太平。

公元 599 年 6 月，杨坚下令抽调东宫的卫士到皇宫值班，高颎急忙劝谏：陛下，这样不可。如果把这些强壮的卫士调走的话，东宫的宿卫就得不到保证了。

杨坚却不冷不热地说，我熟悉前代各种制度的得失，不需要你来指导我。

不冷不热，在气象上是最让人舒服的，在感情上却是最让人难受的！

高颎开始有了不详的预感。

果然，仅仅两个月后，所谓的王世积谋反案发生了，高颎受到了“牵连”，尽管很多大臣都为他说情，但杨坚依然不为所动，坚持将他罢免——免去上柱国、尚书左仆射等一切行政职务，仅保留齐国公的爵位回家。

但杨坚觉得这还不够——毕竟，高颎的爵位还在，更重要的是，他的名望还在，他的影响力还在，有人可能会认为他还会东山再起！

不行，必须彻底把他批倒批臭！

几天后，他举办宴会，大宴群臣，特意传旨让高颎前来侍宴。

触景生情，高颎感慨万千。

往日的岁月还历历在目，如今的境遇已天壤之别。

熟悉的人物，熟悉的环境，眼前的一切是那么熟悉；陌生的地位，陌生的心境，眼前的一切又是那么陌生！

从前的同路人，现在已经成了路人！

想到这里，高颎忍不住唏嘘落泪，左右都受到了他的感染，一时间，气氛颇有些伤感。

杨坚却不为所动，他一面和高颎碰杯，一面毫不客气地说，朕不负公，公自负也——我没辜负你，是你自作自受。

接着他又对周围的臣子说，我待高颎，胜过自己的儿子，即使见不到他，他也像常在我眼前一样。可是自从他被免职后，我就彻底把他忘了，好像这世界上从来就没有高颎这个人。所以说做臣子的千万不能像他那样居功自傲，要挟君主，你们一定要引以为戒！

那意思是明摆着的——高颎已经成了反面典型，高颎已经被彻底抛弃，高颎已经永远不可能翻案！

在那个君主专制的时代，也许会缺水缺粮缺钱缺柴火缺才华缺心眼，但绝对不会缺那种揣摩上意、落井下石的小人。

很快就有高颎的家臣向杨坚告发，称高颎之子高表仁曾安慰父亲说，当初司马懿就是因为托病不朝而有的天下，如今父亲你也遇到了这样的事，焉知非福！

众所周知，司马懿父子发动政变，最终篡了曹魏的政权，以司马懿自居，这不是乱臣贼子是什么！

杨坚立即下令对高颎采取强制措施，对他进行立案侦查，要求一查到底，决不姑息。

这一审查，果然又有了新的罪证——没有才怪。

司法部门奏称，高颎和某些和尚、尼姑来往密切，曾经有个和尚对高颎说，明年国有大丧。还有个尼姑话说得更直白：开皇十七十八年，皇帝有大厄，十九年不可过。——公元 597 年和 598 年，皇帝有大难，599 年一定会死。

一天到晚求神拜佛，企盼皇帝早死，这还了得！

杨坚勃然大怒，对群臣说，帝王岂可妄求！孔子是圣人，尚且不能得天下！他高颎在儿子面前居然自比为司马懿，是何居心！

如何处理高颎？

司法部门认为高颎罪大恶极，不杀不足以平民愤，初拟判其死刑。

不过，经过反复权衡后，杨坚否决了这一提议：去年杀虞庆则，今年又斩王世积，如果再诛高颎，天下人会怎么看我呢！

最终高颎被除名为民。

按照史书的记载，高颎早年刚当宰相时，其母曾经对他说过这么一句话：官场有风险，做事要谨慎。如今你已是富贵至极，但同时也是危险至极，不要忘了你时时都有掉脑袋的风险，慎之！

此后高颎始终牢记母亲的教诲，一直以来都谨慎小心，如履薄冰。尤其是近几年来，杨坚总是拍脑袋决策，拍胸脯蛮干，朝令夕改，任意妄为，让他非常为难。他只能勉力为之，有时还难免要说一些违心的话，做一些违心的事，过得非常累，身体累，心更累。

这下可以保全性命回家，对他来说，未尝不是一种解脱。

因而他遭此劫难，不但没有怨言，反而是如释重负，按照《隋书》的说法是：欢然无恨色。

高颎的倒台也牵连了一批大臣。

国子祭酒（国家最高学府校长）元善对高颎的才干推崇备至，曾经说，杨素粗疏，苏威怯懦，元旻（时任左卫大将军）、元胄（时任右卫大将军）似鸭耳，可以付社稷者，唯独高颎。

就因为这么一句话，元善就被杨坚骂得狗血喷头，很快就忧惧而死。

## 东宫易主

高颎被罢免，受影响最大的毫无疑问是太子杨勇。

失去了最关键的保护神，如今他的处境就如一条被捞出水的鱼，无论怎么挣扎，命运都已注定——他的被废显然已成定局，只是时间早晚而已。

这一切当然逃不过那些以“察言观色、看风使舵”为己任的术士们的眼睛。

术士萧吉向杨坚进言说，太子当不安位。

太史令袁充则说得更为直接：臣观天象，皇太子当废。——不过小子我觉得，他看的根本不是什么天象，而是风向！

与此同时，杨广也没有闲着。

一方面，他派人用重金收买了杨勇的近臣姬威，让他把杨勇的一举一动都秘密报告给杨素，以便搜集杨勇的罪状。

另一方面，他也做好了最坏的打算。

洪州（今江西南昌）总管郭衍是杨广当年出镇扬州时的心腹下属，杨广派人找到他时，他的态度非常坚决：如果事成，自可为皇太子；如万一不成，我们也可以割据江东，称霸一方，跟南朝的梁、陈一样，他又能拿我们怎么样！

杨广闻言大喜，便把郭衍召到扬州一起密谋。

为防止别人怀疑，杨广向杨坚奏称郭衍的妻子得了瘿病（脖子上的肿块），晋王妃萧氏会治这种病（她还真是能干），请求批准郭衍带妻子来扬州治病。

这个理由合情合理合法，杨坚自然照准。

回到洪州后，郭衍又假称境内有俚人造反，请求出兵平叛。

得到杨坚的同意后，郭衍便明目张胆地大修甲仗，大练兵马，随时准备武装夺权。

公元600年9月，杨广觉得时机已经成熟，便让人找到了一直潜伏在东宫的内线姬威，让他向皇帝上书，告发杨勇心怀叵测，图谋不轨。

此时杨坚正在仁寿宫避暑，接到姬威的报告后，他一刻也没耽搁，带着一肚子关于杨勇的谗言，火速回到了京城长安。

在第二天的朝会上，他突然对大臣们说，我刚回到京师，照理应该开心才对，可是我怎么感到无比苦闷呢！

大臣们都感到莫名其妙——皇帝这是什么意思？

大家都不敢作声。

最后还是吏部尚书牛弘打破了沉默：是臣等不称职，所以让陛下您担心了。

这与杨坚希望听到的答案差距实在是太大了——比中国足球队和中国乒乓球队之间的差距还要大，比中国足协和中国皮鞋之间的差距还要大！

杨坚很失望。

唉，本来想策动一个连续八十八次传球的精妙进球，可惜却没人配合，算了，不玩花活了，还是直接大脚攻门吧。

于是他沉下脸来，把朝臣中的东宫属官叫了出来，对他们大加斥责：仁寿宫离这里不远，可是我每次回京就心里发毛，如临大敌，连睡觉都不敢脱衣。昨晚我闹肚子，本该住在离厕所较近的后殿，可是我担心会出现意外，只好连夜转移到前殿。这岂不是怕你们这些人捣鬼！

随后他下令把太子左庶子（太子侍从官）唐令则等一批东宫属官全部抓起来审问，同时命杨素向大臣们当场宣布杨勇的罪状。

估计杨素对杨坚的这次突然袭击也有些准备不足，费了很大的劲才勉强说出了两点。

一是太子曾经公然违抗皇帝的敕令。

杨素说，几年前他奉旨查办上柱国刘昶之子刘居士的谋反案，因为怀疑有刘居士的余党躲藏在东宫，便专程上门核查，可是太子不但不肯配合，反而对他大声咆哮，大放厥词：我听说世界上只有两种事，一种是关你屁事，一种是关我屁事。我是太子，家里有什么人，关你屁事！你是右仆射，你要查刘居士的党羽，你自己去查好了，关我屁事！

二是太子对皇帝有怨气。

杨素说，太子曾经对他讲过：当初北周末年父亲谋取天下的时候，我是立了很大的功，出了很大的力，担了很大风险的。如果事情不成的话，我这个长子肯定是在劫难逃的，肯定是要献出自己的生命的。可是父亲当上皇帝之后，却把这些全都忘了，对我的态度远不如几个弟弟！我凡事都不能自作主张，实在是太不自由了！

吭哧吭哧地说了老半天，其实只不过是杨勇说的两句牢骚话而已，这哪有什么说服力？

也许杨坚也觉得杨素这回的表现实在是不够给力，只好亲自上阵。

他说，我很早就觉得这个儿子不是做皇帝的料，皇后也老劝我废掉他。只因为他是我平民时所生，又是长子，所以才隐忍至今。

随后他开始掰着手指头，列举杨勇的罪证。

先是说杨勇曾指着皇后的侍女说，这都是我的！——这也太迫不及待了吧！

接着又说他怀疑太子妃元氏是被杨勇毒死的，忍不住指责了杨勇几句，杨勇居然说，是不是元孝矩（元氏的父亲）向你告的状！我一定要杀了这家伙！——这也太无礼了吧！

他说的第三点更是让人贻笑大方。

杨坚说，杨勇的长子刚出生的时候，因为是长孙，我和皇后想要抱养这孩子，但杨勇却坚决不同意，不停地派人前来索要。后来我想通了，这孩子是杨勇和云氏在外面私通而生的，究竟是不是杨勇的骨肉，我还要打个问号呢！以前晋武帝的太子司马衷娶屠夫之女谢氏，生的儿子司马遹就喜欢干屠宰之事。云氏这种出身，和我们皇室根本不是一类人。这样的人所生的孩子必然会乱了我的宗族！

最后他清楚地亮明了自己的态度：我虽然没有尧舜那么高的德行，也绝不能把天下百姓交给杨勇这样的不肖子！我常怕他加害，如防大敌，今天我就要废掉他，以安天下！

如果说杨素说的那些可以称之为牵强的话，杨坚说的至少是牵强的五十次方，根本就是为挑刺而挑刺，为找理由而找理由！

据说，“文革”时流行这么一首歌：无产阶级“文化大革命”就是好，就是好，就是好！

其实杨坚的说法也与之相似：杨勇就是不好，就是不好，就是不好！

他说来说去，说的都不过是些无关痛痒的家庭琐事，至于他说孙子是野种什么的，则更是口不择言，大失人君的风度！

谁都听得出来，这些所谓的太子罪证根本就站不住脚，因此朝臣们全都一动不动，一声不吭。

朝堂上一片寂静。

死一般的寂静。

最后，还是左卫大将军元旻站了出来，犯颜进谏：废立是大事，诏旨颁布施行后，后悔就来不及了。望陛下明察！

这样的局面大出杨坚的意料——原本他听了杨素和独孤皇后的话，以为朝臣们对杨勇的胡作非为早就怨声载道，他只要提出废太子，就马上能一呼百应。

没想到竟然完全不是这样。

然而，开弓没有回头箭，高速不能掉头走，如今他和杨勇的矛盾已经彻底公开化了，无论如何他都不可能再回头！

于是杨坚根本没有搭理元旻，接着又召东宫属官姬威上来，命他揭发杨勇的罪行。

姬威所讲的依然无非是太子杨勇说过的一些话，说杨勇扬言以后即了位要大开杀戒，大杀朝臣；又说杨勇曾给父亲算命，盼着皇帝早死……

听到这里，杨坚赶紧打断了姬威的发言，厉声说道：谁非父母生，乃至于此！我最近在看北齐的史料，看到高欢纵容他的儿子，以致亡国。我绝不能让这样的历史重演！

之后，杨坚一声令下将杨勇及其诸子全都禁锢起来，同时又逮捕了一批他的党羽。

随后他命宰相杨素担任专案组组长，负责调查太子的罪行。

不过，通过朝臣们这一天的表现，杨坚也知道，如今朝中还有不少人没有与以他为首的隋朝中央保持一致，对杨勇抱着同情甚至支持的态度，对这些人，他觉得必须杀一儆百，以儆效尤！

杀谁呢？

枪打出头鸟，当然是那个仗义执言的元旻。

此人身为执掌禁军拱卫皇帝的左卫大将军，以如此敏感的身份，在如此敏感的时间，说如此敏感的话，不杀他还杀谁！

如果元旻倒向杨勇，万一铤而走险发动兵变的话，后果将不堪设想！

数天后，在杨素的授意下，有人向杨坚举报说元旻和杨勇有非正常的密切交往，经常给杨勇通风报信。

杨坚装出一副恍然大悟的样子：怪不得呢，我在仁寿宫，无论什么小事东宫都知道！

他马上下令将此时正率禁卫兵在外执勤的元旻拿下，不久就将其诛杀。

从此，朝中几乎没人敢为杨勇说话了。

当然，要想让朝廷上下都心服口服，显然还必须要找到令人信服的证据。

杨素坚信，证据就像女人的胸、膀胱里的尿，只要用力去挤总归是有的。

他派人对东宫进行了多次拉网式地毯式的搜查，终于有了收获——他发现在东宫的库房中有火燧（古时用于引火的树枝）数千枚，艾绒（艾叶制成，易燃，古时用于点火）数斛。

这是怎么回事呢？

原来，几天前杨勇曾经去仁寿宫拜见父皇，在回来的路上，他看见了一棵枯死的大槐树，这树的树干竟然要五六个人才能合抱！

杨勇一直居于深宫，从来都没见到这么大的树，对此非常好奇，便问随从：这枯树有什么用？

随从中有人回答：这种树做火燧是好材料。

杨勇便让人砍掉了这棵枯树，将其制成了数千枚火燧，准备分发给属下作为福利，此时正好还没发下去。

看见火燧后，杨素问姬威：太子要这么多火燧干什么？

作为东宫的叛徒，姬威比任何人都更希望太子倒霉，更希望太子永远不得翻身，因为如果太子缓过气来，第一个倒霉的肯定是他。

于是他污蔑杨勇说，其实太子藏这些东西是别有用心的，他还养了一千多匹马。从这里到仁寿宫，快马只要一晚上就可以到达了，他打算在夜里用这些火燧点上火把照明，星夜兼程，包围仁寿宫，把皇帝困死在那里。

杨素如获至宝，立刻找到了杨勇：人证物证俱在，你还有什么话说？

杨勇哪里肯服：哼！我贵为太子，有一千匹马你就说我要造反，那你家里养了上万匹马又怎么说？

然而，现在他说什么都没有用了——即使他讲的再有理，也根本没人理。

公元600年10月9日，杨坚派使者带人找到了杨勇，要他马上前往武德殿，听候发落。

杨勇顿时大惊失色：这，这，这……该不是要杀我吧？

武德殿和东宫相邻，很快就到了。

只见殿外是全副武装的士兵，殿内百官和皇室宗族分列两边，杨坚一身戎装，一脸怒气地在殿中央就座。

无比紧张的气氛，让杨勇的心情更是无比紧张。

他冷汗直流，两腿直抖，就像犯下重罪被带到法庭的嫌犯，忐忑不安地等待着最后的判决——他不知道，究竟自己是会被另存为呢，还是会被直接删除?

杨坚让内史侍郎薛道衡宣读废太子诏书。

在这封诏书中，杨坚谴责杨勇："性识庸暗，仁孝无闻，昵近小人，委任奸佞，前后愆衅，难以具纪……"最后宣布的决定是：杨勇及其子女，全都废为庶人。

到了这个地步，杨勇哪里还有什么可说的，只好泪流满面地拜谢皇帝不杀之恩。

11 月 3 日，晋王杨广被正式册立为太子，熟知父亲秉性的他提出了两个要求：一是降低太子的服装档次，二是东宫属官不向太子称臣。

杨坚对此非常满意。

长达近十年的太子之争就此尘埃落定。

这一事件在后世引起了很大的争议。

很多人认为，杨坚废长立幼是犯了大错，也是导致隋朝短命的重要原因——因为新立的太子杨广就是后来大名鼎鼎的亡国之君隋炀帝!

这种说法从现在来看当然是有道理的，所谓实践是检验道理的唯一标准——败家圣手杨广继位后，短短十几年的时间就把父亲辛辛苦苦缔造的强大的隋朝彻底败光了，如果换成是杨勇的话，至少不会比他更差!

然而，历史是不能假设的。

就像我们不可能在 1990 年的时候就预知十八年后会发生汶川大地震一样，杨坚也不可能在开皇二十年（600）的时候就预知十八年后杨广会让隋朝灭亡!

在当时的杨坚看来，长子杨勇贪图享乐、任意妄为，而次子杨广则是谦虚谨慎、节俭自制，两相对比，选择杨广也并非不合理。

这一事件对隋朝的朝政影响很大。

很多朝臣都或主动或被动地卷入了这个政治旋涡，本该同心协力的两个宰相高颎和杨素，因为一个支持太子、一个支持杨广而成了针锋相对的对手，其他大臣也不得不选边站队，让朝臣们从此变得离心离德，人心涣散。

更重要的是，废长立幼其实是有违当时的政治原则和政治传统的，因而支持杨广的大多是不讲原则只讲利益的投机分子或野心家。

如果把隋朝朝廷比作金庸小说中的江湖，那么支持杨勇的大多是少林、武当、恒山、峨眉之类的名门正派，支持杨广的则大多是日月神教、铁掌帮、白驼山、血刀门之类的邪派，随着杨广的最终获胜，以高颎为代表的名门正派不得不黯然退场，以杨素为代表的邪派则春风得意。

正不压邪，这样的风气对朝政的伤害无疑是非常明显的。

如果一个国家，大家都不坚持正义只注重利益，不敬畏规则只屈从淫威，那么，这个国家的命运自然可想而知。

唐太宗李世民就持这样的观点，《贞观政要》中记录了他说的这么一段话：隋太子勇抚军监国凡二十年，早有定分。杨素欺主罔上，贼害良民，使父子之道一朝灭于天性。逆乱之源，自此开矣。

实际上，在当时也有人有相似的看法。

太子洗马（太子的侍从官）李纲就是其中一个。

在杨勇被废后，杨坚对东宫的官员大加指责。

官员们大多诚惶诚恐，战战兢兢，头不敢抬，屁不敢放，气不敢出，话更不敢说。

李纲却站了出来：太子本是中人之资，如果有贤明之士辅佐他，足以继承大业。奈何他身边的多是唐令则等声色犬马之徒，此乃陛下训导之不足，岂太子罪耶！

杨坚沉默了很久才说：李纲啊，你说的也不是没有道理。不过，你只知其一，不知其二，我让你做东宫属臣，可杨勇却根本不信任你，就是再正直的人又有什么用呢？

李纲答道，臣之所以不被信任，是因为奸人在太子身边，倘若陛下将唐令则等佞臣斩首，另选贤才辅之，臣自然就不会被疏远了。

杨坚面露不悦，左右都为李纲捏了一把汗。

然而，事后李纲却不但没被问罪，反而被擢升为尚书右丞。

被废后，杨勇依然被安置在东宫，只不过和以前相比，他从东宫的主人变成了犯人，从要什么有什么的太子变成了要什么没有什么的囚徒。

一个曾经见识过美女和美景的人，如果失明无疑会比天生失明的人更难受；杨勇这样一个曾经尽情享受过权力和富贵滋味的人如今失去了自由，可想而知，他会比一般的平民失去自由更失落更痛苦！

他实在难以忍受这样的生活，越想越觉得自己冤，越想越觉得是无辜被废，便频频上书求见父皇，但每次都毫无例外地被杨广压下，石沉大海。

万般无奈，他只好不顾一切地爬到树上，对着皇宫的方向声嘶力竭地大声呼叫，希望里面的父亲能够听到。

杨坚的听力还算不错，他真的听到了杨勇的声音，可是毕竟离得实在太远，听不清杨勇在说什么。

事有凑巧，此时杨素正在杨坚旁边，他便问杨素：杨勇这是在干什么呢？

杨素的脑子比 3.6GHz 六核至尊的 CPU 还快，仅用了 0.001 毫秒的时间他就作出了反应：杨勇最近疯了，神志不清，鬼魅附体，没事就喜欢爬到树上乱喊乱叫，他已经不可救药了。

杨坚信以为真。

此后杨广对杨勇看管得更严，终其一生，他再也没有机会爬到树上，当然也再没有机会见到自己的父亲。

## 相煎何太急

杨勇的遭遇，对于隋朝皇家来说自然是一出家庭悲剧，但这并不是唯一的悲剧。

杨勇的三弟秦王杨俊比他更早就遭到了这样的厄运。

按照《隋书》的说法，杨俊从小就“仁恕慈爱”，是个性情温和的人，也许是受父母的影响，他对佛道特别虔诚，甚至还多次向父母表示自己想要出家当和尚。

杨坚当然不允许——正所谓上阵父子兵，儿子是要派大用场的。

他认为当初自己之所以能够如此轻易地夺取北周政权，很大程度上是因为北周宗室的力量实在太弱小了，为吸取这个教训，他对自己的儿子全都寄予厚望，给予重权，要他们出镇各地，以拱卫朝廷。

隋朝建立的第二年，年仅十二岁的杨俊就被任命为河南道（治所今河南洛阳）行台尚书令、洛州刺史，负责镇守关东要地洛阳，接着又转任山南道（治所今湖北襄阳）行台尚书令，平陈的时候他出任山南道行军元帅，长江中上游的十余万隋军都受其指挥，战后不久他调到了并州（治所今山西太原），之后一直担任并州总管。

熟能生巧，柴能生火，男女在一起能生孩子，有钱又有权能生奢侈和骄横。

随着国家的日益富强和权力的日益增大，并州任上的杨俊也日益变得注重享受，奢靡无比，挥霍无度。

花得多了，手头自然有点紧，为了弄钱，他不惜违反制度，挪用公款对外放高利贷，后来被人告发，杨坚狠狠地责备了他，还抓了一百多个人。

但杨俊对此却并不在意，依然我行我素。

他喜欢大修宫室，而且这些宫殿大多是他亲自设计和参与建造的。

其中最豪华的是一座建在湖中的水殿，在水殿的格局和工艺上，他都力求创新。

他别出心裁地用香料当涂料，把墙壁涂得香喷喷的；用玉石当大理石，把台阶铺得亮闪闪的；又用珠宝和铜镜当背景，把梁柱之间装饰得金灿灿的——真可谓穷极奢华。

杨俊喜好女色，经常在水殿召集大批美女——萝莉、御姐、婉约、豪放、知性、狂野……各种类型都有，大开各种派对。

一只小蜜蜂，飞在花丛中。万花丛中过，片片都沾身。

水殿中几乎天天都上演 AV 大片，杨俊仿佛生活在天上人间。

秦王妃崔氏看不下去了。

崔氏是上柱国崔弘度的妹妹，和她哥哥一样，崔氏也是个火爆脾气，眼见杨俊成天与一群美女鬼混在一起，她忍不住醋意大发，芳心大怒。

既然你四处留情，就别怪我对你翻脸无情！

既然你对我不忠，就别怪我让你马上寿终！

崔氏很生气，后果很严重——她竟然偷偷在杨俊吃的瓜中下毒！

杨俊还算命大，没死，却从此一病不起。

皇子得了重病，自然要回京城找太医诊治。

经过会诊，太医迅速找到了病因——原来秦王是中了毒！

这还了得！

杨坚马上派人追查，很快就真相大白。

崔氏谋杀亲夫，自然是罪无可赦，杨坚当即下诏废除其王妃的名分，并将她赐死于家。

正如情人反水往往会导致贪官的腐败意外曝光一样，崔氏的这次行动也让杨俊的奢侈放纵彻底暴露在了杨坚面前。

杨坚大怒——没想到这个以前的乖孩子腐化堕落成了这个模样！

盛怒之下，他下令免去杨俊一切官职，以王爷的身份回家，闭门思过。

宰相杨素觉得杨坚这样处理有些过了——杨俊毕竟没犯什么大错（也许在杨素的眼里，奢靡、好色什么的根本就不是事儿），况且他被妻子下毒差点丢了命，也挺可怜的，如果没等他病好就治他的罪，实在是太不近人情了。

因此杨素劝谏说，秦王确实有错，但罪不至此。望陛下再好好斟酌斟酌。

杨坚却丝毫不为所动，斩钉截铁地说，我不仅是五个儿子的父亲，更是天下百姓的君父。如果因为杨俊是我的儿子就从轻发落的话，那么你们当初制定《开皇律》的时候何不专门制定一份有关天子之儿的法律？以周公之贤，尚且诛杀了自己的弟弟管叔、蔡叔，我怎么能不这么做呢？

杨俊性格柔弱，对于父亲的处罚当然不敢违逆，只是由于自己尚在病中，无法起床，便遣使向父亲请罪，表示悔过认错，乞求原谅。

结果却是对着香炉打喷嚏——碰了一鼻子灰。

杨坚让使者给杨俊传过去了这样一句话：我费尽辛苦，好不容易才创下这份基业，还指望能千秋万代地永远传下去。没想到你作为我的儿子，却如此败家，我真不知该怎样收拾你！

那意思很明显——这次对你的处理还算是手下留情的，这只是正式处分前的热身，以后还会有更严厉的惩罚措施出台！

杨俊本来就病得不轻，现在又被骂得不行，顿时吓坏了，担心极了，从此他一直惶恐不安，心神不宁，茶饭不思，噩梦不断，病情自然也就日渐沉重。

在床上整整躺了两年多后，公元 600 年 6 月，杨俊终告不治，撒手人寰，死时年仅三十岁。

那段时间，杨坚正准备要废太子，事情很多，脑子很乱，心情很烦，对早已失宠的杨俊的死，他似乎根本就没放在心上，只是携独孤皇后前去探视了一下，稍微哭了几声而已。

他甚至连秦王府属官请求为杨俊立碑这样一个小小的要求都拒绝了。

他说：想追求好名声，一卷史书就够了，立什么碑呢？

上有所好，下必甚焉；上有所轻，下必有人落井下石。

看到皇帝对杨俊这么绝情，自然就有人来往伤口上撒盐，往亡者身上补刀。

有官员上表说，母以子贵，子也应以母贵。秦王虽然有儿子，然而其母（崔氏）却有罪被废，作为罪人的儿子，不应袭爵。

杨坚深以为然。

于是杨俊的两个儿子不仅被剥夺了继承秦王爵位的权利，而且连杨俊的葬礼也不允许他们主持——主丧的竟然是秦王府的下属！

可怜这个生前风流倜傥的皇子，身后事却如无家可归的野狗一般凄凉！

杨俊死后不久，太子杨勇就被废了，之后仅仅一年多，蜀王杨秀也步了他们的后尘。

杨秀是杨坚的第四子，隋朝建立后他被封为蜀王，之后先后担任益州（治所今四川成都）总管、西南道行台尚书令等职，一直镇守蜀地。

他不仅长得身材魁伟，相貌堂堂，而且胆气过人，爱好武艺，颇有其祖父杨忠的风采。

然而杨坚却认为杨秀性情刚猛、桀骜不驯，并不喜欢他。

他很早就对独孤皇后说过：杨秀将来一定难以善终，我活着的时候应该没什么问题。但将来他兄弟掌握了天下，他必然会造反。

杨秀在益州刚开始干得还不错，但后来就逐渐变得越来越骄横，越来越奢侈，甚至其车马被服都是按照皇帝的标准来制作的。

杨广成为太子后，杨秀很不服气，在他看来，大哥杨勇当太子倒也罢了，毕竟他是嫡长子，按照礼法这个位子就是他的，但杨广，他凭什么？

而对这个有野心有胆量有实力有号召力的弟弟，杨广也非常忌惮。

他知道，以杨秀的个性，一定不会屈从于自己，对他是个巨大的威胁。

经过再三考虑，他决心先下手为强，提前解除这个威胁。

可是，怎么才能扳倒杨秀呢？

杨广有办法。

要论武功，杨广也许不如杨秀，论阴谋，杨广就比杨秀强太多了——这方面如果说他是奥运会的水平，那么杨秀充其量不过是校运会的水平！

在杨广的授意下，杨素罗织了一大堆杨秀的黑材料，向杨坚实名举报。

杨坚对杨秀本就不太放心，看了杨素的报告后更是勃然大怒，立即下诏征召杨秀回长安。

也许是预感到了什么，杨秀有些犹豫，想称病不去，不过后来在下属的劝说下，他还是踏上了回京的不归路。

到了京城，首先自然要觐见父皇。

杨坚虽然见了他，却一直都板着脸，一声不响，一言不发。

相顾无言，唯有杨秀的心在狂跳。

他不明白父亲为什么会这样对他。

如果说在接到征召的诏书时，他是处于十字路口，不知往哪个方向走；那么现在他就是处于米字路口，更加迷茫，更加不知所措……

第二天在朝堂上，杨坚终于打破了沉默——他派使者对杨秀严加斥责。

杨秀知道大事不妙，赶紧不停地磕头请罪。

一旁的杨广也猫哭耗子一般流着眼泪，请求父亲赦免四弟。

杨坚的态度却非常坚决：当初秦王杨俊浪费钱财，我用家法来训斥他；如今你杨秀残害百姓，我要用国法来制裁你！

大臣庆整实在看不过去，劝谏说，陛下，如今您的长子被废了，秦王去世了，您的儿子已经不多了，希望您手下留情。何况蜀王性情刚直，遭此重责，恐怕会受不了……

他这么一说，杨坚反而更加恼火——你这是什么意思？难道我是那种徇私枉法的人吗？

他扬言要割掉庆整的舌头。

这下，群臣再也没人敢说话了。

随后杨坚当众撂下了一句狠话：我一定要斩杨秀于闹市，以谢百姓！

接着他立即下令将杨秀抓起来治罪，由宰相杨素担任专案组组长。

这当然正中杨广的下怀——就像孙悟空逃不出如来佛的手心一样，杨秀再也逃不出我的掌握了！

他知道杨坚向来迷信，最痛恨的就是厌胜（古代巫术，用以诅咒别人），用这个来给杨秀栽赃，就好比用硝酸甘油来治疗心绞痛——实在是再合适不过了！

他让人制作了两个小木偶，又用绳子把木偶的手脚捆上，用钉子把木偶的胸部钉穿，在木偶上分别写下杨坚和汉王杨谅（杨坚幼子）的名字，同时还做了一块木牌，上写：请西岳慈父圣母收杨坚杨谅神魂，勿令散荡——请西岳华山的山神收去杨坚和杨谅的魂魄，不要让他们逃出来！

（思考题：为什么这里杨广不写他自己的名字而要写杨谅呢？）

然后杨广派人把木偶和木牌都偷偷埋在了华山下。

要打倒杨秀，其实这一条罪状已经足够了。

但杨广要的是万无一失。

正如飞机为确保安全要配双引擎一样，杨广为确保杨秀落马又给他制造了另一个威力巨大的核弹。

他让人临摹杨秀的笔迹，仿照杨秀的语气，写了一篇檄文，说皇帝被乱臣贼子所蒙蔽，自己要统帅雄兵，指期问罪……

皇帝还在，你就要去清君侧，这不是造反是什么？

杨广命人将这篇檄文夹在了杨秀府邸里书房的文集中。

毫无悬念的，檄文和木偶都被杨素发现了，很快就被送到了杨坚的面前。

可能是杨广和杨素伪造的证据实在太过逼真，可能是杨坚本来就想帮未来的太子扫除杨秀这个刺头，也可能是两者兼而有之，总之杨坚看到这些后马上大发雷霆：天下竟然有这种人！

随后他立即宣布，将杨秀废为庶人，并拘禁于内侍省，不让他与妻子儿女见面。

可怜的杨秀还被蒙在鼓里，根本就不知道自己到底犯了什么大罪，只知道上表谢罪说：九岁荣贵，唯知富乐，未尝忧惧。轻恣愚心，陷兹刑网……——我九岁开始就尽享荣华富贵，不知道担忧害怕。是轻狂愚昧，让我受到了国法制裁……

这与杨素控告他的罪名实在是差距太大了，比网上交易平台图片和实物的差距还要大，比朋友圈自拍照和本人素颜的差距还要大！

在杨坚看来，杨秀完全是避重就轻、不知悔改，于是他再次下诏，对杨秀痛加指责，说他逆天理，灭人伦，简直是人神共愤，十恶不赦！

从此，杨秀再也没有获得自由，直到十六年后被宇文化及所杀。

# 第十二章　巨星陨落，迷雾重重

## 猛将之死

很显然，杨秀之所以被废，很大程度上是遭到了杨广和杨素的陷害。

倒在杨素这一手段下的，还有隋初四大名将之一的史万岁。

前面说过，公元600年4月，隋军曾由杨素和史万岁分任主帅，兵分两路，大举反击突厥。

此役史万岁大放异彩，他率军在大斤山（今内蒙古大青山）大破突厥军，并深入大漠数百里，将突厥达头可汗驱逐到了漠北。

杨素不愿史万岁的功劳盖过自己，便抢在史万岁之前对杨坚汇报说，突厥人本来已经被我打败投降了，在塞外放牧。史万岁只不过是捡了个便宜，冒领战功而已。

此时的杨坚对杨素言听计从，当然不会不信。

史万岁不服，便屡次上表，自陈战功。

然而，那段时间杨坚正准备废太子，忙得焦头烂额，对这种事情根本就顾不上，史万岁的上表自然是石沉大海。

就这样，史万岁的部下没有得到任何封赏，将士们全都群情激愤。

史万岁向来爱兵如子，便拍着胸脯对他们说，大家放心，我会为你们在皇帝面前把事说清楚，问题一定会解决的！

他立即进京，请求面见皇帝。

可是，他选的时间实在是太巧了，或者说实在是太不巧了——这一天，正好是杨坚对群臣宣布废黜太子杨勇的时候！

此时杨坚正在气头上，心情烦躁，听说史万岁求见，便很不耐烦地问，史万岁人在哪呢？

其实当时史万岁就在朝堂下面候着呢，但杨素却说，史万岁去东宫见太子去了！

哪壶不开偏要提哪壶，哪个不受待见偏要见哪个！

这家伙，实在是太不识时务太不知好歹太不可饶恕了！

杨坚对史万岁更加不满。

当然，那天史万岁后来还是见到了杨坚。

他不明就里，一上来就 DuangDuangDuang 地大发牢骚，痛陈将士们有大功，却被朝廷忽视。

在那个废太子的关键时刻，杨坚哪里有心思听他讲这些东西？

他忍不住朝史万岁翻了两百多个白眼，脸色也越来越难看。

可惜史万岁是个大老粗，根本不懂什么察言观色。

见杨坚没有答应他的请求，他急了。

一个在沙漠中行走多时渴得冒烟的人，好不容易看见了水源的影子，怎么可能轻易放过？

他不肯就这样罢休，依然喋喋不休，言辞越来越愤慨，情绪越来越激动，说话也难免越来越冲。

杨坚终于被激怒了。

他当即命令，把史万岁拉下去痛打。

可怜一代传奇名将，竟然当场被活活打死！

事后，杨坚也有些后悔，但碍于面子又不愿认错，便干脆将错就错，完全按照杨素的说辞，下诏宣布史万岁的罪状，称其：……怀反覆之方，弄国家之法。怀诈要功，便是国贼，朝宪难亏，不可再舍！

然而，人民的眼睛是雪亮的，史万岁的罪名根本就没人相信，当时几乎所有人都认为史万岁是冤死的，按照《隋书》的说法就是：天下士庶闻者，识与不识，莫不冤惜。

## 痛失爱妻

不过，在杨坚当时的眼里，史万岁之死只是一点微不足道的杂音而已，他关注的主旋律依然是废立太子。

等到废立的事终于办完了，他也早已是心力交瘁，疲惫不堪。

好在太史令袁充的上表给了他些许安慰。

袁充振振有词地奏称，自从隋朝兴起之后，白天变得越来越长。以冬至那天为例，现在的日影比二十年前短了三寸七分（反正杨坚也不会去量），证明白昼变长了。这种情况堪称自古少有，按照古代历书的记载，这是大吉之兆，说明咱们大隋启动了天运，感应了上天。

杨坚向来迷信，听了自然大喜过望，便对群臣说，影短日长，乃天佑我大隋。如今又逢太子新立，辞旧迎新，应当改元！

究竟会改什么样的年号呢？

谜底很快就揭晓了。

公元601年的正月初一，杨坚宣布大赦天下，改年号为仁寿。

正如“吃喝”这两个字是我小时候最喜欢的字眼一样，“仁寿”大概是杨坚晚年最钟爱的词语了——几年前他就以此来命名他新建的行宫，现在他又将它作为自己的年号。

这也充分反映了杨坚此时的心态。

如果说此前用了整整二十年的“开皇”显示了他初登皇位时那种锐意进取的远大抱负，那么如今“仁寿”这个年号则多少显得有些暮气沉沉，有一种自我陶醉、功成享福的味道。

他老了。

人老了，心也老了。

现在老皇帝最感兴趣的，是那些宗教祥瑞之类的东西。

这年6月，他宣布向全国各州颁送舍利。

他祈望这能给他和他的国家带来“仁寿”的好运。

与此同时，他处理政事却越来越随意，越来越任性，越来越急功近利。

他以学校教育见效缓慢为由，悍然下诏，宣布废除太学及各州县的所有学校，只保留国子学的70个学生！

这与他早年崇儒重教的行为完全是背道而驰！

他也越来越注重生活享受。

自从开皇后期以来，他几乎每年都要到豪华舒适而又风景秀丽的仁寿宫度假避暑，经常是一开春就去，至深秋才回京，一住就是大半年。

公元602年3月，杨坚和独孤皇后又再次来到了仁寿宫。

然而这一次，独孤皇后却没有能够活着回到京城。

就在这年的8月，她因病医治无效，不幸去世，享年59岁。

死后自然是备极哀荣。

首席宰相杨素担任治丧委员会主任，全权负责葬礼事宜，同时杨坚钦点著名术士萧吉（曾经深获杨坚信任的术士韦鼎此时已经去世了）为皇后卜择葬地。

太子杨广闻讯，偷偷派人找到了萧吉，请他帮忙选一块能保佑其早日登基的风水宝地，萧吉自然一口答应。

10 月 28 日，独孤皇后的葬礼正式举行，她的遗体被下葬于太陵（今陕西咸阳杨陵区）。

杨坚不顾萧吉的反对，坚持亲自出席了葬礼，与自己相濡以沫的爱妻道别。

皇后的去世，对杨坚的影响很大。

因为，独孤皇后不仅是他相依相守四十多年的生活伴侣，还是他风雨同舟四十多年的亲密战友，更是他无话不谈四十多年的唯一知音！

那个爱他懂他疼他护他的好老婆，就这样走了。

那个关心他照顾他帮助他提醒他的贤内助，就这样永远地离开了。

笑声欢声呼喊声，一切成空；

家事国事天下事，谁能帮我？

伊人已去，便纵有千种心绪，更与何人说！

## 杨、柳之争

缺少了皇后的陪伴，杨坚的心里空落落的。

缺少了皇后的约束，杨坚开始沉迷于女色。

其中最得宠的，是宣华夫人陈氏和容华夫人蔡氏两人。

宣华夫人陈氏是陈宣帝之女、陈后主之妹，陈亡后，她被配入掖庭，后又被选送入宫。

她不仅天生丽质、才貌无双，而且特别温柔体贴、善解人意，极其讨人喜欢。以至于她不仅轻松地征服了杨坚，就连生性妒忌的独孤皇后也被她征服了——独孤皇后不准宫里其他任何女人接近杨坚，却唯独对她网开一面，特许她侍奉杨坚。

杨广谋求太子之位的时候，看中了她的特殊地位，给她送了不少礼物，她也为杨广说了不少好话，为杨广的上位出了不少力。

独孤皇后去世后，她很自然地成了后宫中的主宰。

容华夫人蔡氏也来自江南，隋朝统一后她被选入后宫，据说杨坚很早就看中了她的花容月貌，只是碍于独孤皇后的压力，心动却不敢行动。

皇后死后，杨坚如挣脱樊笼的鸟儿，无拘无束，自由飞扬，马上就飞到了蔡氏的身上。很快，蔡氏就成了杨坚的宠儿，其风头甚至一度盖过了陈氏。

在陈氏、蔡氏这两个绝色丽人的陪伴下，杨坚在花甲的年纪又有了花季的心，不由自主地沉浸在温柔乡中，几乎无法自拔。

对于国事，他似乎越来越不关心。

实际上，这几年天下并不太平，尤其是南方各地。

自仁寿初年起，资州（今四川资中）、嘉州（今四川乐山）、潮州（今广东潮州）、成州（今广东封开）、交州（今越南河内）等地都先后发生叛乱，此起彼伏，前仆后继，杨坚先后派出多位得力将领四处出征，好不容易才勉强扫平了这些叛军。

政坛高层内部同样也是暗流涌动，矛盾重重。

当时的宰相群体是这样的：杨素任首席宰相尚书左仆射，右仆射则是老臣苏威，内史令是晋王杨昭（太子杨广的长子），纳言则由杨达（杨坚的堂侄，杨雄之弟，武则天的外祖父）担任。

这四个人中，无论是资历、能力、魄力还是权力，杨素都是首屈一指的，是当之无愧的第一宰相。

实际上，自从开皇末年高颎罢相以来，杨素就成了朝中权势最大的人，在太子杨勇和蜀王杨秀被废黜以后，他更是一手遮天、权倾朝野。

当时包括他的弟弟杨约在内，他的家族中有多人出任尚书以上的高官，其亲朋故旧遍布朝野，朝中大臣要么依附于他，要么敢怒不敢言。

杨坚对杨素也是极为信任，因为杨素办的事，事事都能顺他的心。

远的不说，就说这次独孤皇后的葬礼，杨坚就非常满意，事后他还专门下诏表彰杨素：杨素经营葬事，勤求吉地，论素此心，事极诚孝，岂与夫平戎定寇比其功业——杨素经办丧事，不辞辛苦地寻找风水宝地，他的心可谓至诚至孝，这样的功劳哪里是平定贼寇所能比的！

然而，月亮不可能一直圆，花儿不可能一直开，股票不可能一直涨，人当然也不可能一直走红。

此后不久，杨素就逐渐失宠了。

这缘于大理寺卿梁毗上的一封密表。

在上表中，他先是指责杨素作威作福、专权乱政，后面干脆直言不讳地说，陛下若以素为阿衡（商代著名贤相伊尹的小名），臣恐其心未必伊尹也——陛下如果把杨素当成是伊尹，我恐怕他的内心未必是伊尹！

杨坚看到后不由大怒，立即将梁毗抓了起来，并亲自审问。

梁毗早有准备，侃侃而谈：太子、蜀王被废的时候，看到陛下家中出了这样令人难过的事情，朝中大臣无不感到震惊和悲伤，然而杨素却眉飞色舞，喜形于色，显然他是把国家的不幸、皇家的不幸，视为自己攀升的幸事。这难道是一个忠臣该有的表现吗？

仿佛一剑封喉、直击要害的武林高手，凭借这简简单单的一句话，梁毗准确无误、精确无比地击中了杨坚身上那个最脆弱的阿喀琉斯之踵！

杨坚沉默了。

是呀，以前一直以为杨素是在为自己办事，现在才发现他根本就是在利用自己！以前一直以为杨素是满怀忠心，现在才发现他是包藏祸心！

良久之后，他长叹了一口气，随后下令释放梁毗。

很快，他就下了一道诏令：尚书仆射乃是国家的宰辅，要抓大方向，怎么可以被细微小事耗费精力呢？从今以后，尚书省一般的日常事务都不需要再去麻烦仆射，仆射只要每隔三五天去一次尚书省看看就行了！

很显然，这表面上是对杨素的尊崇和关心，实际上却是把杨素给架空了！

与此同时，杨素的弟弟——时任太子左庶子的杨约也被外放为伊州（今河南汝州）刺史，离开了中枢。

从此之后，杨素的权力和影响力就大不如前了——如今的他就像迅速贬值的钞票一样，看似面额很大，实际上却根本没有多大的作用！

与之相对应的，是吏部尚书柳述以火箭般的速度迅速崛起。

柳述出身于官宦世家河东柳氏，是杨坚的女婿——兰陵公主的丈夫。

兰陵公主是杨坚五个女儿中最小的一个，也是杨坚夫妇最喜欢的一个。

她不仅人长得非常漂亮，而且知书达礼，温婉柔顺。

不过她的经历却颇为坎坷。

很小的时候，她就由杨坚做主，嫁给了上柱国王谊的儿子王奉孝。可是婚后不久，老公王奉孝就因病去世，没过几年公公王谊又被杨坚赐死，王家从此就败落了。

兰陵公主也不得不从王家回到了皇家，回到了父母的身旁。

自己一手造成了爱女在婚姻上的不幸，这让杨坚感到无比愧疚，为了补偿她，他下决心要为她再找一个好夫婿。

最初的人选是当时的后梁国主萧岿之子萧玚。

萧玚是南梁皇族后裔，门第高贵，长得一表人才，年龄也与公主相当，加上他的姐姐又是晋王杨广的王妃，因此杨广就极力推荐萧玚。

杨坚同意了。

眼看好事将近，没想到此时萧玚的父亲萧岿却突然去世了，按照当时的礼制，萧玚必须要守丧三年，兰陵公主的婚事也就不得不搁置下来了。

食品搁置久了会变质，事情搁置久了会变化。

三年后，除了萧玚，杨坚的手头又多了一个准女婿的人选——建安郡公柳机的儿子柳述。

萧玚和柳述，这两人都是贵公子一个，都是帅哥一枚，都是才华一身，都是风度一流，条件相当，半斤八两。

到底选哪个呢？

杨坚有些拿不定主意，便征求他当时最信任的术士韦鼎的意见。

韦鼎的回答是：萧玚将来会封侯，但是，看他的相貌，他恐怕命中不应该有贵妻。

命中无贵妻，这一句话等于把萧玚给彻底否决了。

杨坚又问，那么，柳述呢？

韦鼎说，柳述也会显贵，但是，恐怕他官位做不到头。

杨坚笑了：这根本就不是问题！官位能不能做到头，还不是我一句话！

就这样，柳述后来居上，成了兰陵公主的丈夫。

娶了杨坚最宠爱的女儿，柳述自然也就成了杨坚最宠爱的女婿，加之他人也非常精明强干，故而很快就飞黄腾达，先后担任了内史侍郎、黄门侍郎、吏部尚书等要职。

在杨素靠边站后，柳述更获重用，他不仅身兼吏部尚书和兵部尚书两大要职于一身，同时还参掌机密，相当于杨坚的贴身助理。

这两年，杨坚沉迷酒色，深居简出，所有的命令几乎都要靠柳述来传达，朝中所有的动向几乎都要靠柳述来汇报，柳述也因此成了朝中的第一红人！

柳述的走红，对杨素来说，显然不是个好消息——因为他们两人一直不和。

据说，他们之间的过节要追溯到柳述的父亲柳机。

在北周末年的时候，柳机和其族人柳昂两人都官位显赫，远在杨素之上。

然而，花无百日红，风水轮流转，到了隋朝，柳机、柳昂都被外放到了地方担任刺史，地位大不如前，而杨素却步步高升，成了手握重权的朝廷重臣。

在一次酒宴上，春风得意的杨素当着很多人的面，扬扬得意地讽刺柳机说，二柳俱摧，孤杨独耸！——你们两棵柳树都倒了，只有我这棵杨树高耸入云！

周围的人全都哄堂大笑，柳机却无比尴尬，坐也不是，站也不是，脸上红一块白一块的，仿佛草莓蛋糕一样。

从此，柳机就恨透了杨素。

可能是受父亲的影响，柳述对杨素也没有好感。

仁寿年间，柳述出任吏部尚书，是尚书左仆射杨素的下属。

按照常理，他应该接受杨素的领导，但年轻气盛的柳述却偏偏要和杨素对着干。

杨素说的话，他都不听；杨素安排的事，他都不做；杨素讲的段子，他都不笑……

鉴于他的意见老是和杨素不一致，作为领导，杨素当然要求他改正，但他却直截了当地对杨素派来的使者说，你去跟仆射大人讲，就说尚书我不同意！

总之，杨素强势，他比杨素更强势；杨素骄狂，他比杨素更骄狂！

我就要让你明白，出来混，迟早是要还的——乱吃东西，迟早会得病；乱说别人，迟早会遭报应！

你说什么“二柳俱摧，孤杨独耸”，我现在就要让你看看，什么是“二杨（杨素、杨约）俱摧，孤柳独耸”！

尽管柳述如此任性，杨素却只能认命，拿他毫无办法。

谁让柳述是皇帝的乘龙快婿呢！

而柳述和杨广也有很大的矛盾。

当初在兰陵公主选夫的时候，杨广出于私心，一直是不遗余力地为自己的小舅子萧玚摇旗呐喊，有时候为了抬高萧玚也难免要贬低柳述。

柳述对此心知肚明，因此对杨广也有一肚皮的意见，关系当然也就好不到哪去。

不过，碍于杨坚的面子，两人表面上还是要维持和谐的样子，但实际上彼此却是恨之入骨。每次他们见面的时候，尽管脸上是淡淡的微笑：别来无恙！心里却是深深的诅咒：你他妈怎么还没得癌症！

相比之下，柳述和废太子杨勇却有着多年的老交情，因为他在成为驸马之前曾长期担任太子亲卫，与杨勇朝夕相处，形影不离，过从甚密。

我甚至怀疑他之所以能娶到公主，也很可能和杨勇有关——小妹妹要相亲，二哥杨广推荐自己的小舅子萧玚，大哥杨勇推荐自己的小哥们儿柳述，这也是很正常的。

当然这一点只是我的推测，史书上并未记载。

但柳述和杨勇的关系不错，这应该是事实。

如今柳述成天跟在杨坚身边，无疑让杨广感到很是不安。

更令他不安的是，他发现，随着时间的推移，杨坚对杨勇的态度似乎也有了微妙的变化。

公元602年年底，贝州（今河北清河）长史裴肃给杨坚上书说，希望能给杨勇和杨秀这两个庶人改过自新的机会。

可以想象，裴肃如果敢在杨勇刚被废的时候说这种话，他一定没有好果子吃。

可是现在杨坚的反应却大不一样：裴肃忧我家事，此亦至诚也。

同时他还征裴肃入朝，详细地解释了他之所以要废掉杨勇的原因。

虽然只是一场虚惊，但这件事还是让杨广吓得不轻——难道父皇的态度变了？难道杨勇还会死灰复燃？

他清楚地知道：他之所以能够逆袭当上太子，最重要的支持者是独孤皇后和杨素，如今皇后已经去世了，杨素也被架空了，当年坚不可摧的铁三角，现在成了摇摇欲坠的独脚！

更何况他的太子地位本来就并不稳固——废立的理由根本就难以服众，而且他当上太子也仅仅才两年时间！

从此，他做事更加谨慎小心，如履薄冰。

好在，对杨广来说，这段提心吊胆的日子并不长——它只是黎明前最后的黑暗、登顶前最后的艰难。

曙光已经近在眼前！

因为，杨坚的生命已经进入了倒计时！

## 仁寿宫变之谜

对杨坚来说，公元 603 年（也就是独孤皇后去世的第二年）也许是他当上皇帝以来过得最平静最轻松最清闲的一年。

除了在 7 月的时候下了一个求贤诏，整整一年的时间，他在处理政务上似乎都没什么大的动作。

他把主要的精力都放在了后宫的美女们身上。

晚点的火车往往跑得特别快，迟来的欲火往往来得特别凶。

也许是前些年独孤皇后对杨坚管得实在是太紧，他欲望的水库里早已蓄满了水，如今终于全线开闸，可想而知会有多么猛烈！

他已经征服了世界，现在他想要征服女人！

然而，毕竟已是风烛残年的老人，如此疯狂，如此纵欲，身体如何能吃得消？

很快，他的健康状况就出了问题。

且看《隋书·高祖纪》的相关记载：

公元 604 年正月 27 日，杨坚又如往年一样，前往仁寿宫度假。

次日，他下诏宣布将所有的军政事务都交给太子杨广处理——这样的诏令，在他二十多年的皇帝生涯里还是第一次，难道他已经有了某种不详的预感？

4 月，他在仁寿宫一病不起，随之召尚书左仆射杨素、兵部尚书柳述、黄门侍郎元岩等人入宫侍疾，太子杨广则入居仁寿宫内的大宝殿，以备不测。

6 月 6 日，他宣布大赦天下——显然此时他已经病入膏肓，想以此来为自己祈福延寿。

然而事与愿违，他的病势还是在日渐加重。

7 月 10 日，他知道自己已经不久于人世，便躺在病床上接见了文武百官，与他们一一握手，唏嘘流泪，做最后的告别。

7 月 13 日，杨坚病逝于仁寿宫，享年 64 岁。

7 月 21 日，太子杨广正式为杨坚发丧，同时即皇帝位。

从这段记载来看，杨坚无疑是正常死亡。

他从 4 月开始得病，三个月后因病医治无效而去世，临死前他还与大臣们一一诀别，一切都那么有条不紊，一切都是那么按部就班，一切都仿佛龙回大海、凤凰还巢、夕阳西下、叶落归根、宝剑入鞘一样自然。

可是，同样是这本《隋书》的另一些地方，对此却有着截然不同的说法。

在《隋书·后妃传》中，记载了这么一件事：

当时，杨坚晚年最宠爱的妃子宣华夫人陈氏和太子杨广都在仁寿宫侍疾。

7 月 13 日清晨，在去洗手间的途中，陈夫人遭到了杨广的非礼。

幸亏她坚贞不屈，坚决反抗，杨广才没有得手。

随后，陈夫人慌忙逃回了杨坚的病床边。

看到她衣衫不整，神色异常，杨坚连忙问道，爱妃，你这是怎么啦？

陈夫人哭着回答说，太子无礼！

杨坚听了大怒，一边用手拍着床，一边说：畜生何足付大事，独孤诚误我！——杨广真是个畜生，怎么可以托付大事！独孤皇后，你真是害了我！

接着他立即把柳述、元岩这两个心腹召到寝宫，对他们说，快，去把我儿子叫过来！

柳述、元岩以为是去叫太子杨广，杨坚又赶紧纠正说，是杨勇！千万不要搞错！

随后，柳述、元岩立即起草了敕书，起草完后又给杨素看。

杨素看了大吃一惊，连忙将此事告知杨广。

之后杨广与杨素合谋，马上矫诏逮捕了柳述、元岩二人，撤换了宫中的卫士，又派心腹张衡入宫，直接控制了杨坚的寝宫，切断了他与外界的一切联系。

陈夫人等服侍杨坚的后宫女子也全部被赶出了寝宫，软禁起来。

没过多久，陈夫人和其他的宫人就得到了消息：皇帝驾崩，太子秘不发丧。

宫人们全都相顾失色：事变矣！

除此以外，在《隋书·杨素传》中，还记录了另一个“密信误传”事件：

看到杨坚已经处于弥留状态，杨广的心情也非常紧张。

他知道，就像飞机在降落时是最危险的一样，政权在交接时是最危险的。

预则立，不预则废，他觉得自己应该提前做好准备，免得等父亲死了措手不及。

于是他写了一封密信，派人交给杨素，在信中他列举了很多杨坚死后可能会发生的问题，询问应对策略。

杨素不敢怠慢，连夜就逐条做了详细的回复，随后派宫人送给杨广。

没想到，这个宫人却送错了对象，居然把这封密信送到了杨坚的手里。

杨坚看了不由大怒——你们实在是太过分了！我还没死呢，你们就已经在帮我安排后事了！

正好此时陈夫人又来告状，说杨广调戏她。

杨坚听了更加恼火，便打算重新召杨勇来。

没想到消息被杨广知道了，他连忙与杨素合谋，立即发动政变：矫诏用东宫的士兵撤换了原先的卫士，由杨广的心腹宇文述、郭衍两人统领，控制了宫内所有出入口；同时让另一个心腹张衡入宫，监控杨坚，禁止他和任何外人接触。

就在当天，杨坚就去世了。

《隋书·杨素传》在这个故事的最后，还写了这么一句意味深长的话：由是颇有异论。——因此朝野上下有很多不同的说法。

从《隋书·后妃传》和《隋书·杨素传》记录的“陈夫人被非礼”和“密信误传”这两件事来看，在杨坚临死前，在仁寿宫显然发生了一次宫廷政变。

这样看来，杨坚的死因也就非常值得怀疑了。

如果把正史比作含蓄拘谨的大家闺秀，那么野史就相当于无所顾忌的风尘女子，更放得开手脚，更刺激，当然了，也更不可靠。

一些野史的记载都言之凿凿地说是杨广弑父。

在隋末唐初赵毅所著的《大业略记》中，杨坚是被毒死的。

书中是这么写的：

高祖（杨坚）在仁寿宫，病甚，追帝（杨广）侍疾，而高祖美人尤嬖幸者，唯陈、蔡二人而已。帝乃召蔡于别室，既还，面伤而发乱，高祖问之，蔡泣曰：“皇太子为非礼。”高祖大怒，啮指出血，召兵部尚书柳述、黄门侍郎元岩等令发诏追庶人勇，即令废立。帝事迫，召左仆射杨素、左庶子张衡进毒药。素等既入，而高祖暴崩。……十八日，发丧。

对于赵毅的说法，中唐时期的学者马总表示不服。

在他所著的《通历》中，杨坚死得更惨——竟然是被活活打死的。

马总对此的描述是：

……乃屏左右，令张衡入拉帝，血溅屏风，冤痛之声闻于外，崩——（杨广）把寝宫里服侍杨坚的宫人全部支开，命令张衡进宫把病床上的杨坚拉起来，鲜血四溅，溅得屏风上到处都是，杨坚喊冤叫痛的惨叫声一直传到了外面。

不过，这两段记录虽然写得绘声绘色，如同亲眼所见，但如果仔细分析的话，就会发现都有很大的问题。

先看《大业略记》。

遭到杨广调戏的妃子，一般都认为是宣华夫人陈氏，它却记成了容华夫人蔡氏；所有的正史都记载杨坚的发丧日期是21日，它却写成了18日；张衡当时的官职是太子右庶子，它却写的是左庶子……

仅仅百余字的一小段，就有着如此多的错误，这样的文字有多大的可信度？

如果说《大业略记》写的就像假话，那么《通历》的说法则更像是笑话。

因为，就算杨广真的要弑父，肯定也是悄悄地进行，怎么会这样大张旗鼓，尽人皆知？既然都已经“屏左右”了——“屏左右”的目的显然就是要掩人耳目，怎么可能还会搞得“血溅屏风，冤痛之声闻于外”？

毫无疑问，《通历》的这种说法要么是侮辱了杨广的智商，要么是侮辱了读者的智商。

当然，也反映了作者的智商。

除此以外，提及杨广弑父的还有隋末祖君彦为瓦岗军首领李密写的檄文《为李密檄洛州文》：先皇大渐，侍疾禁中，遂为枭獍，便行鸩毒……

然而，檄文只是攻击对手的宣传武器，就像骂一个人是“婊子养的”并不能证明那个人就是婊子养的一样——根本无法作为证据。

更何况，隋朝末年天下大乱，起义浪潮风起云涌，全国上下，到处都在对隋炀帝杨广的罪行进行口诛笔伐。但指出杨广弑父这一极富鼓动力的罪行的，却只有这一篇祖君彦的檄文。

这也间接说明了在当时“杨广弑父”这一说法并不流行——否则的话，各地的义军都会拿此大做文章！

总之，我个人认为，这些野史和檄文的可信度不高。

从目前的史料来看，指责杨广弑父显然并没有充分的依据。

那么，《隋书·后妃传》中记录的“陈夫人被非礼”和《隋书·杨素传》

里写的“密信误传”事件是否是真的呢？

先看“陈夫人被非礼”一事。

这里主要涉及两个人——杨广和陈夫人。

不少学者认为，杨广多年来一直保持着不近女色的形象，自控能力极强，其忍耐力堪比忍者神龟，既然都已经忍了这么多年了，如今父亲已经时日无多，自己即将大功告成，应该不可能在这个关键时刻掉链子，因小失大。

而陈夫人呢，从史书的记载来看，她并不是那种坚贞不屈的烈女，而是八面玲珑、颇有头脑，且她和杨广之间早有瓜葛，收过杨广的好处，为杨广当上太子出过不少力。

这样的一个女人，即使杨广真的对她动手动脚，为自己以后考虑，她也不太可能拼死不从，最多只会象征性地抵抗一下，而在杨坚面前告发杨广无礼，就更不可能了。

因此，这个故事显得有些不合常理。

但也有人认为，不合常理的事并非不可能发生。

设想一下以下的场景：

当时杨广在仁寿宫侍疾已有三个月，面对的是一个垂死的病人，整天递水送饭，端屎端尿，那么长的日子心情能不郁闷？他又不是太监，这么长的日子能不感到压抑？

而此时陈夫人和他同在一起侍疾，当时又正值盛夏，衣服穿得也少，不是深 V 就是短裙，不是露乳沟就是露股沟……

这对禁欲已久的杨广来说，不啻会走路的春药！

更何况，杨广自认为和陈夫人之前曾多有往来，如今又即将拥有天下，陈夫人应该不会抗拒。因此他一时冲动，把持不住也是可能的。

没想到由于他平时伪装得太好，陈夫人压根没想到他会来这一手，仓促之间难免本能地抗拒，逃回到杨坚身边。

面对杨坚的逼问，陈夫人一时慌张，说出真相也在情理之中。

究竟这件事孰真孰假，相信每个人都有自己的判断。

在我看来，在《隋书·后妃传》的这个故事当中，最不可信的是这么一句话：述、岩出阁为敕书讫，示左仆射杨素。——柳述、元岩写好敕书后，给左仆射杨素看。

柳述和杨素向来势同水火；而元岩这个人史书上记载不详，只知道他是华阳王杨楷的王妃之父，时任黄门侍郎，和柳述是一派的，两人都是杨坚晚年的亲信。

可以肯定，如果他们没吃错药的话，绝对不可能主动把召回杨勇的敕书给自己的死对头杨素看！

更何况，杨素还是当初废黜杨勇的元凶！

再看“密信误传”事件。

此事同样有些蹊跷。

按《隋书·杨素传》的记载，在杨广和杨素之间传递密信的是宫人，既然是密信，为什么要让一个普通宫人而不是亲信来做这么重要的事？而且从史书来看，杨广和杨素要见面似乎很容易，为什么他们不当面说清楚而偏要用送信的方式给人留下把柄？

除此以外，我个人觉得，在这两个故事中，还有个很大的问题。

那就是杨坚的表现。

回顾四年前杨坚废太子杨勇的过程，何等复杂，何等艰辛，牵涉又何等的广泛？甚至还不得不对高颎等重臣进行清洗。

而如今杨广已经奉命处理朝政，大权在握，要想在现在废黜他，其难度恐怕比当初废杨勇还要大得多，根本不是一纸诏书所能决定的！

一向以沉稳著称的杨坚，现在怎么可能如此草率地行动呢？

诸多的疑问，让杨坚的死显得迷雾重重。

7 月 13 日那天，究竟发生了什么？

他到底是正常死亡还是非正常死亡？

他死前到底有没有发生过宫廷政变？

这些问题，至今依然扑朔迷离，众说纷纭。

说法一：

杨坚是正常病死，杨广是正常继位，那一天其实根本没有发生什么宫廷政变。

之所以《隋书》的本纪和列传中出现互相矛盾的记载，主要是因为杨广继位后仅仅十多年的时间就把好端端的一个国家搞垮掉了，极其不得人心，民间由此对他进行不断丑化，把好色、奢侈、暴虐、篡位甚至弑父等各种存在或不存在的罪行全部加在他身上，将他描述为千古暴君。

这种传闻也影响到了史学界，由于缺乏确凿的证据，所以史学家没有将其写入本纪，而是记载在了列传中。也正因为“陈夫人被非礼”、“密信误传”等事件都只是传闻，所以才显得漏洞百出。

说法二：

杨坚去世那天，的确发生了宫廷政变，只不过政变的发起者不是杨广和杨素，而是柳述和元岩这两个杨坚晚年的宠臣。

柳述和杨广、杨素两人的关系都不佳，他知道如果让杨广顺利继位的话，自己肯定没有好果子吃。

怎么办？

与其静静地沉没，不如壮烈地闪烁！

柳述决心铤而走险，发动政变，重新拥立自己的老朋友杨勇——这和北周末年刘昉、郑译的想法有些相似。

在取得元岩的支持后，柳述开始行动了。

他们首先模仿杨素的笔迹，写了一封和杨广讨论杨坚后事的信，言语中多有不敬，故意“一不小心”送到了杨坚手上；接着又收买了一个妃子（也许是容华夫人蔡氏，史书中误写成宣华夫人陈氏），让她到杨坚面前告状，以激怒杨坚。

杨坚当时已经病危，头脑糊涂，于是柳述他们如愿得到了拟定诏书召入杨勇的机会。

然而，这一切被杨素知道了，马上告知杨广。

接着杨广马上派兵控制了仁寿宫，逮捕柳述、元岩，并且成功地隔离了杨坚，不让他和任何人接触。

而杨坚本已处在弥留之际，又受此惊吓，再加上当时也没有救心丸，因此很快就一命归天。

说法三：

事实上，根本不存在“陈夫人被非礼”事件，其实杨广和陈夫人关系密切，两人早就有了不正当的男女关系，只不过在杨坚临终前，两人私下调情，被杨坚发现了。

杨坚因此大怒，柳述、元岩趁机火上浇油，力劝杨坚重新召回杨勇，试图夺取朝政。

可是他们只是狐假虎威，要跟杨广、杨素斗，根本就是鸡蛋挡坦克、纸盒阻山洪——完全就是自不量力。

很快，杨广就镇压了这次政变，控制住了局面。

说法四：

杨广在得知杨坚已经病入膏肓后，得意忘形，忍不住调戏了陈夫人。面对隋文帝的追问，陈夫人惊慌失措，供出了杨广的丑行，恰巧此时又发生了误送密信一事。

于是杨坚大发雷霆，急召柳述、元岩入宫。杨广担心情况有变，自己的太子地位会受到威胁，便联手杨素发动了政变。

说法五：

“陈夫人被非礼“事件是假的，但“密信误传”事件是真的，杨坚因此大怒，柳述、元岩一看有机可乘，便力劝杨坚召回杨勇，随后起草诏书。

但他们的密谋还没有发动就被杨广知道了，随后杨广和杨素迅速发动了政变。

以上五种说法，究竟哪一种更接近事实真相?

对不起，我也不能确定。

我只能提供几个相关当事人的结局，以便于大家判断。

陈夫人：

杨坚去世后，作为先帝的后妃，按惯例她被要求搬出皇宫幽居。不久她就被杨广再次接入宫内，一年多后去世，时年二十九岁。杨广非常伤心，还专门写了本《神伤赋》来怀念她。

柳述：

杨广即位后，柳述被强令与公主离婚，流放到岭南，不久染上瘴疠而死。

杨勇：

杨坚死后的第一时间，杨广就伪造杨坚的诏书，将杨勇赐死。他的儿子们在数年后也全部被杀。

# 后记　千古一帝

当然了，不管事件的真相如何，有一点是可以肯定的——杨坚跌宕起伏、波澜壮阔的一生，至此落下了帷幕。

我觉得，如果他早死十年，他将是一个无比完美的皇帝——他后期的表现和前期的反差实在太大了。

可惜，历史是不能假设的。

在我的印象中，杨坚是一个这样的人：

他没有刘邦的洒脱，没有曹操的魅力，没有李世民的英武，没有赵匡胤的功夫，也没有朱元璋的霸气。

这些，他都没有。

他有的是努力的耕耘，是精心的准备，是冷静的头脑，是坚强的意志，是精准的远见，是无懈可击的战略，是高手如林的团队。

他节俭，不必要的物质，不浪费丝毫。

他勤奋，不必要的时间，不耽误一秒。

他稳健，没足够的把握，不轻易出手。

他就像一个貌不惊人、语不惊人却脚踏实地、无比努力的学生，看上去毫不起眼，却取得了非凡的成就，而且一切都显得那么轻而易举：

取得天下，他只用了九个月的时间；

统一全国，他只用了不到三个月的时间；

海内大治，他只用了十多年的时间。

这样的成绩，在中国五千年的历史上，除了他——杨坚，还有谁能做到？

然而，一个看起来毫不起眼的人，却如此顺利地取得了如此大的成就，总是会有人不服。

所以，尽管他取得了这样的成就，有人却依然对他不以为然，说他只是运气好。

所以，尽管他取得了这样的成就，可是在如今很多人的印象中，他却依然平平淡淡，依然默默无闻。

但我要说的是，正像很多人只看见模特的风姿绰约，却没看见她满身勒痕一样，你们只看见杨坚的毫不费力，却没看见他付出了远超别人的努力！

我为杨坚感到不平。

不过，也许杨坚本人根本不会在乎这些。

因为：

时隔近三百年再次统一了中国，建立了影响后世千余年的一系列制度，开创了一个崭新的时代，你还想要怎样一个更伟大的人生？